SAMY MOLCHO

Körpersprache der Kinder

Talent bedeutet
Energie u. Ausdauer.
Weiter nichts.
(H. Schliemann)

Buch

Anhand von rund 250 eindrucksvollen Fotos und prägnanten Beschreibungen vermittelt Samy Molcho, selbst Vater von vier kleinen Jungen, erstaunliche Einblicke in die Körpersprache von Kindern. Er zeigt, welche Signale Kinder über Haltung, Gesten und Mimik in die Welt aussenden, und er hilft durch seine einfühlsamen und klugen Kommentare, die differenzierte Körpersprache von Babys, Kleinkindern und Heranwachsenden zu entschlüsseln.

Das Buch, das sich auf großes Erfahrungswissen stützt, wendet sich an alle, die mit Kindern zu tun haben und bereit sind, auf die sich behutsam entfaltende kindliche Ausdrucksfähigkeit einzugehen.

Autor

Samy Molcho, geboren 1936 in Tel Aviv, ist einer der berühmtesten Pantomimen und Spezialist für Kommunikation durch Körpersprache.

Im Goldmann Verlag sind von Samy Molcho bereits erschienen:
Körpersprache (12667)
Körpersprache im Beruf (12733)
Partnerschaft und Körpersprache (12718)

SAMY MOLCHO

Körpersprache der Kinder

Mit Fotografien
von Nomi Baumgartl

Kinder sind Rätsel von
Gott u. schwerer als alle
zu lösen, aber der Liebe
gelingt's, wenn sie sich
selber bezwingt.

(Frd. Hebbel)

GOLDMANN

Heusenstamm, 31.11.1999

Umwelthinweis
Alle bedruckten Materialien dieses Taschenbuches
sind chlorfrei und umweltschonend.
Das Papier entnält Recycling-Anteile.

Der Goldmann Verlag
ist ein Unternehmen der Verlagsgruppe Bertelsmann

Vollständige Taschenbuchausgabe März 1998
Wilhelm Goldmann Verlag, München

Umschlaggestaltung: Design Team München
Umschlagfoto: Nomi Baumgartl
Druck: Graphische Großbetriebe Pößneck
Verlagsnummer: 12731
KF · Herstellung/DTP: Martin Strohkendl
Made in Germany
ISBN 3-442-12731-9

1 3 5 7 9 10 8 6 4 2

Inhalt

Vorwort

Die Aufgabe, über die Körpersprache von Kindern zu schreiben, hat mich mit Freude erfüllt, da ich selbst Vater von vier kleinen Jungen bin.

Die tiefergehende Beschäftigung mit dem Thema brachte ein auch für mich erstaunliches Ergebnis zutage. Die Körpersprache von Kindern ist nämlich nicht reicher als die von Erwachsenen, sondern ärmer, da sie unmittelbar und noch nicht durch Kompensationen bestimmt zum Ausdruck kommt. Auf den ersten Blick wird oft Motorik mit Körpersprache verwechselt. Lebhaftigkeit der Bewegungen ist aber noch keine Körpersprache.

Während der Kindheit entstehen die Kommunikationssignale zur Außenwelt. Und das Kind wartet auf Antwort. Was wir in dem Wort »Feedback« zusammenfassen: Bestätigung und Antwort, alles das ist jetzt von größter Wichtigkeit. Die Signale der Erwachsenenwelt und das soziale Umfeld üben entscheidenden Einfluß aus.

Vor geraumer Zeit besuchte ich einen Vortrag über das Leben der Goldfische, und am Ende seiner Ausführungen bat der Goldfisch-Experte um Fragen aus dem Publikum. Ich meldete mich und fragte, woran sich männliche und weibliche Goldfische unterscheiden ließen. »Nichts einfacher als das«, antwortete er mir, »man gibt zwei Würmer, einen weiblichen und einen männlichen, ins Wasser: Der weibliche

Fisch frißt stets den männlichen Wurm.« Nach einer kurzen Pause wagte ich nachzufragen, woran ich den männlichen Wurm erkennen könne. Der Referent antwortete kurz angebunden: »Tut mir leid, ich bin Spezialist für Goldfische und nicht für Würmer.« Die Anekdote zeigt, daß sich Überlappungen des Hauptthemas mit Randthemen kaum vermeiden lassen. So kommt das Thema Körpersprache, da mit ihm Wirkungen, Reaktionen, Gefühle, Angeborenes und Angelerntes verbunden sind, ohne einige Berührungen mit dem Gebiet der Psychologie nicht aus. Ich hoffe, daß ich sich überlappende Gebiete mit Verständnis behandelt habe, sozusagen um den Leser über das Geschlecht der Würmer nicht im unklaren zu lassen.

Die Stufen der Entwicklung

Der Unterschied zwischen der Körpersprache von Erwachsenen und der kindlichen Körpersprache liegt zunächst einmal darin, daß der Körper dem erwachsenen Menschen als Instrument voll ausgebildet zur Verfügung steht, dem Kind jedoch nicht. Der Erwachsene ist in der Lage, damit umzugehen, hat gelernt, mit dem Körper zu agieren.

Die Kenntnis der sozialen Abläufe und die Einschätzung der eigenen Fähigkeiten reduzieren die Probleme von Kommunikation auf Nuancen. Einem Neugeborenen dagegen steht sein Körper natürlich nicht zur Verfügung. Es lassen sich verschiedene Entwicklungsstufen ausmachen, über die der Weg zur Beherrschung des Körpers geht. Und dieser Weg beginnt bereits vor der Geburt. Die erste, pränatale Stufe bedeutet: Das Kind ist schon da, aber noch nicht draußen.

Die zweite Stufe wird mit der Geburt des Kindes erreicht. Die Wahrnehmungen unterscheiden sich radikal von den früheren. Das Kind wird von seiner Mutter getrennt. Mit dem Babyalter, der dritten Stufe, ist dann jenes Stadium erreicht, in dem der Körper zur Verfügung zu stehen scheint, jedoch nicht verfügbar ist für den kleinen Menschen. Noch kann er nicht viel damit anfangen, er kann seinen Körper noch nicht als Instrument benutzen. Viele Lernvorgänge stehen dem Kind bevor. Denn es kennt seine Umwelt noch nicht, hat noch nicht erfahren, daß sie auf seine Signale wartet, daß es mit ihr kommunizieren muß, daß es der Signale und des Signalwechsels bedarf, um mit ihr umzugehen. Die Umwelt gibt Signale, aber was bedeuten sie? Das Kind lernt in dieser Phase seiner frühen Entwicklung, Signale zu unterscheiden, und es beginnt, seine Bedürfnisse durch Signale deutlich zu machen.

Mit der Entwicklung seines Körpers und der wachsenden Fähigkeit, mit ihm umzugehen, ihn zu benutzen, erfährt das Kind, daß es etwas bewirken kann in der Welt durch seine Bewegungen, den Signalen seines

Körpers. Die Möglichkeiten, die sich ihm mit dieser Entwicklung eröffnen, geben Spielraum zur Entfaltung neuer Signale, und mit ihnen ist eine weitere Stufe der Sozialisation des Kindes erreicht. Jede Phase, die des Sitzens, Krabbelns, Gehens, bringt neue Bewegungserfahrungen und damit neue Möglichkeiten der Kommunikation, das heißt des Signal-Gebens und des Signal-Tauschs.

Zwei- bis dreijährige Kinder, die zu stehen und zu gehen gelernt haben, entwickeln eine neue Beziehung zu ihrer Umwelt und sind von neuen Bedürfnissen geprägt – und das drückt sich auch in einer veränderten Körpersprache aus.

Vier- bis fünfjährige Kinder entwickeln noch einmal eine erweiterte Körpersprache, denn die veränderten Beziehungen zur Außenwelt schaffen die Notwendigkeit zu neuen Signalen.

Die nächste Phase ist die der Sechs- oder besser Sieben- bis Zehnjährigen, in der sich auch die zweite Zahngeneration bildet (die Milchzähnchen werden durch die bleibenden Zähne ersetzt) und Beiß- und Bißkraft sich verstärken. Sie werden in die Lage versetzt, auch härtere Dinge durchzukauen, auseinanderzunehmen, sich anzueignen. Interessant daran ist, daß mit diesem Zerkleinern, Durchkauen, Sichzueigenmachen das analytische Denken des Menschen einsetzt. Zugleich bekommt das Stehen eine neue Qualität. Die Fußsohle nimmt einen sicheren Stand auf dem Boden ein. Wir stehen fester auf dem Boden, und das heißt: in der Realität. Mit dem gründlichen Kauen und der neuen Standfestigkeit entwickeln sich sowohl die Fähigkeit zu abstraktem Denken als auch der Realitätssinn.

Damit ergeben sich aber auch neue Möglichkeiten wie neue Notwendigkeiten des körpersprachlichen Ausdrucks. Das soziale Bewußtsein der Sieben- bis Zehnjährigen verstärkt sich. Rangordnungen spielen eine große, bis dahin weniger ausgeprägte Rolle, ein regelorientiertes Denken setzt ein und damit eine intensive Rollenübernahme. Die Welt wird detaillierter aufgenommen und differenzierter aufgefaßt. In einem Alter von etwa zehn Jahren ähnelt die Körpersprache von Kindern – von Gruppen und sozialspezifischen Ausnahmen abgesehen – der von Erwachsenen sehr. Von nun an kann man von der normalen Körpersprache erwachsener Menschen ausgehen, ihre Bedeutungen von Erwachsenen auf Kinder übertragen.

In allen Beschreibungen und Beispielen bin ich von Kindern ausgegangen, deren physische und psychische Entwicklung nicht nachhaltig

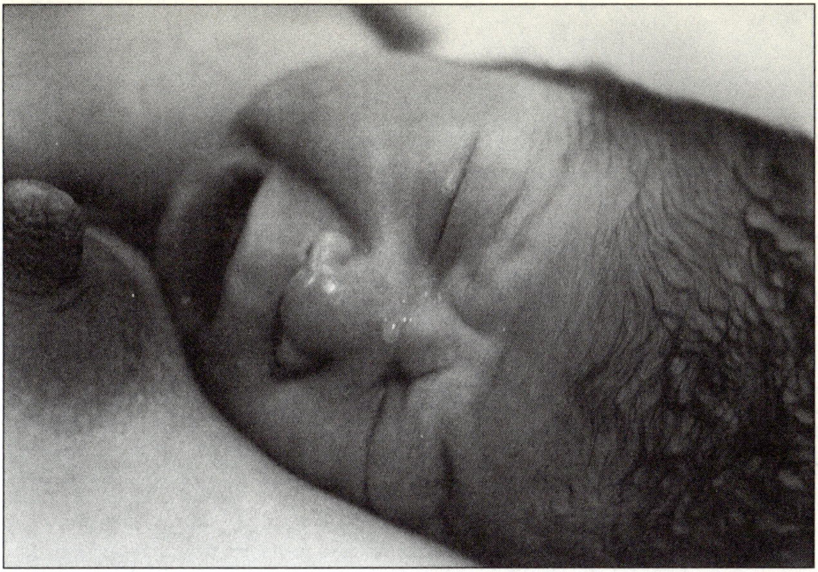

Die erste Träne. Ein ungewöhnliches Bild von einem neugeborenen Baby: die erste unschuldige Träne auf einem langen Lebensweg. Es wäre falsch, in einer solchen Erscheinung einen Gefühlsausdruck sehen zu wollen, da Tränen auch eine natürliche, physische Funktion haben.

gestört ist. Weder Hyperaktivität noch krankhafte Inaktivität sind behandelt, weil diese Erscheinungen nur mit ärztlicher Hilfe und dem Einzelfall entsprechend beurteilt und interpretiert werden können. Dieses Buch soll medizinische Darstellungen ebensowenig ersetzen wie ärztlichen Rat.

Es ist übrigens ein Irrtum zu glauben, taubstumme Kinder verfügten über eine besonders reiche Körpersprache. Oft ist das Gegenteil richtig. Da sie davon ausgehen müssen, daß sie nicht verstanden werden, wird ihre Zeichensprache oft hastig in der Angst, der andere könnte sich abwenden und dadurch unerreichbar sein. Der Taubstumme ist ganz und gar abhängig vom direkten Augenkontakt. Die Stimme, mit der andere Kinder die Mutter immer noch erreichen können, wenn die sich abgewendet hat, fehlt. So muß Panik entstehen. Panikartig beschleunigt, wird die Zeichensprache jedoch vollends unverständlich. Die Taubstummen-Signalsprache ist keineswegs identisch mit dem, was wir unter Körpersprache verstehen, und sie bleibt für den Unkundigen eine Fremdsprache.

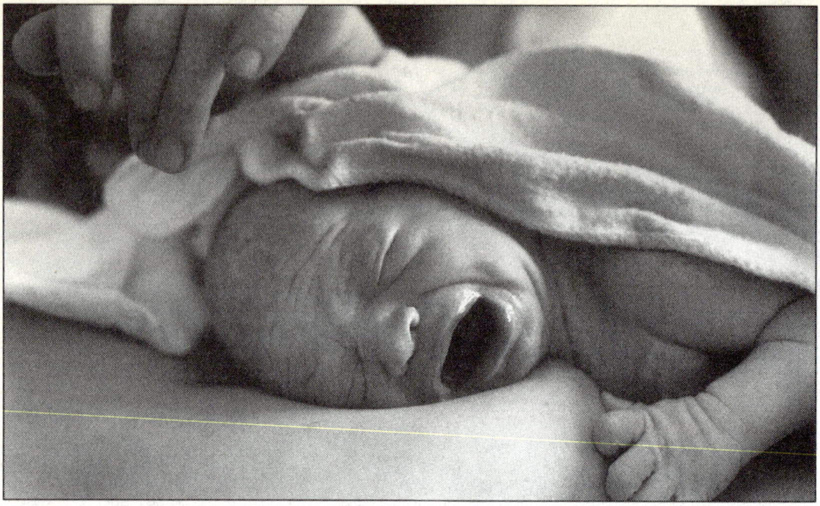

Der erste Schrei: sowohl Reaktion auf die Entfaltung der Lungen als auch erste Kommunikation mit der Umwelt. Babys laufen bei der Geburt oft blau an, weil ihr Kreislauf noch nicht selbständig funktioniert. Der erste Schrei ist unter anderem auch eine zusätzliche Stimulierung für den Kreislauf.

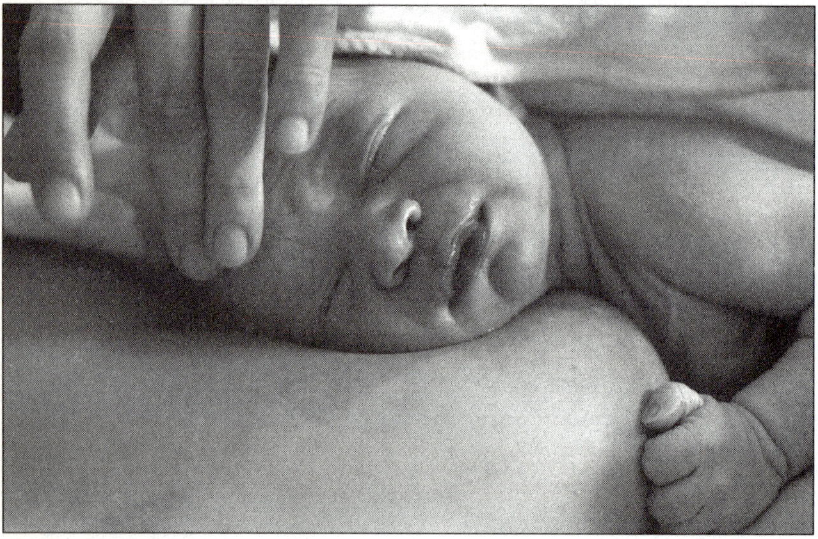

Daß es sich nicht um ein Zeichen andauernden Schmerzes handelt, läßt sich daran erkennen, daß der Hautkontakt mit der Mutter schnell besänftigt. Babys wollen gestreichelt werden. Sie brauchen es. Die sanfte Hand der Mutter und der Hautkontakt mit ihr geben dem Baby das Gefühl, beschützt zu sein. Der Schrei ermüdet das Baby physisch, was ihm zu ruhigem Schlaf verhilft.

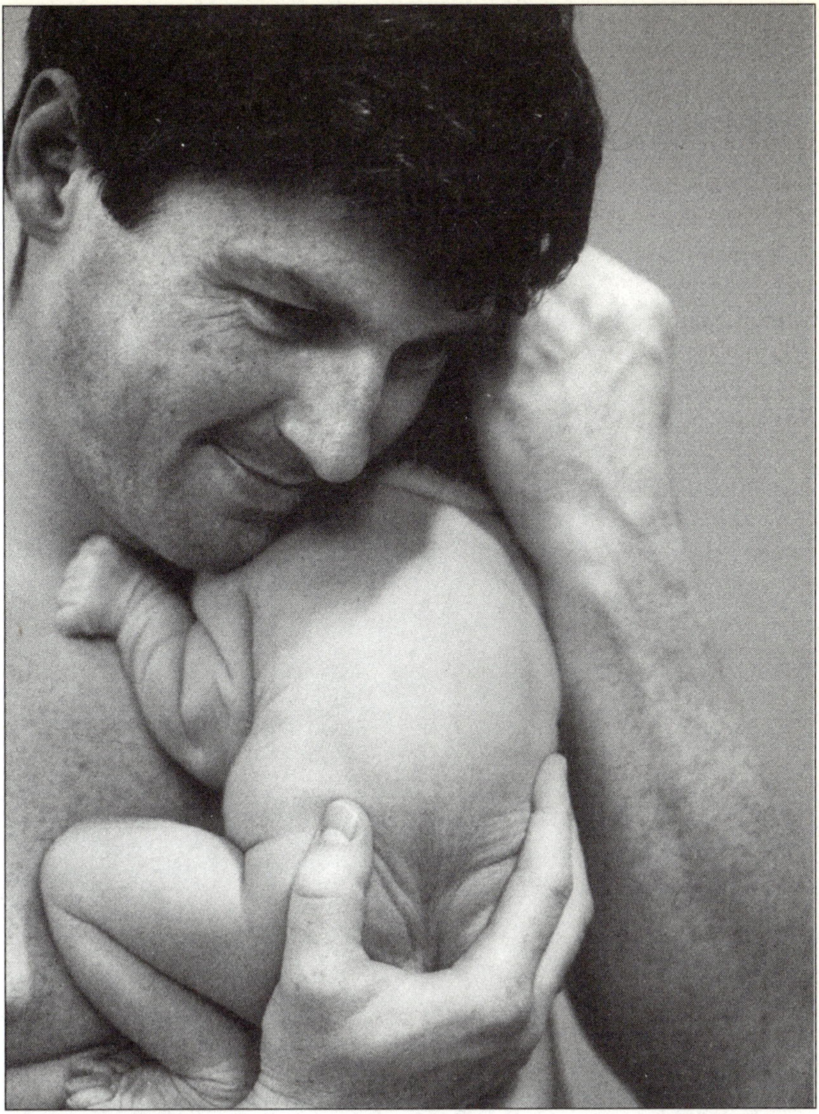

Nicht nur der Hautkontakt ist für das Baby wichtig, auch der Geruch des Vaters ist es. Das Bild zeigt den archaischen Klammerreflex des Kindes. Die Mutter hat in den vergangenen neun Monaten eine ganz spezielle Beziehung zu ihrem Baby entwickelt: Sie hat es mit sich herumgetragen, hat es immer bei sich gehabt, hat es physisch gespürt. Der Vater muß sich erst an seine physische Existenz gewöhnen, und die lange Wartezeit bringt es mit sich, daß er ein starkes Gefühl entwickelt: Nun habe auch ich es!

Was dieses Buch beschreibt, trifft auf die Mehrzahl gesunder Kinder zu, worauf es zielt, ist eine bessere Kenntnis über das Lebensgefühl unserer Kinder, wie es sich in ihrer Körpersprache manifestiert.

Noch einmal sei darauf hingewiesen, daß sich die Darstellungen dieses Buches auf gesunde Kinder beziehen, die in Familien leben, die man als intakt bezeichnen kann. Es ist mir bewußt, daß viele Kinder in weniger glücklichen Verhältnissen ihr Dasein beginnen und weniger gute Ausgangspositionen hinnehmen müssen. Ihre Signale sind deswegen keine anderen. Spreche ich von Eltern, von Vater oder Mutter, so gilt das Gesagte fast immer auch von anderen Bezugspersonen des Kindes.

Vor der Geburt

Die pränatale Stufe

Wir wissen wenig über die Körpersprache des ungeborenen Kindes. Außer begründeten und weniger begründeten Vermutungen gibt es aber auch Erkenntnisse, die auf Forschung und Experiment beruhen. Für unterschiedliche Meinungen bleibt auch hier Raum genug. Eines steht jedoch fest: Das Kind ist da. Es entwickelt sich, und vom vierten Monat an kann man von vollständiger Existenz sprechen. Spätestens vom fünften/sechsten Monat an ist der ganze Organismus ausgebildet, und er funktioniert. Das heißt zugleich, daß er wahrnehmungsfähig ist und empfindet. Er ist umgeben von Vibrationen und Geräuschen, die aus der Welt tief drinnen in der Gebärmutter und von draußen an ihn dringen.

Eines spürt er noch nicht, den Hunger. Das ungeborene Kind, noch durch eine Nahrungsleitung direkt mit der Mutter verbunden, kennt kein Hungergefühl. Noch etwas anderes wirft keine Probleme auf oder ruft keine Bedürfnisse hervor: Kälte und Wärme zum Beispiel oder der Reiz einer trockenen Haut oder überhaupt andere äußere Reize. Denn das Kind liegt umhüllt von der Gebärmutterhöhle im Fruchtwasser. Unangenehme Reize von außen sind so gut wie nicht vorhanden. Dennoch nimmt das Kind im Mutterleib zum Beispiel das Schaukeln wahr, durch das es selbst in der Gebärmutter bewegt wird. Die Bewegung ist von unterschiedlicher Stärke, je nachdem, ob die Mutter sich im Ruhezustand befindet oder sich bewegt, ob sie geht, rascher geht, sich bückt. Vielleicht ist der Wechsel der Bewegung für das ungeborene Kind bereits ein Signal dafür, daß alles in Ordnung ist. Die Mutter lebt, also habe auch ich gute Chancen zu leben, da ich mit ihr zusammenhänge, an ihren Organismus gebunden bin!

Die angenehme vorbewußte Wahrnehmung von Schaukeln und Stillstand ist für das Kind wichtig. Ganz augenscheinlich bleibt die Schaukelbewegung auch nach der Geburt von Bedeutung; sie begleitet uns durch die folgenden Stadien unseres Seins.

Rhythmische Bewegung

In der pränatalen Phase spielt der Rhythmus der Bewegung bereits eine gewisse Rolle. Die Schwangere nimmt meist wie von selbst ruhige, gleichmäßige Bewegungsformen an. Unregelmäßige Rhythmen, Hektik in den Bewegungen sind nicht typisch für eine schwangere Frau. Ist jedoch die Ausgeglichenheit durch den Rhythmus der Hektik gebrochen, kann man davon ausgehen, daß sich diese Unruhe auf irgendeine Weise auf das Kind überträgt, wahrscheinlich eine unangenehme Empfindung auslöst.

Im Durchschnitt jedoch bereitet sich eine Frau, die in sich zufrieden ist, in der Schwangerschaft auf das Kind vor; sie erlebt an sich selbst, wie sie beginnt, Ruhe auszustrahlen, und wie ihre Bewegungen ruhiger und gleichmäßiger werden. Dem Kind kommt das zugute.

Nach der Geburt übernimmt oder -nahm – sie ist vielfach aus der Mode gekommen – die Wiege die Schaukelbewegung, an die das Kind im Mutterleib gewöhnt war. Das Kind wird im Kinderwagen geschaukelt, in die Arme genommen, gewiegt. Wie wichtig dieses Schaukeln ist, wird einem deutlich, wenn man sich vor Augen führt, daß sich das Neugeborene in der Welt auf dem Rücken liegend findet. Es erlebt nicht mehr das natürliche Schaukelgefühl, das durch den Gang der Mutter hervorgerufen wurde. Das Kind hat den Mutterleib verlassen, in dem es bewegt wurde. Selbst kann es sich noch nicht nach Wunsch bewegen, sein Zustand ist statisch, an einen Platz gebunden. Das Kind kann in Panik geraten, wenn niemand es schaukelt. Etwas stimmt nicht! Die Mutter muß ihm anzeigen, daß es lebt und gesund ist.

Das Schaukeln bezieht daraus seine beruhigende Wirkung. Es ist ein vertrautes Signal: Ich kann ruhig sein, ich kann die Augen schließen, ich kann schlafen; die Mutter schaukelt mich, ich schaukle, die Welt ist in Ordnung. Aber Schaukeln ist nicht gleich Schaukeln. Denn gleicht das Schaukeln nicht einer normalen Schrittbewegung, also dem Rhythmus, in dem die Mutter geht, sondern schaukeln wir schneller, nervöser oder unregelmäßig, bleibt die beruhigende Wirkung aus. Der Rhythmus erweist sich als wesentlich.

Das Schaukeln begleitet uns durchs Leben, von der Kinderschaukel im Garten bis zum Schaukelstuhl unserer gesetzten Jahre. Immer erinnert das Schaukeln an die Bewegung im Mutterleib, hat aber auch einen rein physischen Aspekt. Jedesmal, wenn wir in einem Schaukelstuhl vor-

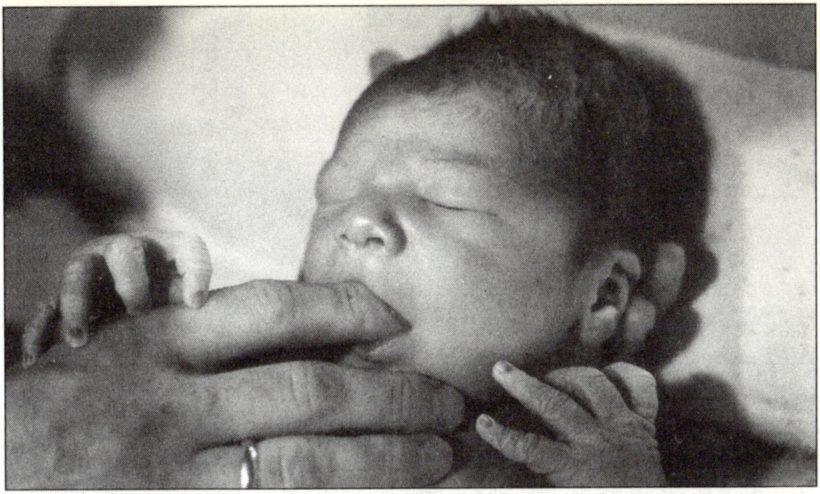

Die Hand stimuliert von außen den Saugimpuls. Saugen ist die erste entwickelte Sinnesäußerung – so kommuniziert das Baby mit der Umwelt. Der Mund und die Zunge sind das Hauptkommunikationsmittel des Babys. Das ist nicht nur beim Essen so, sondern jede Wahrnehmung wird mit dem Mund zusätzlich geprüft. Und es folgt unmittelbar der Instinkt zu saugen, und zwar bei allem, was in den Mund des Babys kommt. Denn es ist lebenswichtig für das Kind, auf mögliche Nahrung zu reagieren.

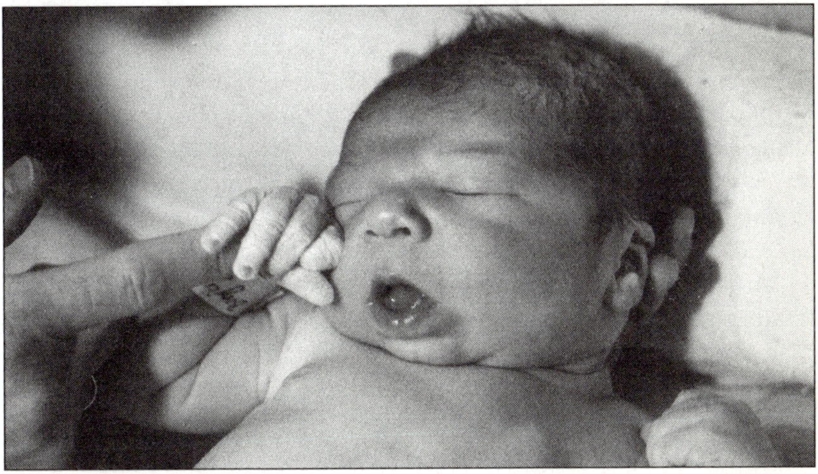

Die Zunge des Kindes schiebt die Bezugsperson weg: Ich habe genug. Laß mich allein. Der Saugreflex ist unablässig in Aktion, bis volle Sättigung und Müdigkeit eintreten. Ist das der Fall, schiebt das Baby seine Zunge nach vorn, so als wollte es die überflüssige Nahrung wegschieben. Das gleiche gilt übrigens, wenn es genug hat vom Spiel oder jeder anderen Unternehmung.

wärts- oder rückwärtsschaukeln, kontraktiert bzw. dehnt sich das Zwerchfell, und mit dem Gleichmaß des Schaukelns setzt auch ein gleichmäßiger Rhythmus von Ein- und Ausatmung ein, der wiederum beruhigend wirkt.

Der Takt des Herzens

Das ungeborene Kind nimmt nicht allein die Schaukelbewegung wahr, die den Bewegungen der Mutter entspricht, sondern selbstverständlich auch ihren Herzschlag. Der regelmäßige Herzschlag wirkt ebenfalls beruhigend. Kinderlieder nehmen später den Takt des regelmäßigen Herzschlags auf. Sie wecken die Erinnerung an tiefe Geborgenheit. Jeder Rhythmus, der parallel geht zum regelmäßigen Takt des menschlichen Herzens, wirkt beruhigend. Er gibt Kindern ein Gefühl von Sicherheit.

Eine interessante Erfahrung habe ich selbst mit meiner Frau gemacht, als sie im sechsten oder siebten Monat mit unserem ersten Sohn Nuriel schwanger war. Wir besuchten die »Rocky-Horror-Show«, ein Musical mit harter Rockmusik. Das Kind begann im Leib der Mutter zu toben, als wehrte es sich gegen die Aggressivität der Musik, die wahrscheinlich auch auf die Mutter gewirkt hatte, ohne daß sie es sich bewußt machte. Ob nun das Kind die Schwingungen der Musik unmittelbar wahrgenommen hat oder mittelbar durch die Reaktionen im Organismus der Mutter, kann ich nicht sagen. Jedenfalls hat Nuriel so heftig getobt, daß meine Frau sagte: Ich kann nicht mehr sitzen, ich muß hier raus! Kaum waren wir vor der Tür, war das Baby ruhig. Es hat sich also nicht zufällig aufgeregt. Was mir daran so interessant erscheint, ist die Tatsache, daß ein ungeborenes Kind bereits reagiert und kommuniziert.

Am folgenden Tag gingen wir in ein Konzert; auf dem Programm stand eine sehr harmonische Musik, und das Kind hat sich wiederum bewegt: regelmäßig und für die Mutter angenehm. Meine Frau fühlte keine Notwendigkeit, das Konzert zu verlassen. Im Gegenteil: Sie hat meine Hand auf ihren Leib gelegt und mir zugeflüstert: Spürst du, wie das Kind sich bewegt? Fast im Rhythmus der Musik. Und ich war erstaunt, wie dieser Rhythmus sich im Einklang befand mit dem Fluß der Bewegung im Leib seiner Mutter.

Wir haben darüber hinaus einige kleine Experimente gemacht. Wenn meine Frau im Winter ein warmes Bad nahm und ihren runden Bauch,

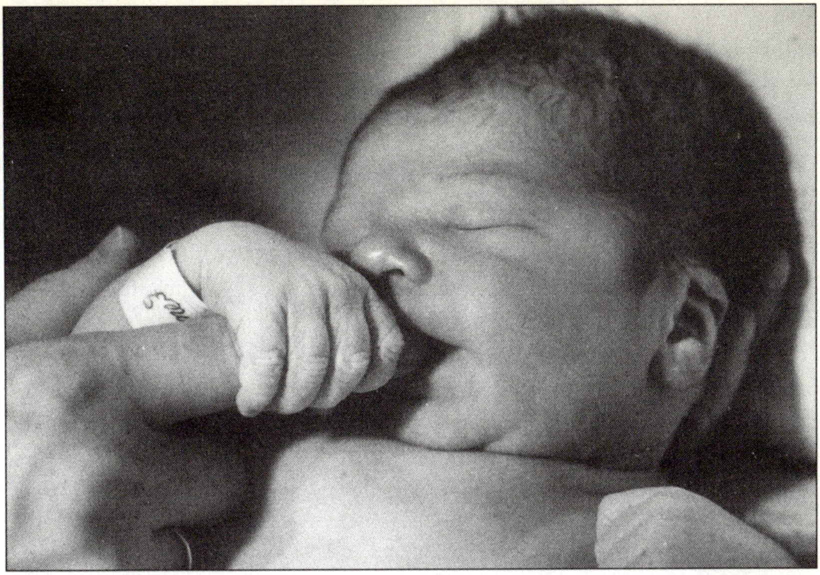

Der Saugreflex beruhigt. Er steht für die erwartete Nahrung, die vorher automatisch zufloß. Auch wenn das Kind noch gar keinen Hunger hat, trägt allein der Reflex zur Beruhigung bei. Das zusätzliche Halten mit der Hand, eine reflexbedingte Klammerbewegung an die Mutter, hat seinen Ursprung wahrscheinlich in der Urzeit, als sich das Baby am Fell oder Haar der Mutter festhielt.

ihren Schwangerschaftsbauch, für etwas längere Zeit aus dem warmen Wasser in die Luft streckte, kam prompt das Signal des Kindes, ein Schlagen, das hieß: Es ist mir nicht angenehm. Tauchte der Bauch wieder ins Wasser zurück, beruhigte es sich sofort. Ich sehe darin ein weiteres Beispiel für die Kommunikation, die das Ungeborene aufbaut durch Signalgeben und Signalempfangen. Und es verlangt Antworten schon im Mutterleib.

Pränatale Kommunikation

Diese pränatale Kommunikation wird – ganz ohne Experiment – deutlich durch das gegenseitige Verlangen nach bequemer Lage oder Stellung. So signalisiert die Mutter dem Kind: Deine Stellung ist für mich nicht angenehm! Oder sie streichelt über ihren Bauch, um zu bestätigen: So ist es mir angenehm! Hände auf dem Bauch haben auch eine beruhigende Wirkung: Stöße und Puffe lassen nach, das Baby wird ruhig. Genauso kommt es vor, daß die Mutter im Schlaf eine Lage einnimmt, die für das Kind unbequem ist. Es wird nicht lange dauern, und das Kind weckt die Mutter durch sein Stoßen und Schlagen, um zu erreichen, daß die Mutter ihre Lage ändert.

Und nicht nur das: Lange andauernde Unbeweglichkeit der Mutter signalisiert dem Fetus Gefahr. Vielleicht lebt die Mutter nicht mehr? Denn Bewegung heißt Leben. Schon kommt der Stoß: Beweg dich! Beide können beruhigt weiterschlafen, da Bewegung oder Nichtbewegung des Kindes für die Mutter gleichbedeutend ist.

Soviel fürs erste über die in dieser Beziehung noch zu wenig erforschte pränatale Phase, von der man doch sagen kann, daß sie Signal und Gegensignal, eine Zwiesprache zwischen Mutter und Kind kennt. Es ist zugleich die Phase, in der alles Kommunikative sich ausschließlich körpersprachlich – im engsten Sinne des Wortes – vollzieht.

Die Geburt

Während der Geburt hat das Kind eine eindeutige Aufgabe, die genetisch programmiert ist und einer Erwartung der Mutter gegenüber ihrem Kind entspricht: Es muß mithelfen, aus dem Mutterleib herauszukommen. Ich spreche auch hier von einem Signalaustausch zwischen Mutter und Kind. Das Ungeborene hat sich wohl gefühlt in der Gebärmutterhöhle, nur wurde es immer enger darin. Es kommt der Augenblick, wo es unabwendbar wird: Jetzt mußt du hinaus! Das erste Signal empfängt es von der Mutter, erteilt durch die ersten Wehen. Durch die Kontraktionen signalisiert sie dem Kind: Jetzt dränge dich hinaus! Das Kind empfängt das Signal und beginnt sogleich – wenn es nicht besonders faul ist –, die ihm zugewiesene Aufgabe zu übernehmen. Das Kind unterstützt seine Mutter in ihrem Bemühen, bewegt sich langsam zum Gebärmutterhals und beantwortet die Signale der Mutter durch die Tat. Damit das Ungeborene nicht gedrängt wird, hat die Natur Zeitabschnitte zwischen die Wehen gelegt. Zu Anfang ist der Rhythmus, in dem sie aufeinanderfolgen, langsam, dann beschleunigt er sich. Die Zeiten zwischen den Wehen werden immer kürzer (fünf Minuten, zwei Minuten, eine Minute, eine halbe Minute). Der Appell an das Kind wird immer eindringlicher: Du mußt die Höhle verlassen, du mußt herauskommen!

Die Aktiven und die Bequemen

Viele Mütter können darüber berichten, wie sich Charaktereigenschaften der Neugeborenen in dieser Phase zu enthüllen scheinen: Das Kind hilft aktiv mit, es ist etwas bequem und braucht Hilfe von außen, es hält sich ganz zurück, will sich nicht bewegen, will überhaupt nicht herauskommen – massive Nachhilfe wird nötig.

Solche frühen Äußerungen des Charakters konnten wir, meine Frau und ich, auch bei unseren vier Söhnen beobachten. Ich habe ihre Geburt gefilmt, und es ist sehr aufschlußreich, im Vergleich zwischen dieser ersten Beobachtung und der weiteren Entwicklung festzustellen, daß die Grundzüge von Charaktereigenschaften sich tatsächlich wieder bemerkbar machten. Es hat übrigens nichts damit zu tun, wie lange die Wehen dauern, jedenfalls nicht viel, sondern es geht um den Prozeß der Geburt selbst.

Der erste unserer Söhne kam schnell, wie von einer Kanone geschossen. Es schien ihm wichtig, schnell ans Licht zu kommen. Er war groß und kräftig. Alle unsere Kinder kamen mit vier Kilogramm Gewicht zur Welt, hatten aber alle auch das Problem, durchzukommen. Unser Ältester ist heute genauso wie bei seiner Geburt; er ist ein Blitz. Er ist schnell, er ist dynamisch, alles muß bei ihm sofort und ohne Verzögerung geschehen. Der zweite Sohn war etwas ruhiger, es ging bei der Geburt etwas langsamer, aber er erwies sich als selbständig. So hat er bei der Geburt einen Arm selbst herausgebracht, nachdem sein Köpfchen draußen war. Er hat sich selbst geholfen. Er war aktiver bei seiner Geburt. Er ist auch heute so, viel selbständiger als die Brüder; er braucht wenig Hilfe von anderen, er arrangiert sich selbst mit der Welt.

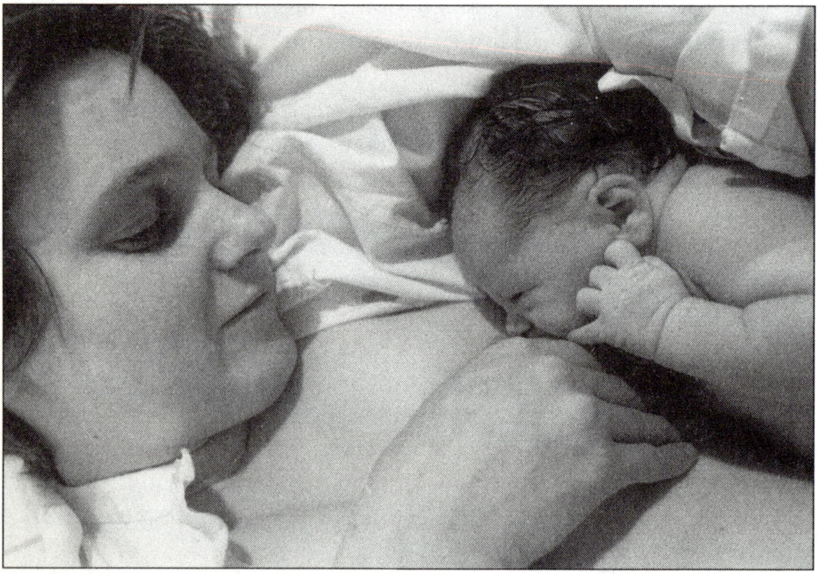

Unmittelbar nach der Geburt wird das Kind an die Brust gelegt. Eine ausgeprägte Interaktion zwischen Mutter und Kind beginnt. Es saugt – die Mutter gibt.

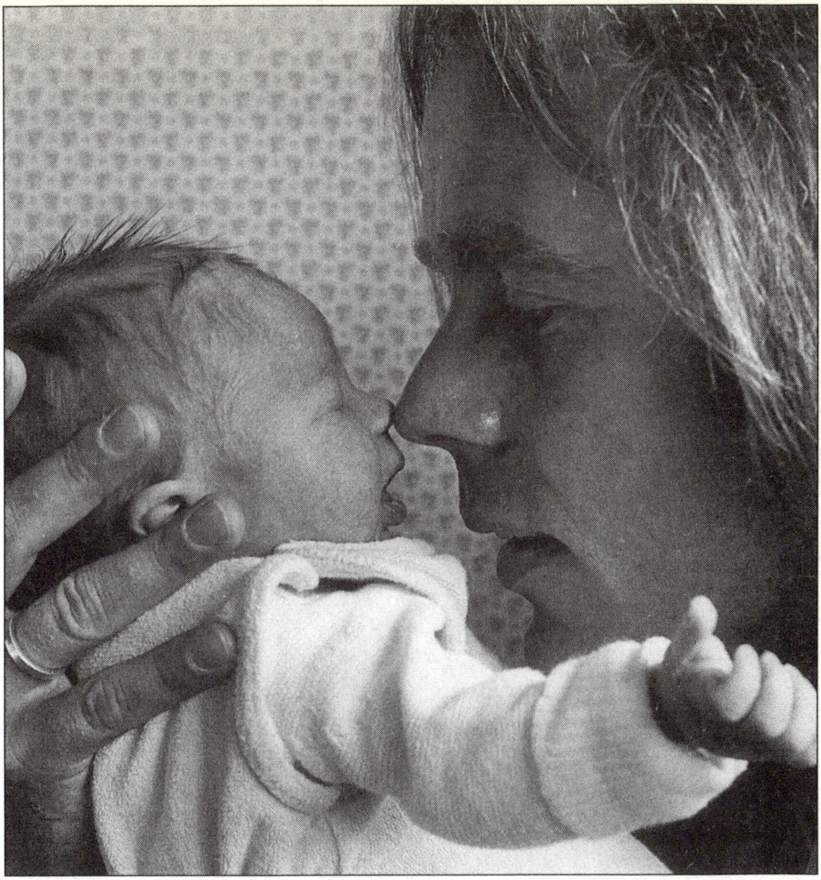

Der Vater muß seine Beziehung zum Baby erst erkunden und aufbauen. Seine Gefühle waren bisher abstrakt, jetzt erst können sie real umgesetzt werden.

Der dritte erwies sich wieder als ganz anders; ihm mußte auf die Welt geholfen werden. Er hat sich bedienen lassen. Und heute? Er ist ein liebes Kind, ein familienbezogenes Kind, ein braves Kind zudem, aber was im Prozeß der Geburt zum Ausdruck kam, macht sich nach wie vor bemerkbar: Er läßt sich gern helfen, läßt sich nicht ungern bedienen, er erwartet, daß wir auf ihn zugehen – und nicht umgekehrt. Ein Zug von Passivität blieb ihm erhalten. Der vierte Sohn war sanft bei der Geburt, fügte sich umstandslos in das Geschehen. Er ist noch zu jung, als daß von seiner Entwicklung etwas Bestimmtes gesagt werden könnte.

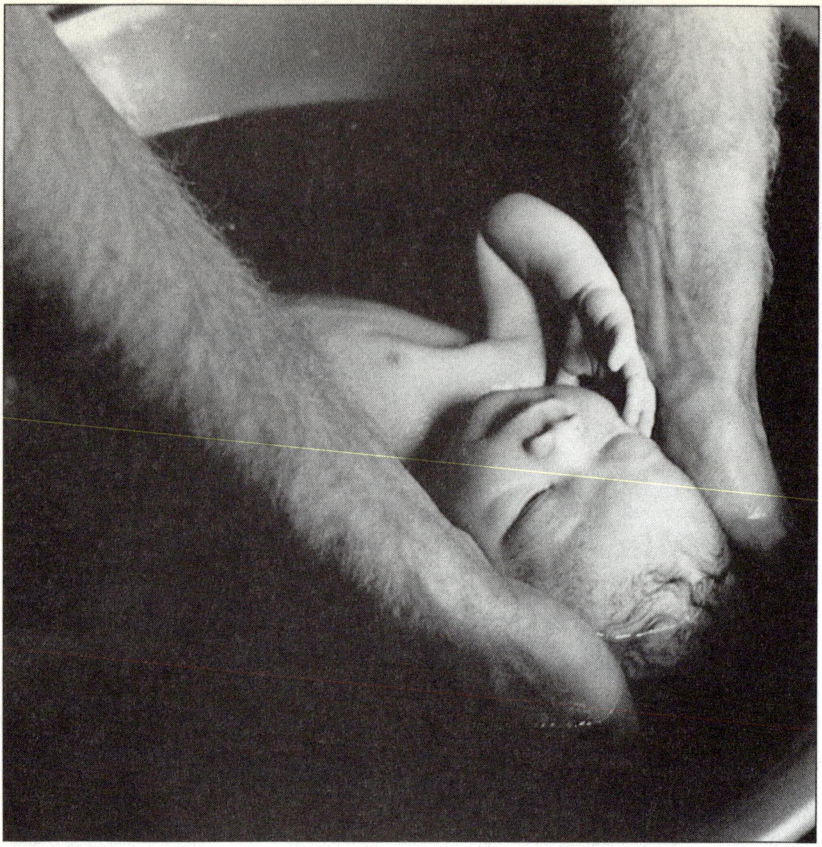

Baden ist nicht in jedem Fall angebracht, denn die Fettschicht ist nicht nur Gleitschutz, sondern schützt in den ersten empfindlichen Tagen auch vor Infektionen.

Immerhin läßt sich nach unseren Erfahrungen sagen, daß der Prozeß der Geburt, für den das Kind von der Natur programmiert ist, und zwar im Sinne seiner aktiven Mithilfe, als aussagekräftig angesehen werden kann für Grundzüge des sich nun herausbildenden Charakters; denn ein Kind gibt durch sein Verhalten, ob aktiv, selbständig, passiv, sanft, schnell usw., Antworten auf erste Anforderungen, die an es gestellt werden. Wir haben die Möglichkeit, die entsprechenden Signale zu registrieren, ohne sie überzubewerten.

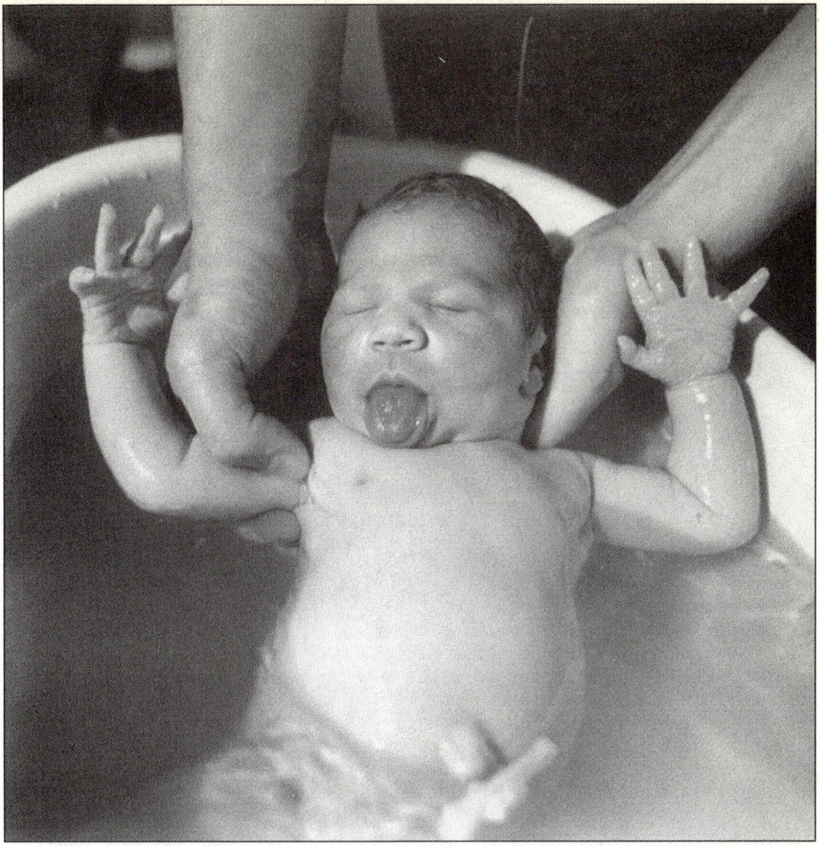

Das Kind breitet die Arme aus, und seine Zunge schiebt etwas fort. So nimmt es das unangenehme Gefühl des Nach-hinten-Fallens vorweg.

Nach der Geburt

Die Geburt ist vollzogen. Ich will nicht von Geburtstrauma und ähnlichem reden, aber es ist unbestreitbar: Das Neugeborene erlebt völlig neue Reize, ist ihnen zum erstenmal ausgesetzt. Es ist von seiner Mutter getrennt. Die Haut erfährt Reize, die sie zuvor nicht kannte: Kälte, Wärme, die Berührung mit fremdem Stoff, der die Hautoberfläche kratzt. Die Haut trocknet aus und wird eingeölt. Und weiter: Zum erstenmal spürt das Kind Hunger, und der Hunger wird nicht auf der Stelle gestillt durch eine stets Nahrung spendende Leitung wie im Mutterleib,

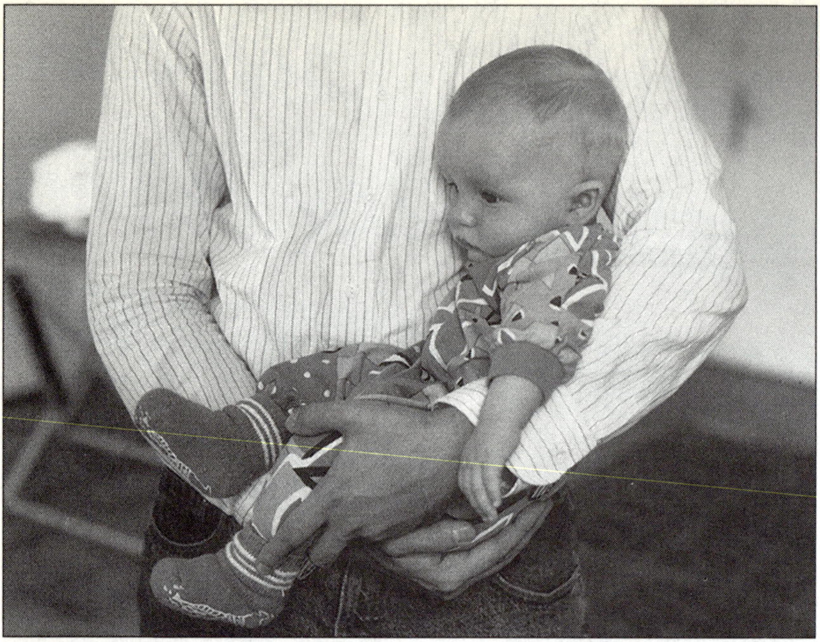

Geborgenheitsgefühl auch im späteren Alter: Die muldenartige Form führt zu einer embryonalen Stellung bzw. Haltung und erinnert an die schützende Gebärmutter.

sondern es werden Signale notwendig, das Kind muß nach Nahrung verlangen, und oft muß es warten, bis seinem Verlangen nachgegeben wird. Licht fällt auf die Netzhaut seiner Augen, Lichtunterschiede werden wahrnehmbar, seine Ohren empfangen Geräusche. Kurz gesagt: Eine Menge neuer Reize stürmt während und nach der Geburt auf das Kind ein, ein Chaos zunächst, das von dem Neugeborenen organisiert, zugeordnet werden muß: Licht, Geräusche, Berührungen, Empfindungen.

Sobald das Kind mit der Luft in Verbindung kommt, setzt durch einen Reflex die Lungentätigkeit ein. Die Dehnung der Lungen verursacht Schmerzen, und diese bringen den berühmten ersten Schrei hervor. Und dieser Schrei ist zugleich ein intensiver Impuls für die Lungentätigkeit.

Bei dem chaotischen Ansturm von Signalen wäre es ohnehin nicht verwunderlich, wenn das Kind als erste Antwort darauf zunächst einmal schreit. Es ist zuviel für den Neuankömmling! Er braucht Erholung und Beruhigung. Erhält er schnell die Mutterbrust, wird er beruhigt reagieren. Der Vorgang des Saugens stellt einen gleichmäßigen Rhythmus her, gleichzeitig fühlt das Kind sich versorgt, die anderen Reize treten in den Hintergrund.

Kinder brauchen in dieser Situation Ruhe, um die neuen Reize einordnen zu können. Vor allen Dingen gilt es zu klären, was diese Signale für sie selbst bedeuten.

Der Finger des Engels

Während der Geburt eines Kindes und in der ersten Zeit danach, sehe ich eine Phase, die ich kosmisch nennen möchte. Im Talmud gibt es eine sehr schöne Geschichte. Sie erzählt, daß zu jedem Kind während seiner Entwicklung im Mutterleib ein Engel vom Himmel heruntersteigt und ihm das gesamte kosmische Wissen ins Ohr flüstert. Während der Geburt legt der Engel einen Finger auf den Mund des Kindes, damit es alles wieder vergißt. Von dieser Berührung durch den Engel tragen wir alle die kleine Mulde auf der Oberlippe.

Es läßt sich hinzufügen: Manche von uns haben nicht alles vergessen oder erinnern sich leichter oder schneller. Das soll heißen, daß wir nichts Neues lernen, sondern uns wieder an das kosmische Wissen erinnern, das der Engel uns während unseres Eingehülltseins im Mutterleib ins Ohr geflüstert hat.

Doch auch nach der Geburt sehe ich Kinder noch als dem Kosmischen verwandt an. Für sie ist alles noch ein großes Ich. Noch ist es ihnen versagt, zwischen Ich und Nicht-Ich zu unterscheiden. Stellen wir uns vor: Ein Neugeborenes liegt auf dem Rücken, es kann sich noch nicht fortbewegen, aber es tauchen Dinge auf vor seinen Augen: eine Hand, ein Fuß, ein Gesicht. Das Kind versteht noch nicht auseinanderzuhalten, ob die Hand, die vor seinen Augen auftaucht, seine eigene ist oder eine fremde. Alles, was es sieht, was es erlebt, gehört noch zu einem großen Ich. Anders gesagt, alles gehört zu einem großen Wesen, dessen Teile in seinem Gesichtskreis auftauchen. Von dem Augenblick an, in dem das Kind die Dinge berühren kann, unterscheidet es zwischen zwei Phänomenen. Packt es den eigenen Fuß, fühlt es die Berührung doppelt: einmal mit der Hand, die zupackt, zum anderen am Fuß, der gepackt wird. Ergreift es die Hand seiner Mutter, spürt es nur von einer Seite die Berührung, nämlich in seiner zugreifenden Hand. Nach und nach teilt sich die Welt, die anfänglich ein großes Ich-Wesen darstellte. Das Bewußtsein stellt sich ein, daß nicht nur ein einziges Ich existiert, sondern ein Ich und ein Nicht-Ich. Während der Phase des einen großen Ich gab es bereits den Unterschied zwischen angenehmen und unangenehmen oder irritierenden Reizen. Sie können sowohl von innen wie von außen kommen: von innen sind das zum Beispiel Hunger, Blähungen, Verstopfung; Reize von außen sind unter anderem Kälte, Wärme, ein Geschmack, der dem Kind gefällt oder nicht, die Berührung, die es spürt und als angenehm oder unangemessen empfindet. Alles dies wird noch nicht mit einem anderen, also dem Nicht-Ich, in Verbindung gebracht, sondern alles scheint noch dem einen Ich anzugehören.

Neuere Forschungen haben ergeben, daß Neugeborene ihren Kopf sehr oft der Mutter als der Quelle erster Bedürfnisbefriedigung, aber auch Gegenständen zuwenden, die nur den Geruch der Mutter aufgenommen haben. Mit dem Klang der Stimme ist es ähnlich. Ich bin nicht sicher, ob das Kind die Mutter schon als einen Teil der Umwelt oder noch ganz als Teil des eigenen Ich empfindet.

Im Säuglingsalter

Die Trennung vom Kosmos, die in ein individuelles Dasein führt, die Entdeckung: Ich bin begrenzt, bringt auch das Bewußtsein individueller Eigenschaften: Das bin ich, das sind die anderen. Hier taucht schon unbewußt die Frage nach den Wechselbeziehungen auf. Was kann ich den anderen bedeuten, was bedeuten die anderen für mich? In welchen Beziehungen stehen wir zueinander? Die Wahrnehmung der eigenen Begrenztheit bedeutet zugleich: Ich kann nicht alles sein, obwohl ich das möchte. Andererseits: Ich kann mich noch nicht selbständig fortbewegen, um da zu sein, wo ich sein möchte – also brauche ich Hilfe. Das Bewußtsein der eigenen Begrenztheit läßt automatisch den Wunsch nach Freiheit entstehen. Zu diesem Freiheitswunsch gehört das Bedürfnis

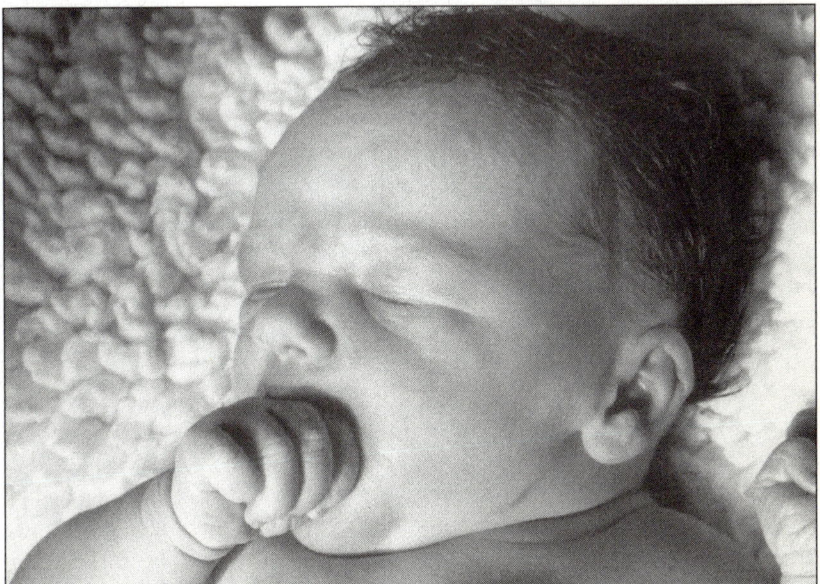

nach Kommunikation – wer frei sein will, muß sich mitteilen können –, gehört die Neugier und, ganz selbstverständlich, die Anstrengung, eigene Fähigkeiten zu entwickeln. Isoliert sein bedeutet, nicht frei zu sein. Freiheit ist ein Bewußtseinszustand im Bezug zu anderen.

Die Entdeckung von Ich und Nicht-Ich weckt nachdrücklich den Wunsch, zu erfahren, was mich von dem oder den anderen unterscheidet, ruft die uns angeborene Neugier auf den Plan.

Nach etwa acht Wochen können Babys willentlich, nicht mehr nur reflektorisch, nach Dingen greifen.

Sobald das Kind in der Lage ist, das andere zu ergreifen, Objekte zu berühren, an sich zu nehmen, in den Mund zu stecken, erhöht sich sein Kompetenzgefühl: Ich selbst kann anderes erfahren!

Das Gehirn in der Entwicklung

Die Wissenschaft hat herausgefunden, daß in der Zeit unmittelbar nach der Geburt das Gehirn des Menschen noch nicht ausgereift ist. Das Gehirn entwickelt sich vielmehr in den ersten vier Monaten nach der Geburt, als müsse das neue, kognitive Bewußtsein noch lernen vom Nichtbewußten. Während dieser Zeit der Gehirnentwicklung werden die Spielregeln eingeübt, entsteht die Vergleichsskala zwischen Ist-Wert und Soll-Wert. Wie funktionieren die Mechanismen, mit denen ich die Differenz zwischen Ist- und Soll-Wert verringern kann, um mein Ziel zu erreichen? Das Kind braucht in diesen Monaten, in denen die Gehirngänge sich ausbilden, möglichst viele Reize, sollte viele Erfahrungen machen können. Der Aufbau des Gehirns, seiner Gänge und Windungen wird davon beeinflußt. Nicht die spätere Intelligenz hängt davon ab, aber Möglichkeiten und Alternativen werden leichter abrufbar. Aus diesem Grund ist der Erfahrungsradius in diesem frühen Kindesalter so wichtig.

Vom Wechsel der Empfindungen

Das Hungergefühl gehört, wie schon erwähnt, zu den ersten neuen Erfahrungen nach der Geburt, und zwar zu den unangenehmen. Das Kind, noch nicht in der Lage, sich selbst zu helfen, gerät in Panik und beginnt zu schreien. Früher oder später kommt die Mutter und bemüht sich, den

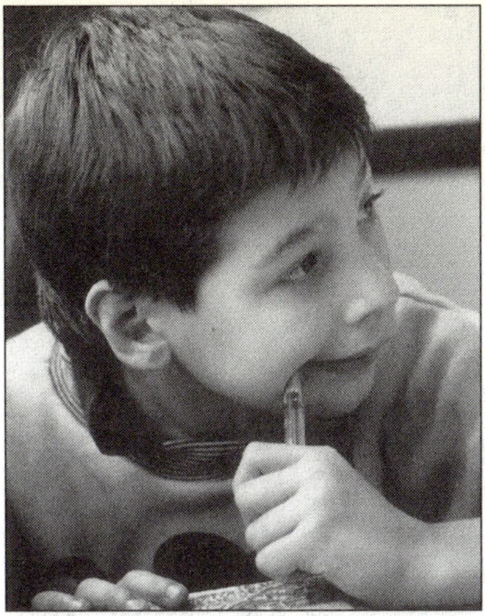

Das Saugen erzeugt einen beruhigenden Effekt, der vielerlei Gestalt annehmen kann. Hier: Saugen und Beißen. Bei Schwierigkeiten kann sich das Kind »verbeißen«.

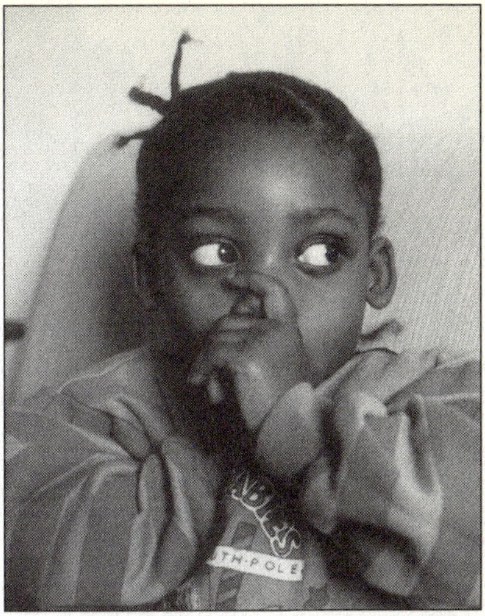

Sich selbst beruhigen gegen die Außenwelt: Ich brauche eure Hilfe nicht! Oft ein Akt von Scheu, aber wie die Augen hier zeigen, auch einer mit Interesse am Geschehen.

Das Saugen signalisiert das Bedürfnis nach geistiger Nahrung: Ich will mehr wissen!

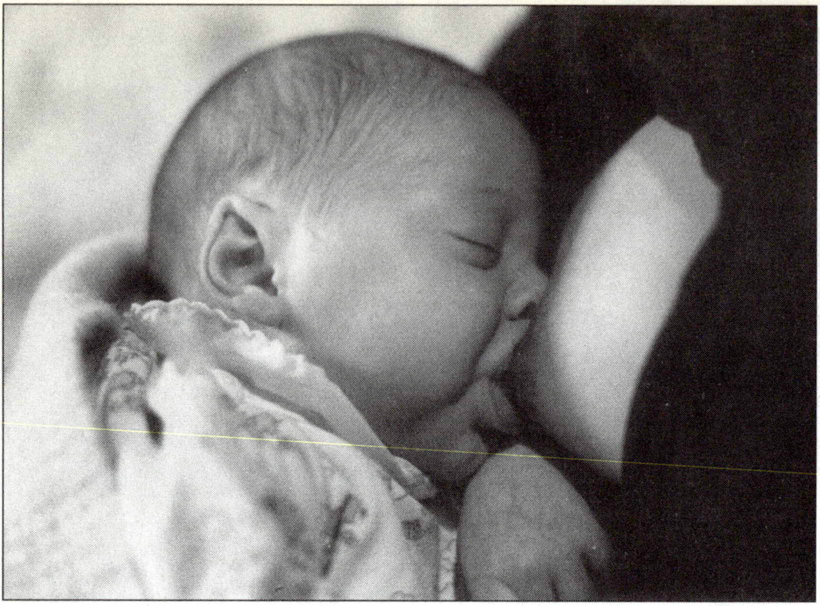

Hunger zu stillen. Das Kind beginnt zu lernen: Bringt es seine unangenehme Empfindung, sein Unbehagen zum Ausdruck, gibt es eine Antwort darauf. Die Antwort besteht aus einer ganzen Reihe von Informationen: Die Mutter kommt, sie nimmt das Kind auf, drückt es an sich. Das Kind spürt den Hautkontakt, hört vielleicht wieder den Herzschlag der Mutter, reflektorisch beginnt es zu saugen, nach und nach nimmt das Hungergefühl ab. Das Kind nimmt die Erscheinungen, die es bei dieser Gelegenheit erfährt, alle einzeln wahr, also jede für sich. Noch kann es nicht erkennen, daß sie zusammengehören. Es bedarf geraumer Zeit, ehe der Zusammenhang deutlich wird. Durch Wiederholung entsteht die neue Wahrnehmung eines aus unterschiedlichen Phasen bestehenden Ablaufs.

Jedesmal, wenn das Kind auf ein Unbehagen mit Schreien reagiert, erhält es eine Antwort. Von dem Augenblick an, in dem das Kind die Wechselbeziehung zwischen Unbehagen, Signalgeben (Schreien) und Antwort herausgefunden hat, wird es das System als Instrument benutzen, ohne es schon wirklich zu durchschauen.

Es übt sich ein: Signalgeben bringt Feedback und zwar ein positives. Ich schreie, und mein Hunger wird gestillt; ich brauche keine Angst mehr zu haben.

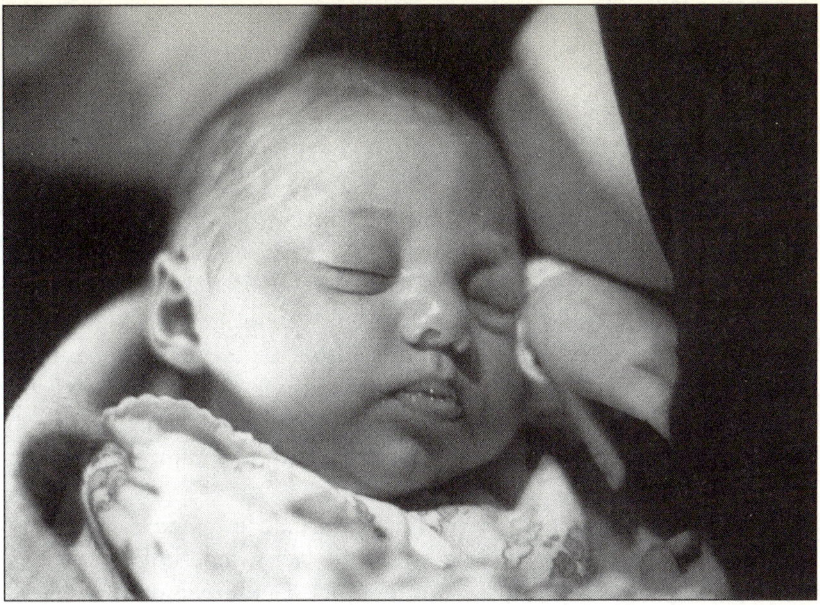

Zwei Faktoren stellen sich als wichtig heraus: Läßt die Mutter das Kind lange schreien, ehe sie die lindernde Antwort gibt, so heißt das für das Lernverständnis des Kindes: Ich muß laut und lange schreien, um eine Antwort zu erhalten. Jede Mutter, die gestillt hat, kennt das Phänomen der von der Natur erdachten Regulierung des Milchzuflusses in die Brust beim ersten Hungerschrei des Kindes. Es liegen Sekunden zwischen den beiden Signalen, dem Schrei und dem Einschießen der Milch aus den Milchdrüsen in die Brust der Mutter. Sind Mutter und Kind aufeinander eingespielt, weiß die Mutter sogar ungefähr den Zeitpunkt, zu dem das Kind Hunger bekommen sollte, und schon funktioniert der wunderbare Mechanismus. Ich erinnere mich daran, daß meine Frau gelegentlich sagte, die Milch schieße in ihre Brust, und bevor sie den Satz zu Ende gesprochen hatte, kam schon das erste Signal des Kindes.

Wer dies weiß und deshalb das Kind zu stillen beginnt, bevor es richtig zum Weinen gekommen ist und es schon nach den ersten Lauten der Unruhe an sich nimmt, der wird dem Kind die Erfahrung vermitteln, daß sich auch mit kleinen, feinen Signalen kommunizieren läßt. Um sich verständlich zu machen, sind grobe Signale nicht vonnöten. Läßt man das Kind schreien, wird es feinere Signale für unwirksam halten, es gewöhnt sich daran zu schreien.

Der Zeitfaktor im Lernprozeß

Der Zeitfaktor spielt im Lernprozeß eine entscheidende Rolle, denn das Kind bemerkt die durchschnittliche Dauer des Intervalls zwischen Signal und Feedback genau, zwischen Schreien und Antwort also. Gewöhnung stellt sich ein. Das Kind gewöhnt sich an eine gewisse regelmäßige Dauer zwischen Schreien und Antwort und lernt, diesen Zeitabstand zu tolerieren. Ist die Mutter aber gerade beschäftigt, weil sie vielleicht kocht, und der Zeitabstand vergrößert sich, entsteht neue Beunruhigung, die in Panik übergehen kann. Der Zeitabstand ist für das Kind nicht mehr kalkulierbar und daher auch nicht zu tolerieren.

Einzelne Feedbacksignale lernt das Kind bald in einen Zusammenhang zu bringen, und zwar dann, wenn sie sich wiederholen. Die sich nähernden Schritte der Mutter zum Beispiel, Geräusche der aufgehenden und sich schließenden Tür, das Gesicht der Mutter, die sich über das Kind beugt, um es aufzunehmen, alles dies wird zum Teil eines Zusammenhangs, des einen Prozesses, der zur Linderung des Hungergefühls führt. Kinder verlangen nach Berechenbarkeit, und in dieser frühen Phase steht der Vorgang des Stillens an erster Stelle. Zwischen dem ersten Signal des Kindes und der Reihenfolge von Signalen, die es aufnimmt bis zur Erfüllung seines Bedürfnisses, sollte eine Ordnung bestehen. Denn der Säugling ist dabei, seine Umwelt zu ordnen: Nur die Regelmäßigkeit der Abläufe vermittelt ihm ein Gefühl der Sicherheit.

Zufall und Ordnung

Es hat etwas Eigenartiges auf sich, wenn wir sagen, das Kind organisiere seine Umwelt. Denn meist gehen wir davon aus, daß die Welt organisiert sei und der Mensch sich nur darin zurechtfinden müsse. In Wirklichkeit ist es tatsächlich der Mensch, der sich die Welt organisiert.

Ich will es einmal so sagen: Um in dieser kosmischen Welt existieren zu können, muß sich unser Körper organisieren, er muß sich Ordnungen bauen, die ihm Orientierung geben, die ihm Differenzierungen ermöglichen. Und je mehr er sich in dieser Weise organisiert und sich Orientierung schafft, um so größer wird seine Sicherheit. Wir brauchen eine Ordnung der Dinge, um uns sicher zu fühlen.

Die beiden Gehirnhemisphären

Die Entwicklung der Gehirnfunktion zur Rekonstruktion von Dingen und Sachverhalten, die der Orientierung dienen, spielt sich – wie schon gesagt – in den ersten Monaten nach der Geburt ab. Dabei ist zu beobachten, daß in den ersten vier Monaten, manchmal auch länger, die beiden Gehirnhemisphären des Kindes getrennt arbeiten. Der Balken, der die beiden Hemisphären verbindet, hat seine Funktion noch nicht vollständig aufgenommen. Informationen der linken Hälfte werden noch nicht simultan nach rechts, Informationen der rechten Hälfte noch nicht sogleich nach links übertragen. Kinder bewegen sich in diesen Monaten deshalb einseitig: links, links oder rechts, rechts; das heißt, sie bewegen den linken Arm oder das linke Bein stets nach links, den rechten Arm oder das rechte Bein stets nach rechts. Reicht man dem Kind etwas von der linken Seite, wird es stets mit der linken Hand danach greifen, gibt man es ihm von rechts, mit der rechten Hand. Erst viel später kommt die Zeit, in der Kinder mit der einen Hand über die andere hinweggreifen.

In der Motorik der Signale agieren Hände und Füße zunächst gleichzeitig, also miteinander. Die ersten Signale, die das Baby gestisch gibt, gleichen denen einer mechanischen Puppe, bei der sich Arme und Beine zugleich bewegen. Die Selbständigkeit der Bewegungen unserer Gliedmaßen, unabhängig voneinander, wird erst nach und nach erreicht.

Dazu ist Übung nötig und Entwicklungszeit, bevor Hände und Füße getrennt und selbständig Signalträger werden. Im Anfang gibt das Kind seine Erregung als Ganzheit zu erkennen, mit Händen und Füßen, mit der Bewegung des Kopfes und dem lauten Ton seiner Kehle.

Auch während jener Phase der Entwicklung, in der sich die Verbindung zwischen rechter und linker Hemisphäre vollzieht, erhält sich noch immer die Dominanz der rechten über die linke Gehirnhälfte. Die dominierende rechte besitzt die Eigenschaft, ganzheitliche Wahrnehmungen zu transportieren. Sie nimmt ganzheitlich auf. Die Tatsache, daß in ihr Gefühl, Kreativität, Spontaneität beheimatet sind, zeigt diese Ganzheitlichkeit deutlich an. Denn wir wissen, es gibt kein halbes Gefühl, es gibt nur unterschiedliche Gefühlsintensitäten (trotz der gemischten Gefühle, von denen wir sprechen), es gibt keine halbe Spontaneität und keine halbe Kreativität. Alle diese Phänomene entsprechen der Grundeigenschaft der rechten Gehirnhälfte, der Ganzheitlichkeit. Die linke Gehirnhälfte dagegen praktiziert die digitale Aufnahme der Erscheinungen, das heißt, sie nimmt die Dinge und die Welt analytisch auf, kann sie teilen und kann ihre Teile erkennen. Hier sind Mathematik, Grammatik, Systematik zu Hause, also alle Funktionen, die der Logik unterworfen und teilbar sind. Diese linke Gehirnhälfte wirkt auf die rechte Körperhälfte und ihre Sprache.

Man hat den verbindenden Balken zwischen den Gehirnhälften experimentell getrennt. So wurde einem Menschen, bei dem allein die linke Gehirnhälfte in Funktion war, ein Gegenstand in die Hand gedrückt, und er konnte genau bestimmen, was für ein Stück er in der Hand hielt. Dagegen war es ihm unmöglich, Auskunft darüber zu geben, zu welchem Ganzen das Stück gehörte.

Er konnte auch ein Gedicht wortwörtlich wiedergeben, mühte sich jedoch vergeblich, etwas über seinen Inhalt zu sagen. Umgekehrt wiederum haben Patienten, bei denen allein die rechte Gehirnhälfte in Funktion gesetzt war, bei geschlossenen Augen ohne weiteres von dem Ganzen sprechen können, von dem sie ein Teil in der Hand hielten. Es gelang ihnen aber nicht, eben dieses Teil zu beschreiben. Sie konnten den Inhalt eines Gedichts wiedergeben, erinnerten sich jedoch nicht an den genauen Wortlaut.

Diese Ganzheitsfunktion ist bei Kindern bis zum Alter von zwei Jahren als dominant anzusehen. Sie nehmen ihre Umwelt als Ganzheitsgestalt wahr. Die Gefühle dominieren, und, was Ganzheit auch bedeutet, das Kind verlangt die Erfüllung seiner Bedürfnisse sofort und ungeteilt. Denn das Kind weiß die Dinge, und dazu gehört auch die Zeit, nicht zu teilen, nicht analytisch zu teilen, nacheinander zu begreifen. Jede Erscheinung ist unteilbar. Es gibt keine Abstufung, nach der zwischen wichtig und weniger wichtig unterschieden werden könnte. Alles ist von gleicher Art, und das heißt von größter und dringlichster Wichtigkeit.

Das »Eiszapfen-Syndrom« und andere Reaktionen auf die Begegnung mit der Welt

Über die Begegnung von Mutter und Kind, über die ersten Hautkontakte, über die Wärme, die das Kind an der Mutterbrust empfindet, ist viel gesagt und viel geschrieben worden. Auf einige wichtige Punkte will ich hinweisen, um zu zeigen, wie sensibel ein Säugling reagiert. Eine Mutter, die ihr Kind aufnimmt, hat zum Beispiel kalte Hände. Für sie ist das normal, sie nimmt es bewußt gar nicht wahr, aber jedesmal, wenn sie ihr Kind wickelt, empfindet dieses es als Kälteschock. Es zieht sich in sich zusammen, die Berührung der kalten Finger ist ihm nicht angenehm. Daraus erwachsen ihm Probleme, gerade unter den Gesichtspunkten von Gewöhnung, Orientierung und Berechenbarkeit. Denn sobald es seine Bedürfnisse gestillt hat, »erinnert« es sich des darauffolgenden Vorgangs. Es fürchtet sich zu schreien, weil es weiß, daß es die Berührung des »Eiszapfens« zu gewärtigen hat. Die Frage stellt sich, welche Unannehmlichkeit ist erträglicher: in der eigenen Nässe liegenzubleiben oder die kalten Hände zu spüren. Diesem Problem zum Beispiel ist leicht beizukommen, wenn die Mutter sich, bevor sie ihr Kind berührt, bewußt macht, ob oder daß sie kalte Hände hat und sie vorher in warmes Wasser taucht. Tatsächlich kann hier eine Irritation beim Säugling entstehen, und die Mutter kann überhaupt nicht begreifen, warum ihr Kind jedesmal zu schreien beginnt, wenn sie sich ihm nähert. Dabei ist das überhaupt kein Wunder.

Ein ähnliches Phänomen zeigt sich bei rhythmischen Störungen. Kleine Kinder reagieren sehr empfindlich auf einen bestimmten Rhythmus. Als angenehm wird ein regelmäßiger Schaukelrhythmus empfunden. Nehmen sich Vater und Mutter beim Wickeln des Kindes wenig Zeit, wird das Kind schnell und hektisch angefaßt, zu nervös, zu abrupt, so entsteht eine unangenehme Empfindung beim Wickelkind, da dies seinem eigenen Rhythmus zuwiderläuft. Wiederholt sich der Vorgang, wird das Kind seiner Pflegeperson gegenüber negativ reagieren, und zwar nur, weil der Rhythmus nicht stimmt.

Eltern, besonders junge Eltern, brauchen übrigens keine Angst zu haben, einmal etwas falsch zu machen, nicht so perfekt zu sein, wie sie sein möchten. Ihr Baby beweist viel Toleranz gegenüber Fehlern in seiner Behandlung, es sei denn, die Fehler wiederholen sich, werden zur

Regel. Ansonsten können wir mit der Toleranz des Babys uns gegenüber rechnen.

Ich habe soeben schon vor der raschen, abrupten Bewegung gewarnt, die ein Kind irritieren muß. Kein Kind liebt die allzu schnelle Bewegung eines anderen. Kein Mensch liebt es, wenn Bilder sich verwischen, ihn etwas unerwartet attackiert, so daß er keine Zeit hat, dazu Stellung zu nehmen. Berechenbarkeit spielt auch für den Erwachsenen noch eine große Rolle. Überraschung erregt uns, kann uns aus dem Gleichgewicht bringen. Sicherheit empfinden wir nur gegenüber dem Erwarteten.

Ein überzogener Bewegungsablauf bedeutet grundsätzlich Gefahr, spricht von zu hoher Intensität. Ich erinnere an die relative Kraft in einem ruhenden Stein. Wird er jedoch geschleudert, potenziert sich diese Kraft in einem Maß, wie es dem Stein im Ruhestand nicht zukommt.

Nicht allein das Baby, auch der alternde Mensch reagiert hochempfindlich auf überschnelle Bewegungen. Denn für ihn birgt diese Schnelligkeit die gleiche Gefahr. Mit seiner herabgesetzten Motorik kann er nicht schnell genug reagieren. Hier liegt aber auch der Schlüssel für Schwierigkeiten zwischen älteren Menschen und Heranwachsenden. Denn Kinder bewegen sich ihrerseits sehr schnell, das heißt auch unberechenbar. Für den älteren Menschen steckt darin eine Gefahr, denn er kann dabei tatsächlich, etwa bei einem Zusammenstoß, zu Schaden kommen. Hinter dem scheinbar pädagogischen Verlangen, die Kinder sollten ruhig sein, verbirgt sich die Angst vor dem Schnellen, dem Unberechenbaren. Das Bedürfnis nach Ruhe ist vorgeschützt, denn eine Gesellschaft am Nebentisch, die laut lacht, stört meist weniger als die bewegungsfreudige Unruhe der Kinder. Nimmt man diese Erscheinungen wahr, läßt sich der Umgang zwischen Großeltern und Kindern, zwischen Alt und Jung natürlich auch regeln, dadurch nämlich, daß man die Phänomene erklärt, und zwar den Kindern, denen sehr wohl begreiflich zu machen ist, daß ihre allzu raschen Bewegungen einen störenden Faktor in den guten Beziehungen zu den Großeltern darstellen.

Von Nähe und Distanz

Entfernung ist ein weiterer Gesichtspunkt, der im frühen Kindesalter eine Rolle spielt. Auf eine bestimmte Entfernung können die Augen des Kindes Menschen und Dinge sehen, darüber hinaus weniger erkennen, in großer Nähe oft gar nicht sehen. Jede Mutter kennt ungefähr die Entfernung, in der das Kind ihr Gesicht wahrnimmt und lächelt. Bei Babys liegt dieser Erkennungspunkt in relativer Nähe, später wird größere Entfernung verlangt: So nahe soll man ihm nicht mehr kommen! Kommen wir dem Kind mit unserem Gesicht zu nah, ohne daß es im Spiel geschieht, wenn wir einmal ganz nahe herankommen und uns dann wieder entfernen – ein Spiel, das Kinder meist mögen –, fühlt das Kind sich bedrängt. Schon das Neugeborene hat ein Territorialgefühl. Typische Reaktionen auf zu große Nähe sind Blinzeln, Husten, Hicksen, Gähnen, Zeichen übrigens auch für Langeweile, hier jedoch für das empfundene Unbehagen. Das Abwenden des Gesichts heißt auch: Ich möchte eine Pause, deine Nähe wird mir zuviel. Sie entspricht den Bedürfnissen des Kindes nicht mehr. Beachten wir diese angeborenen Normen nicht, werden wir erfahren, daß das Kind auf der Stelle negativ reagiert. Es schreit oder wendet den Kopf ab, als ob es signalisieren wollte: Mit dir möchte ich keinen Kontakt, du bist mir zu nahe gekommen.

Bereits in den ersten Pflegemonaten und erst recht darüber hinaus sind Distanz und Respekt vor dem Distanzverlangen des Kindes von wesentlicher Bedeutung. Wie gesagt, die Distanzgrenze liegt beim Baby etwas näher, bei etwa zwanzig bis fünfundzwanzig Zentimetern, mit der Zeit vergrößert sich der Abstand. Diese Distanzregel, das Spiel von Nähe und Entfernung, begleitet uns unser ganzes Leben lang. Wir sprechen von Menschen, die uns nahestehen, von entfernten Bekannten, wir sprechen vom engen Freundeskreis und vom weiteren. Das Ritual der Annäherung, das ich in meinem Buch *Partnerschaft und Körpersprache* beschrieben habe, spielt eine lebenswichtige Rolle. Dieses Ritual hat unüberwindliche natürliche Normen, es besitzt von Kultur zu Kultur unterschiedliche soziale Ordnungen, bei denen die Entfernungen eine wesentliche Rolle spielen.

Das ganze Gesicht muß es sein

Im deutschsprachigen Raum stehen Partner einander unmittelbar gegenüber, während man in mittelmeerischen oder vor allem in angelsächsischen Kulturen lieber Schulter an Schulter oder in einem sehr offenen Winkel zueinander steht.

Das Baby, wo immer es auch geboren wird, will stets das ganze Gesicht seiner Pflegeperson sehen. Die Zuwendung, die es erwartet, verlangt die frontale Begegnung, das volle Gesicht der Mutter oder des Vaters. Der Säugling liebt es nicht, daß einer ihm das Gesicht im Profil oder Halbprofil zuwendet, wenn er sich mit ihm beschäftigt oder mit ihm spricht. Übersetzt heißt das: Er verlangt die volle Zuwendung. Auch als Erwachsener spüren wir, daß es weniger angenehm ist, wenn ein Gesprächspartner, während er mit uns spricht, den Blick oder sein Gesicht abwendet. Er nimmt das Gespräch mit uns nicht ganz ernst.

Dem Baby geht es nicht anders, ohne zu wissen, warum. Es wird beruhigt sein, wenn Mutter oder Vater ihm ihr Gesicht voll zuwenden, und es wird unruhig werden, wenn die Mutter nebenbei mit etwas anderem beschäftigt ist, während sie sich gleichzeitig um ihr Kind kümmert. Das Baby reagiert prompt. Es straft die Mutter, indem es zu schreien beginnt oder sich abwendet.

Bei etwas älteren Kindern läßt sich beobachten, wie sie, sobald wir die frontale Stellung aufgeben, unser Gesicht mit ihren kleinen Händen wieder zu sich zu drehen versuchen und so den Wunsch nach voller Zuwendung aktiv ausdrücken. Kinder wollen auch den geraden Augenkontakt, so wie wir ihn später als Zeichen der Aufrichtigkeit verstehen.

Bewegungsabläufe

In der Wechselbeziehung zwischen Mutter und Kind existieren, was das Tempo des Bewegungsablaufs angeht, beachtliche Unterscheidungsmerkmale. Mütter, deren Bewegungsfluß eher langsam verläuft, haben eine beruhigende Wirkung auf ihre Kinder. Langsam darf aber nicht viel langsamer heißen, als es der eigene Herzschlag ist. Aber, wie gesagt, Langsamkeit beruhigt das Kind, als ob man ihm sagte: Es ist alles in Ordnung, du kannst ruhig einschlafen! Ein beschleunigter Rhythmus auf seiten der Mutter spricht eine andere Sprache, stellt eine Ankündigung von Erleben dar, sowohl in negativer, zum Beispiel »Vorsicht, Gefahr!«, wie in positiver Hinsicht: Jetzt passiert etwas. Komm, sei munter! Babys reagieren positiv auf hohe Stimmlagen. Eltern neigen dazu, unbewußt diese hohe Stimmlage zu benutzen, um ihr Kind zu stimulieren. Wir wollen miteinander spielen. Ereignisse stehen bevor! Erwächst die schnellere Bewegung aus der Situation, aus dem gegenseitigen Verständnis zwischen Mutter und Kind sich beschleunigend, wird die aktive

Teilnahme des Kindes nicht auf sich warten lassen, und so entspricht sie auch einer Gefühlssteigerung zwischen Mutter und Kind. Nur die abrupte Anhebung des Tempos wird das Kind beunruhigen, aus seinem Rhythmus bringen.

Beim Baby selbst signalisieren ruckartige Bewegungen des Körpers natürlich Unbehagen, Streß, Schwierigkeiten. Sie sind ein deutliches Zeichen dafür, daß es sich mit seiner Umwelt uneins fühlt. Solche unregelmäßigen Bewegungen drücken meist einen Konflikt aus, der in der Abhängigkeit von den Erwachsenen begründet liegt: Ich brauche die Mutter, aber zugleich stört sie mich, beunruhigt sie mich, wo immer die Ursache liegen mag. Der Konflikt zwischen ja und nein erzeugt ebenfalls jene Unregelmäßigkeit der Bewegung. Diese Art ambivalenter Empfindungen kann sogar zu Atembeschwerden oder asthmatischen Reaktionen führen.

Beobachten wir den Rhythmus der Bewegungen bei einem Säugling, werden wir zu Anfang auf Unrhythmisches stoßen, beispielsweise wenn das Kind ausprobiert, seine Füße zu fassen, überhaupt seine Füße und Hände zu bewegen. Zeigt sich jedoch, daß die Richtung der Bewegungen ein Ziel hat, und stellt sich Regelmäßigkeit ein, läßt sich sagen, daß das Kind sich zu organisieren beginnt und zufrieden und ruhig sein kann.

Wer beim Umgang mit Kindern Schuldgefühle kompensiert ...

Mütter mit irgendwelchen Schuldgefühlen, weil sie vermeintlich wegen ihrer Berufstätigkeit oder anderen Verpflichtungen dem Kind nicht genügend Zeit widmen können, forcieren die momentane Beschäftigung mit dem Kind, sozusagen um Schulden abzutragen. So führen sie leicht ein überschnelles Tempo in ihre Bewegungsabläufe ein. Das Resultat kann nur Unruhe sein und eventuell die Weigerung des Kindes, mitzumachen. Der Fehlschluß der Mutter liegt auf der Hand. Sie projiziert ihr Schuldgefühl auf das Kind, glaubt, abgelehnt zu werden, weil sie nicht genug Zeit hatte. Dabei geht es hier nur um das Tempo während ihrer Beschäftigung mit dem Kind. Richtig ist nur eins: daß man in der Zeit, die man sich für das Kind nimmt oder nehmen kann, nur das tut, was die Zeit erlaubt.

Zielgerichtete Blicke: Aufmerksamkeit und Interesse des Erwachsenen sind augenscheinlich stärker als die des Kindes. Sein Blick ist noch nach innen gekehrt und folgt erst langsam dem vorgegebenen Ziel. Erst werden die Augen wach, und sie folgen der Person oder dem Gegenstand; danach bewegt sich der Kopf, bei größeren Reizen wird der ganze Körper stimuliert. Die hochgezogenen Augenbrauen beim Großvater wie beim Kind zeigen, daß sie mehr über ihr Ziel erfahren wollen. Die Augenrichtung läßt erkennen, daß beide nicht das gleiche Ziel verfolgen. Ob der Großvater das wahrgenommen hat?

Die zielgerichtete Bewegung sagt zuerst: Das will ich erreichen! Immer zeigen es zuerst die Augen. Sie geben das Ziel vor – der Körper folgt nach. Neugier und der Wille, ein Ziel zu erreichen, sind ein angeborener Instinkt. Man sollte ihn fördern und nicht blockieren. Auch in Fällen wie dem auf unserem Bild sollte man die mögliche Gefahr nicht überbewerten. Kinder haben ihre eigene Alarmanlage, die ihnen sagt, welches Risiko sie nicht eingehen dürfen. Dann halten sie von selbst ein und wenden sich mit Blick oder Geschrei an ihre Bezugsperson um Hilfe. Wenn sie nicht stolpern, werden sie nur selten ihren sicheren Klammerinstinkt aufgeben. Nur wenn die Hilfe von außen nicht vorzeitig kommt, können Kinder ihr eigenes Alarmsystem entdecken. Wir sollten ihnen mehr zutrauen. Sie wenden sich ganz von selbst an uns, sobald sie uns brauchen.

Die Augen fragen um Erlaubnis: Darf ich den Bruder streicheln? Der Vater signalisiert Zustimmung.

Die Zuwendung, die hundertprozentige Zuwendung für das Kind ist viel wichtiger als die Länge der Zeit, in der man sich ihm zuwendet. Indem die Mutter den Rhythmus des Kindes respektiert, harmonisiert sie sich mit ihm. Sie gibt dem Kind, was es aufzunehmen bereit ist, und versucht nicht, mehr in der Zeit unterzubringen, nur weil sie glaubt, etwas nachholen zu müssen. Der Wechsel zwischen Qualität und Quantität geht hierbei bestimmt nicht auf. Das Kind benötigt viel weniger eine Menge als das Gefühl, daß wir uns ganz und gar auf die Beschäftigung mit ihm eingestellt haben, wenn wir mit ihm umgehen. Es kommt darauf an, einen Dialog entstehen zu lassen, der auf der Wechselwirkung von Rhythmen beruht. Der Rhythmus des Kindes will respektiert sein, und es muß lernen, den Rhythmus der Mutter zu respektieren. Das Wechselspiel der Rhythmen gleicht sich auf diese Weise aus und erzeugt ein Gefühl der Übereinstimmung und Harmonie. Das Kind fühlt sich akzeptiert und aufgenommen von der ungeteilten Zuwendung der Mutter. Was dem Kind hier an hundertprozentiger Akzeptanz zuströmt, gibt ihm ein erstes Selbstvertrauen in das eigene Wesen oder zumindest in sein Dasein, so wie es ist.

Soll ich die Flasche nehmen, die Oma mir anbietet? Das Gesicht der Mutter ist gespannt. Die Unsicherheit bei Mutter und Großmutter, ob das Kind die Flasche selber halten kann, überträgt sich auf das Baby.

Die Mutter reagiert positiv. Die Spannung löst sich. Die Zustimmung ist da. Alle lachen, nur hält die Großmutter die Flasche noch immer fest, denn sie traut es dem Baby doch nicht zu, daß es die Flasche allein halten kann. In einem solchen Fall hätte eine leichte Stütze von unten genügt.

Den Rhythmus respektieren

Für Eltern ist es manchmal nicht ganz einfach zu verstehen, was ein Kind in seiner Aufregung mitteilen will. Die Bemühung, es zur Ruhe zu bringen, um seinen Wunsch zu erfahren, geht vor. Oft verliert der Wunsch damit bereits seine Wichtigkeit; aber Enttäuschung bleibt zurück.

Respekt zu haben vor dem Rhythmus des anderen, auch und gerade vor dem des Kindes, bedeutet: Ich nehme dich wahr, wie du bist; ich akzeptiere dich, wie du bist. Ich bin bereit, deinem Rhythmus entgegenzukommen. Bereits der Versuch wird vom Partner honoriert. Schon der Säugling reagiert darauf wie auch auf das Gegenteil. Nimmt die Mutter, die vielleicht gerade viel um die Ohren hat, beim Wickeln des Säuglings keine Rücksicht auf die spielerischen Bewegungen ihres Kindes, sondern tut ihre Pflicht nur ordentlich und korrekt, jedoch arhythmisch zum Bewegungsablauf des Babys, wird es zu schreien beginnen. Sein Rhythmus wurde ignoriert, sein Wunsch nach Kommunikation übersehen. Die schnelleren oder ebenso die langsameren Bewegungen der Mutter stehen nicht im Einklang mit denen des Kindes, seine Beziehung zur Umwelt, das fühlt es genau, ist nicht harmonisch. Das Ergebnis ist Schreien.

Rhythmusausgleich als Grundform der Kommunikation zeigt sich in der Entwicklung des Kindes stets von neuem als bestimmend, beim Essen, beim Spielen, beim Lernen. Rhythmusunterschiede bestehen zwischen Kindern wie Erwachsenen, oft zwischen Jungen und Mädchen, und oft hängt die Qualität bzw. Effektivität des Miteinanderspielens davon ab. Schafft man für mehrere Kinder ein Spiel, bei dem sie am Tisch sitzen und beispielsweise malen, kann damit ein gemeinsamer, ein ausgeglichener Rhythmus erzeugt werden, und die Kommunikation in der Gruppe wird einfacher. Ohne eine solche, zur Ausgeglichenheit führende gemeinsame Tätigkeit wird eines der Kinder mit großer Wahrscheinlichkeit als Störenfried empfunden, weil es sich dem Rhythmus der anderen nicht anzugleichen versteht. Damit ist ein Problem angesprochen, das jeder Lehrer aus seiner Arbeit mit Kindern kennt: Wie schaffe ich einen einheitlichen Rhythmus in meiner Klasse, damit die Aufnahmebereitschaft der Kinder optimiert wird.

Die Motorik des Kindes verlangt nach einer kurzen Zeit des Stillsitzens und Zuhörens neue Aktion. Wird die entstehende Unruhe vom Lehrer nicht damit beantwortet, daß er eine neue Aufgabe mit einem Rhythmuswechsel verbindet, läßt die Lernbereitschaft der Kinder nach.

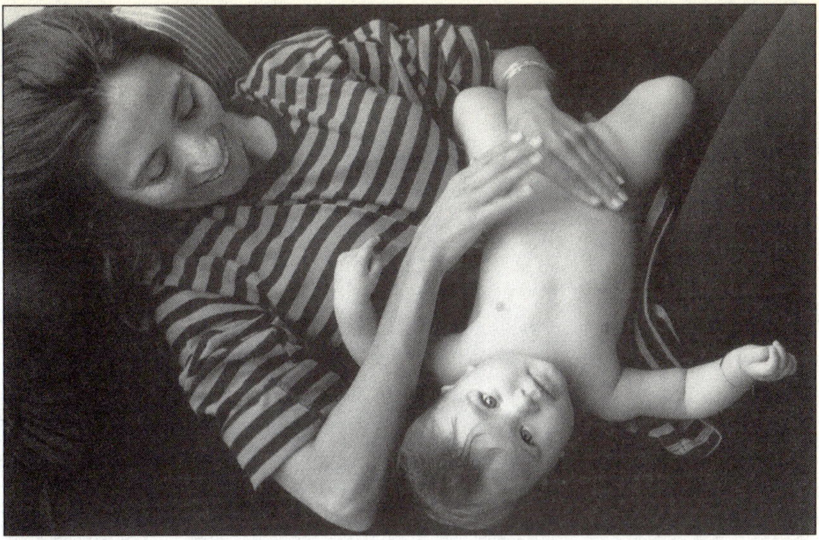

Rhythmen erkennen – Rhythmen erleben. Der eigene Körper wird zum Resonanzgefäß. Auf diesem Bild ist klar zu sehen, daß die Mutter mehr Spaß an der Aktion hat als das Baby. Man kann aber davon ausgehen, daß die Stimulation im Kind wirken wird.

Der Trommel wird der Rhythmus entlockt. Der persönliche Rhythmus wird einmal die Persönlichkeit mitbestimmen. Die Trommel hat eine große Wirkung und Faszination auf das Kind. Es kann selbst etwas bewirken, durch seine Handbewegungen passiert etwas. Diese Tatsache allein gibt dem Kind größeres Selbstbewußtsein.

Kinder sind grundsätzlich beweglicher, motorischer, rhythmischer als Erwachsene. Wie oft kommt das Kind in großer Erregung zur Mutter. Es will etwas, und sein Verlangen soll unverzüglich gestillt werden. Signalisiert die Mutter durch langsame Bewegungen, durch ruhigen Sprechrhythmus, daß sie den Wunsch zwar erfüllen wird, aber nicht hektisch, sondern ihrem eigenen Rhythmus entsprechend, wird das Kind unter dem Eindruck stehen: Sie nimmt mich nicht ernst, sie nimmt die Dringlichkeit meines Verlangens nicht ernst!

Der angeborene Rhythmus eines Kindes, den wir auch als sein persönliches Temperament bezeichnen können, bringt es ja mit sich, daß auch unter Kindern einer Familie der Rhythmusausgleich zum Problem wird. Unterschiedliche Temperamente in einer Familie stempeln, nicht anders als in anderen, vielleicht größeren Gemeinschaften, einzelne zu Außenseitern. Ist nicht allzuoft zu hören, dieses oder jenes Kind sei so ganz anders? Wäre der Peter nur nicht so wild! Wäre er doch nur anders! Womit stets gemeint ist: so wie die anderen. Aber wäre er dann noch er selbst? Man wird ihn kaum auswechseln können, und ändern nur mit großer Behutsamkeit. Werden ihm frühzeitig Aufgaben gestellt, die einen ausgeglicheneren Rhythmus fördern, ohne daß sein individueller Rhythmus vergewaltigt wird, kann sich sein Temperament mildern.

Von der lebenswichtigen Neugier

Der Mensch ist von Geburt an neugierig. Das Kind will seine Umgebung erforschen – ein angeborenes Verhalten. Alle Tiere haben angeborene Bedürfnisse, die sie aus ihrem Ruhezustand reißen und sie zwingen, diese Bedürfnisse zu stillen. Der Hunger treibt das Tier zur Jagd oder zur Nahrungssuche. Im Prinzip wird das gesättigte Tier in den Ruhezustand zurückfallen. Tiere bewegen sich nicht ohne Grund, nicht ohne eine Aufgabe, die ihnen ihr Instinkt eingibt. Es sei denn, sie werden gestört.

Beim Menschen verhält es sich nicht viel anders, es kommt jedoch etwas Entscheidendes hinzu: eine geistige Neugier. Sie ist es, die uns dazu bringt, die Dinge und die Welt zu erforschen. Sie ist es auch, die den Menschen über seine leiblichen Bedürfnisse hinaus in eine Bewegung bringt. Sobald die Neugier geweckt ist, entsteht eine Unruhe, die uns in Bewegung bringt. Ist die Neugier gestillt, kommen wir wieder zur

Ruhe. Vielleicht brauchen wir auch eine Pause. Auch jeder Erwachsene lehnt sich zurück, wenn er etwas begriffen hat, und gönnt sich eine Pause.

Berühren heißt erfahren

Viele Eltern haben Vorbehalte, ihre Kinder alle möglichen Dinge anfassen zu lassen, aus Angst, sie könnten sie zerbrechen oder eine Erlaubnis darin sehen, ständig danach greifen zu dürfen. Das Kind geht nur seiner Neugier nach. Wenn das Kind etwas berührt und die Mutter dabei ist und achtgibt, daß der chinesischen Bodenvase nichts passiert, wird es sich sehr bald von dem Gegenstand abwenden, weil es kein Leben darin gefunden hat. Das Kind wendet sich einem anderen Objekt zu, das vielleicht mehr verspricht.

Kinder wollen die Dinge berühren, um sie zu erfahren, sie bleiben in ihrem Interesse jedoch nicht ausdauernd, sondern suchen sehr schnell nach einer neuen Erfahrung.

Ein Baby sucht Bewegung und das Bewegliche, denn Bewegung heißt Information, heißt Veränderung; Veränderung aber verspricht Erlebnis, wechselnde Zustände. Es entsteht Dynamik, in der sich das Neue entdeckt.

Die Entdeckungen durch das Auge

Der Säugling sucht bereits mit den Augen nach dem, was sich bewegt, ob es nun Licht und Schatten sind, die wechseln, ob es der Vorhang ist, der sich im Luftzug bewegt, alles regt seine Neugier an. Aus diesem Grund wird das Mobile über dem Kinderbettchen empfohlen, denn damit können die Augen stets einer Bewegung folgen. Kommt keine Bewegung in seine Blickwelt, produziert es sie selbst, indem es den Kopf nach links und rechts dreht. Schon entsteht ein Spiel von Licht und Schatten, oder aber das Kind sieht auf seine Weise die Objekte seiner Umgebung im Wechsel, was wiederum einer Bewegung gleichkommt.

Der mächtige Bewegungsdrang, der uns angeboren ist, verlangt gebieterisch, ausgelebt zu werden. Das Kind ist darauf aus, daß seine Neugier, sein Interesse an der Welt, in die es hineingeboren wurde, geweckt

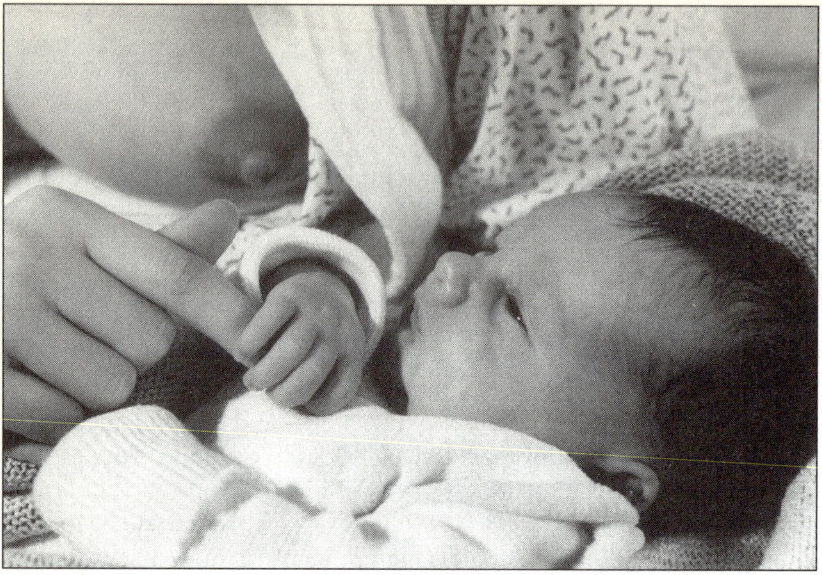

Die Ermattung der Augen kann mehreres bedeuten: Ich fühle mich allein. Ich bin satt. Mir ist langweilig. Solche Augensignale sind deshalb so bemerkenswert, weil sie zweierlei Bedeutung haben können. Bei Sättigung und Müdigkeit heißt das: Laß mich jetzt in Ruhe. Andererseits kann der nach innen gekehrte Blick bei Langeweile aussagen: Bitte tu was, um mich zu stimulieren.

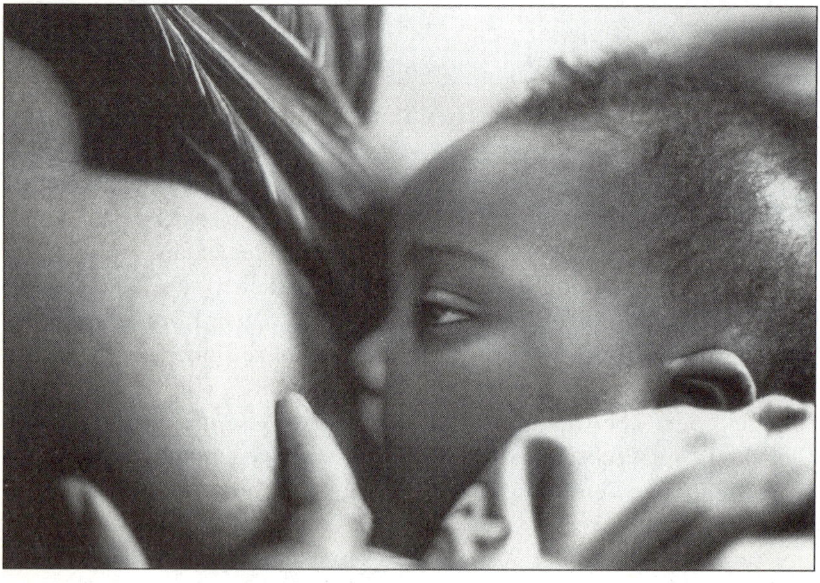

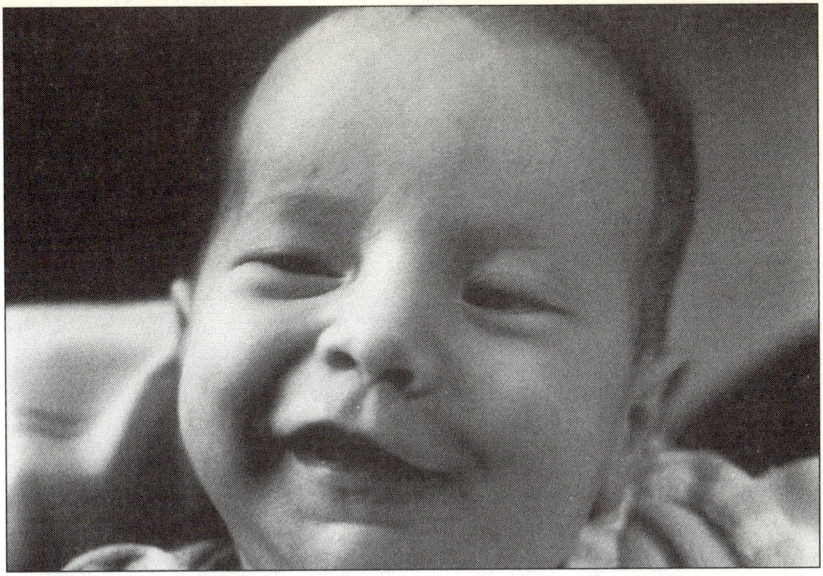

Lebhafte Augen signalisieren Interesse und Bereitschaft zum Handeln. Oben ist zu sehen, daß sich zuerst die Augen bewegen. Der Kopf folgt ihnen nach. Die Bereitschaft zu handeln ist erwacht: Ich will Gesellschaft, ich brauche euch, weil ich allein noch nicht gehen kann. Das Baby kann bei solchen Bedürfnissen unseren Zeitplan nicht berücksichtigen, wir sollten dem Zeitplan seiner Bedürfnisse nachkommen.

und unterstützt wird. Es fühlt sich nicht wohl, ja es ist unglücklich, wenn es kein Feld für seine Neugier findet. Bewegung bedeutet für das Kind, die Welt zu erfassen.

Wir nennen ein Kind, das Interesse an seiner Umgebung zeigt, ein waches Kind. Verliert ein Kind die Neugier an seiner Umwelt, wissen wir: Etwas ist nicht in Ordnung. Es zeigt kein Interesse. Es ist apathisch.

Wir bewerten die Neugier des Kindes als etwas ungeteilt Positives. Die Reduktion dieses Neugierverhaltens betrachten wir sogleich als Verhaltensstörung. Tatsächlich ist die Kommunikationsfähigkeit herabgesetzt. Der Mensch braucht jedoch von der ersten Stunde an die Wechselbeziehung, die Kommunikation mit seiner Umwelt.

Jedes Kind verlangt deshalb nach Unterhaltung, es braucht das Spiel mit dem Erwachsenen, denn im Spiel entdeckt es Mal für Mal neue Welten. Und es erfährt sie genauso an seinem eigenen Körper, in seinen eigenen Bewegungen wie in denen seiner Umgebung. Die Erfahrung der eigenen Motorik ist ebenfalls ganz neu für das Baby, es hat sie nicht im Mutterleib machen können. Das Kind entdeckt die Bewegung und Beweglichkeit seiner Finger, seiner Hände, seiner Arme und Beine, es empfindet Berührung, Kälte und Wärme. Solange diese neuen Erfahrungen sein Interesse wachhalten, ist es glücklich.

Tödliche Langeweile

Es gibt kaum etwas Schlimmeres für ein Kleinkind, als keine Reize zu empfangen. Ein Kind, das sich langweilt, macht sich durch Unruhe bemerkbar. Was für ein unruhiges Kind!, sagen die Erwachsenen allzuleicht. Aber es handelt sich gar nicht um ein prinzipiell unruhiges Kind, sondern um eins, das neue Erfahrung, neues Erleben fordert. Wachsen die Kinder heran, ist von ihnen oft zu hören: Papa, ich langweile mich, Mama, was wollen wir jetzt machen! Und das heißt einfach: Nichts erweckt ihre Neugier. Diese Langeweile quält ein Kind, und eben nicht nur heranwachsende Kinder, die es aussprechen können, sondern bereits das Baby. Man darf das Spielangebot nicht vernachlässigen. Denken wir manchmal daran, daß wir selbst von »todlangweilig« sprechen? Neugier ist etwas Lebendiges, wie Erforschen und Entdecken, ein Versiegen des Informationsflusses ist dem Tod ähnlich.

Ermattung. Wer weiß, warum? Ist die Mutter schon müde? Hat das Kind zu lange im Wagen sitzen müssen?

Gähnen, so sagt man, entsteht aus einem Mangel an Sauerstoff. Jedenfalls drückt es den Wunsch nach Abwechslung aus. Gefragt ist ein Anreiz zum Schlafen oder auch einer, der aufweckt. Gähnen entsteht, wenn Spannung und Kreislauf absinken. Wenn die Ermattung nicht auf physische Müdigkeit zurückgeht, kann es bei permanenter Nichtbeachtung der Erscheinungen zu einer Herabsetzung der Gefühlsintensität und zu einer Verflachung des Interesses an der Außenwelt kommen. Solche Signale sollten rechtzeitig erkannt und beantwortet werden.

In der Praxis sollte Langeweile nicht für Müdigkeit gehalten werden, was allzuoft geschieht. Das Kind scheint alle Zeichen von Ermattung zu zeigen (seine Augen haben keinen Glanz). In Wahrheit sind es Signale der Langeweile, unter Umständen tödlicher Langeweile. Ermattung und stumpfe Augen sind Zeichen von Leblosigkeit.

Kinder lernen schnell, sie gewöhnen sich an das gegebene Spielangebot und finden bald nicht mehr dasselbe Interesse daran wie zu Anfang. Es genügt nicht, dem Kind ein Spielzeug zu geben, das es nur allzubald »auswendig« kennt. Entweder müssen wir ihm neue Möglichkeiten zeigen, damit umzugehen, also seine Kreativität wecken, oder die Neugier muß mit anderen, ungewohnten Objekten angeregt werden. Ein Topf, ein Löffel, ein Stück Holz, ein Stoffball, ein Kiefernzapfen, alles ist für das Kind *terra incognita,* und es lernt, damit umzugehen, zunächst auf ganz elementare Weise: Es bewegt die Dinge hin und her, rauf und runter, es dreht sie, und es steckt sie – natürlich – auch in den Mund (Achtung!) und so weiter und so weiter.

Körperbeherrschung und Koordinationsvermögen

Ich komme noch einmal auf meine Feststellung zurück, daß ein Säugling, ein neugeborenes Kind, seinen Körper noch nicht als ein Instrument zu begreifen und behandeln versteht. In einer ersten Phase lernt es, dieses Instrument zu bewegen, und es entdeckt den Effekt dieser Bewegungen. Bewegt es seinen Kopf, die Augen nach rechts oder links, vergrößert sich sein Gesichtsfeld, neue Dinge können wahrgenommen werden. Es bewegt Arme und Beine; am Anfang werden Arme und Beine, beides gleichzeitig und gemeinsam, bewegt. Das Kind lernt nach und nach die Bewegungen zu trennen, zu unterscheiden: Hände und Füße, eine Hand von der anderen und einen Fuß vom anderen.

Für unseren Zusammenhang, der die Kommunikationsfähigkeit betrifft, ist es nicht so wichtig zu wissen, in welchem Lebensmonat sich die einzelnen Phasen dieser Entwicklung vollziehen – das läßt sich anderswo nachschlagen –, sondern es geht mir um den Lernprozeß überhaupt, in dem das Kind lernt, daß es den Bewegungsapparat seines Körpers benutzen kann. Das tut es mit der Gesichtsmuskulatur oder mit dem Kopf zum Beispiel, es wendet seiner Mutter die Augen zu, wendet sie einem

Gegenstand zu und schafft damit einen Kontakt. Das Kind lernt, nach Dingen zu greifen, es spürt sie, es erfährt sie und kann sie wieder loslassen. Sein Selbstvertrauen und sein Weltvertrauen wachsen in dem Maß, in dem die Beherrschung der Bewegungsmotorik sich ausbildet.

Die Phase, in der ein Säugling seine Hand und die Bewegung der Hand zu beobachten beginnt, bezeichnet das Zustandekommen von Koordinationsvermögen. Zwei unterschiedliche Informationen treffen zusammen, das Gefühl von Bewegung und die Beobachtung, was dieses Gefühl von Bewegung – eigentlich die Bewegung selbst – verursacht, und zwar im eigenen Körper oder außerhalb. Beobachtet das Kind seine Hand, die es schließt und öffnet, wird damit ein Verständnis sowie das optische Bild erzeugt für ein neues Bild, das es für alle Zeit besitzen wird. Es ist für den kleinen Homunculus in unserem Gehirn, für unsere gesamte Bewegungskoordination wesentlich. Wir brauchen später nicht mehr nachzusehen, wie unser Fuß ausschreitet oder unsere Hand greift. Einmal erreichte Koordination verliert sich nicht wieder. Wer einmal Fahrradfahren gelernt hat, braucht nie wieder zu lernen, Balance zu halten. Wer einmal schwimmen kann, einmal ein Instrument zu spielen lernte, beherrscht es für immer. Diese Fähigkeit gleicht ungefähr einem großen Eisenbahnsystem. Man braucht die Züge selbst nicht mehr in ihrer Bewegung zu sehen, es genügt eine Tafel, auf der sich kleine Lichter bewegen, als ein Abbild, ein Modell für das, was draußen geschieht.

Genauso ist es beim Bewegungsablauf des Menschen. Wir benötigen in unserem Gehirn ein Modell dessen, was geschieht. Das Kind braucht die Beobachtung, um das, was es sieht, und das, was es fühlt, zu verknüpfen.

Schon während der Mensch als Säugling meist auf dem Rücken liegt und noch nicht viel mehr zu tun vermag, als zu strampeln, den Kopf zu bewegen, regt sich das Bedürfnis nach neuen, veränderten Positionen. Indem die Mutter das Kind auf ihren Arm nimmt, verschafft sie ihm Entdeckungen.

Wie das Auge den Körper lenkt

Von der Bewegung des menschlichen Auges sollten wir wissen, daß sie in Koordination mit der Körperbewegung steht. Der Körper folgt dem Auge. Bewegen wir die Augen auf Objektsuche, folgt die Kopfbewegung

Die Bereitschaft zum Austausch ist in den Augen sichtbar, und der Körper folgt der Bewegung. Die Anspannung des Mädchens zeigt sich auch in seinem festen Griff, mit dem es die Freundin an das Geschehen fesselt.

der Blickrichtung. Aber es geht noch weiter. Bewegen sich die Augen zum Beispiel nach links, folgt zuerst der Kopf, dann dreht sich der Nacken, dann der Oberkörper. Schließlich hat sich unser Gewicht im Stand ganz auf das linke Bein verlagert. Das rechte Bein ist frei, und wir können die Augenwendung mit dem ganzen Körper nachvollziehen.

Bewegen wir den Kopf zuerst, und die Augen wandern mit, wobei durch eine starre Haltung die Pupillen ihre Mittelstellung bewahren, wird das Bild, das wir sehen, verwischen. Die Augen bleiben stets um einen winzigen Moment zurück, wenn wir den Kopf drehen, als versuchten sie, wie bei einem Fotoapparat erst einmal – » klick« – ein klares Bild einzufangen, und das in steter Reihenfolge. Die Augen gehen also durchaus mit, hemmen jedoch die Bewegung des Kopfes.

Eine lockere, ununterbrochene Bewegung ergibt sich also, wenn wir unseren Augen folgen und nicht, wenn die Augen die Kopfbewegung nachvollziehen sollen. Die Bewegung verkrampft, und das kann jeder für sich leicht ausprobieren, wenn er mit den Augen nach links schaut, sie in dieser Stellung läßt und den Kopf nach rechts wendet. Er wird feststellen, daß eine scheinbar so leichte Bewegung ganz außerordentlich schwerfällt und daß der Gegenzug, den die Augenstellung verursacht, nicht leicht zu überwinden ist.

Die Beziehung zwischen Augen und Körperbewegung führt dann zum Beispiel zu einer klaren körpersprachlichen Aussage, wenn einer nur die Augen bewegt und die Bewegung des Kopfes blockiert. Sein Unbehagen kann deutlicher kaum ausgedrückt werden. Er hat Angst. Jeder von uns kennt das Gefühl, wenn er nachts allein durch eine einsame Straße geht und Schritte hinter sich hört. Dann bewegen wir nur noch die Augen, als würden wir uns durch eine Kopfbewegung verraten.

Denn wenden wir den Kopf in die Richtung unserer Neugier, konfrontieren wir uns der Gefahr. Konfrontieren wir uns aber einer Sache oder einer Person, zwingen wir diese, Stellung zu nehmen. Wollen wir also nicht mit Tatsachen oder Personen konfrontiert werden, bewegen sich nur unsere Augen und nicht der Kopf. Selbstverständlich wird diese Hemmung an unserer Nackenmuskulatur sichtbar.

Der Augen-Blick der Angst

An Kindern läßt sich dieses ausdrucksvolle körpersprachliche Bild vor allem im bewußteren Alter, im Schulalter, beispielhaft erkennen, wenn sie nicht genau wissen, was sie falsch gemacht haben, es aber auch nicht wagen, nachzufragen. Sie lassen die Augen spielen, haben jedoch Angst, den Kopf zu bewegen. Sie ziehen ihn ein, wie man sagt.

Starke Bewegung des Kopfes bedeutet dagegen: Ich möchte nicht in dieser Position bleiben! Der Wunsch nach Veränderung wird angezeigt. Wird der Aktionswunsch des Kindes gehemmt, sind die Zeichen dafür steigende Unruhe und das ängstliche Bewegen der Augen. Kinder, denen die Angst verbietet, offen um Hilfe zu bitten, zeigen dieses Verhalten. Später in der Schule wird der hilfesuchende Blick bei blockiertem

Die bewegte Hand der Großmutter lädt das Kind zur Beteiligung ein. Es wird angeregt, es wird für die Hinwendung zur Außenwelt inspiriert. Das Baby reagiert stets als Ganzes; es verfolgt sein Interesse nicht allein mit den Händen, sondern mit seinem ganzen Körper.

Hätte das Kind schon gehen können, wäre es seinem Interesse »nachgegangen«. Wir sagen oft auch: Jemand stürzt sich voll in eine Aufgabe. Die emotionale Freude der Mutter zeigt, daß sie begeistert ist, wenn das Kind sich engagiert und wach auf Reize reagiert.

Nacken und unbeweglichem Kopf symptomatisch für das Kind, das vom Lehrer aufgerufen, von seinen Mitschülern Unterstützung haben will, sich seinen Wunsch aber nicht offen zu zeigen traut, da es sich damit vor dem Lehrer verriete.

Je mehr wir versuchen, Kindern ihre Angst zu nehmen, um so leichter werden sie in den natürlichen Bewegungsfluß zurückfinden, bei dem Kopf und Körper den Augen folgen. Der Körper lockert sich, wird von Hemmungen befreit. Ein lockerer Körper nimmt eine rezeptive Haltung ein. Die Lernfähigkeit nimmt zu.

Dem Säugling sollte auf dem Arm der Mutter oder des Vaters so viel Bewegungsspielraum gegeben werden, daß er mit dem Kopf seinen Augen folgen kann.

Mit den Augen zuerst bauen wir unsere Welt. Das Kind verlangt, wie schon erwähnt, daß wir ihm voll in die Augen sehen. Das Kind will die Mitte der Welt sein, es will der Mittelpunkt aller Ereignisse um sich sein.

Nachahmung stärkt den Lernprozeß

Die erste Wechselbeziehung zwischen dem Baby und seinen Eltern oder Bezugspersonen prägt seine Kommunikationsweise fürs ganze Leben. Eins müssen wir uns allerdings klarmachen: Den wechselnden Gesichtsausdruck eines Säuglings, den wir beobachten, können wir noch nicht entschlüsseln, das heißt, wir dürfen ihm noch keine Bedeutung zuschreiben. Das Empfinden eines Säuglings ist noch nicht so differenziert, obwohl das Muskelspiel uns an viele bekannte Arten des Gesichtsausdrucks erinnert, die wir zu interpretieren gewohnt sind und die einen Inhalt haben. Sogar das Lächeln, auf das alle warten, kommt spät, nicht vor dem vierten bis sechsten Monat, jedenfalls das Verziehen der Lippen, das man zu Recht als bewußtes Lächeln bezeichnen darf.

Was der Gesichtsausdruck des Säuglings jedoch zeigt, sind Harmonie, Behagen, Unbehagen. Nur über die Reaktion seiner Bezugsperson lernt das Kind, diese Signale bewußt zu erkennen, es lernt, sie zu differenzieren. Ahmt die Mutter die Signale ihres Kindes, sei es Weinen, Unzufriedenheit oder Lächeln, nach, wird das Kind seinerseits zu Beobachtung und eigener Nachahmung angeregt. Im Spiegel seines eigenen Ausdrucks lernt es seine Empfindungen kennen und zu differenzieren.

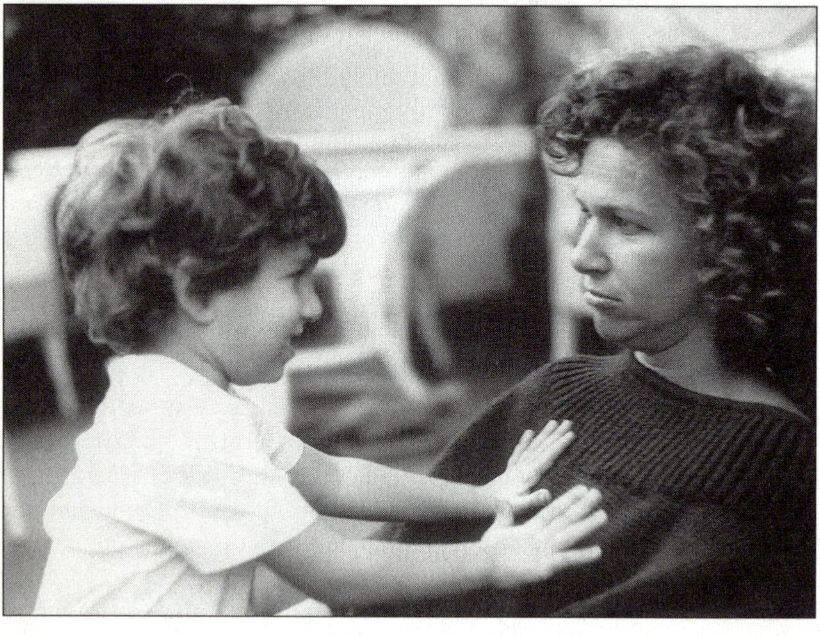

Zwei gegensätzliche Bewegungstypen. Links oben: Das Kind zieht sich mit dem ganzen Körper von jeder Handlung zurück – sowohl vor Schreck (links) über die umgefallenen Bausteine wie (rechts) vor Vergnügen und Schreck zugleich vor dem Wasserstrahl.

Das Gegenteil – links unten: aktives Wagnis, die Mutter zurückzuschieben. Darf ich das? Wie groß ist mein Risiko dabei? Ein Schritt zur Selbständigkeit.

In der Fluchtreaktion zieht sich das Kind zurück. Es folgt dabei einem angeborenen Instinkt, der bei Gefahr, bei Überraschungen, bei starken Geräuschen oder anderen intensiven physischen Reizen ausgelöst wird.

Es gehört zu den Erfahrungen dieser Phase, daß Signale eine Wirkung haben, und die Eltern müssen dafür sorgen, daß die Signale ihres Kindes auch tatsächlich Wirkung zeigen. Je schneller ein Feedback auf seine Bewegungen erfolgt, desto stärker wird dem Kind bewußt, daß es Wechselsignale gibt. Allein über unser Feedback, unsere Antwort, lernt das Kind zu kommunizieren, lernt etwas von Signal und Gegensignal. Nur über unser Feedback wird es in das System der Wechselbeziehungen eingeführt, ein System, das es selbst in Bewegung bringen kann. Das Kind erfährt, daß es selbst durch ein Signal, durch eine Bewegung, etwas ausdrücken kann. Ich habe von dem Selbstvertrauen gesprochen, das die wiederholte Aktion verleiht. Das Kind kommt natürlich darauf, daß bestimmte Signale auch bestimmte Folgen haben.

Kindliche Signale und was darauf folgt

Wenn einer meiner Söhne im frühen Kindesalter zu mir kam und die Arme hochstreckte, wußte ich, er wollte von mir aufgenommen werden. Das Signal hieß: Ich will auf deine Ebene hinauf. Ich will dir ins Gesicht sehen. Natürlich habe ich nicht immer Zeit, ihn auf die Arme zu nehmen. Aber zunächst respektiere ich sein Signal. Ich nehme ihn hoch, lächle und stelle ihn wieder auf den Boden. Das Spiel wiederholt sich: Wieder hebt er seine Hände, wieder hebe ich ihn hoch und wieder setze ich ihn ab. Langsam begreift er: Das Signal wird zwar empfangen, und ich verstehe, was er will, aber ich akzeptiere seinen Wunsch nicht, länger mit ihm zu spielen.

Hätte ich ihn nicht hochgehoben, hätte er aus der Wut der Enttäuschung zu weinen begonnen. Was wäre geschehen? Hätte ich ihn nicht schließlich doch hochgehoben, um ihn zu trösten oder weil ich das Heulen nicht ertragen könnte? Das Kind zöge daraus nur eine Lehre: Aha! Händeheben wirkt nicht als Signal meines Wunsches, hochgehoben zu werden, Schreien dagegen wirkt. Also wird der Kleine jedesmal schreien, wenn er auf meinen Arm will, schreien, wenn er sein Spielzeug will, jedesmal, wenn er sich langweilt.

Je schneller und differenzierter wir also unser Feedback auf die Signale des Kindes geben, desto einfacher und spielerischer lernt es die Ordnung des kommunikativen Systems kennen.

Erfolgserlebnisse

Ganz eindeutig drückt sich bei Kindern vom frühesten Alter an die Freude darüber aus, etwas »gewußt«, etwas wiedererkannt zu haben, wenn es der Mutter oder seiner Umgebung signalisieren kann: Siehst du, das wußte ich! Erwachsene zeigen denselben Stolz, wenn sie sagen können: Habe ich es nicht gesagt! Habe ich es nicht gewußt!

Es verleiht Selbstbewußtsein, eine Vorhersage eintreffen zu sehen, zu erfahren, daß es mit der Berechenbarkeit der Umwelt etwas auf sich hat. Sie wird durch die sich wiederholenden Informationen geschaffen, und diese sprechen von einer ablesbaren Ordnung. Für diese Ordnung werden möglichst eindeutige Informationen benötigt, was nebenbei gesagt zum »digitalen Denken« geführt hat. Der Wunsch nach diesem Denken entspringt dem Verlangen nach Sicherheit. Im digitalen System wird alles auf eine Dimension reduziert, jedes Signal hat nur eine einzige unverwechselbare Bedeutung. Mit der orientierungschaffenden Ordnung hat die Menschheit sich von früh an beschäftigt, und wir leben in einer solchen Ordnung. Wir verlassen uns darauf, daß nach der Eins die Zwei kommt, und wenn wir Fünf sagen, wissen wir, sie steht vor der Sechs und hinter der Vier. Das digitale System, nach dem die Industriegesellschaften streben, soll ein weiterer Schritt in die Berechenbarkeit, die Sicherheit, sein.

Ordnung als Lebensraster

Kinder brauchen eine bestimmte Ordnung; sie brauchen eine Tagesordnung, sie reagieren auf diese Ordnung; es gibt unerläßliche Rituale, auf deren Bedeutung für die Sozialisierung des Kindes ich noch eingehen werde.

Das Ritual beim Schlafengehen nehme ich hier vorweg. Das Kind ist beruhigt durch die bloße Tatsache, daß ein Abendritual existiert, gleichgültig, worin es besteht, ob es ein Lied ist, ein Schaukeln, ein Betthupferl oder ein Gutenachtkuß.

Kinder versuchen ja sogar, ihre Umgebung vor dem Schlafengehen zu organisieren. Der Schnuller oder der Teddy haben ihren ganz bestimmten Platz. Manchmal bewegen Kinder Gegenstände hin und her, bis sie das Gefühl haben, jetzt ist die richtige Ordnung hergestellt, also ist auch

Familienrituale. Sie beginnen im Babyalter, wenn vor dem Schlafengehen die Flasche gegeben wird. Später wird ein Lied gesungen oder noch ein Spiel gespielt. Was es auch sei, das Kind wird es bald verlangen, um einschlafen zu können.

alles in Ordnung. Wenn nun noch meine Eltern alle Rituale genau vollzogen haben, kann ich ruhig schlafen, es kann mir nichts geschehen! Manche Eltern, die ihrem schon zum Schlafen gebetteten Kind noch die Flasche geben, wundern sich, daß sie ihm bei jedem Erwachen in der Nacht etwas zu essen geben müssen, damit es wieder einschläft. Sehr einfach! Die Flasche gehört bereits zum Ritual des Einschlafens. Mit Hunger hat das nichts zu tun. Immer wenn das Kind aufgewacht ist, und zwar gleichgültig aus welchem Grund – es mag naß sein, ein Geräusch mag es aufgeweckt haben –, verlangt es, um wieder einschlafen zu können, nach einem bestimmten Ritual. Gehört die Flasche dazu, muß es die Flasche bekommen. Wird die Erwartung, die Welt berechenbar vorzufinden, enttäuscht, kann Frustration die Folge sein, oder das Kind wird ärgerlich und zornig reagieren. Steht anstelle der erwarteten Wiederholung jedoch eine Überraschung, die vielleicht neue Erlebnisse verspricht, wird sich das Kind der neuen Erfahrung zuwenden, um sie in die schon erworbene Erfahrungswelt zu integrieren, das heißt, sie im Erleben bereits wieder zu organisieren, um sie berechenbar zu machen.

Was ich fühle, bin ich

Der berechenbaren Welt der Dinge und Erfahrungen steht die Gefühlswelt des Kindes gegenüber. Das Ritual der Gefühle kann berechenbar sein, denn es schafft Sicherheit. Die Gefühle selbst gehören immer ein wenig dem Chaos an, erscheinen als ein untrennbar Ganzes und sind schon daher nicht berechenbar.

In den ersten Lebensmonaten gehen die Impulse aus dem Gehirn überwiegend von der rechten Gehirnhemisphäre aus, es sind Gefühlsimpulse, ganzheitliche Signale. Die Gefühlsempfindung ist ganzheitlich, weil es keine halben Gefühle gibt, keine halbe Schmerzempfindung. Wo wäre die zweite Hälfte? Ein Gefühl in seiner ganzheitlichen Erscheinungsform läßt sich mit einer großen Kugel vergleichen; sie ist räumlich, gleichzeitig in ihrem Innern mit einer Riesenzahl kleiner Partikel gefüllt, die sich ständig in Bewegung befinden. Es sind unsere Assoziationen und Wünsche, die mit dem Gefühl erwachen. Auch ihr Verhältnis zueinander ist stetem Wechsel unterworfen, genauso wie der Bezug der Partikel unserer Kugel, die unaufhaltsam in Bewegung sind. Daran erkennen wir den dynamischen Zustand von Gefühlen.

Gefühle können von unterschiedlicher Intensität sein, aber es gibt keine Gefühlssegmente. Mit der Ganzheit des Gefühls hat es, gerade auf die Erlebniswelt des Kindes bezogen, eine weitere Bewandtnis: Da das Gefühl eine Ganzheit ist, erkennt sich der Mensch zuerst in seinen Gefühlen: Was ich fühle, bin ich. Wer sich weigert, seine Gefühle wahrzunehmen, weigert sich, die eigene Person zu akzeptieren.

Da das Kind so stark von der rechten Gehirnhemisphäre abhängt, nimmt es auch seine Umwelt als ein Ganzes wahr. Es sieht sich selbst durch seine Gefühle als Ganzheit und empfindet folgerichtig auch seine Umgebung als eine solche Ganzheit.

Auch noch bei größeren Kindern wirkt dieses System. Wir zeichnen einen Hundeschwanz und fragen das Kind: Was siehst du? Und es nimmt den Teil für das Ganze. Die Antwort: Wauwau!

Erst viel später lernt das Kind, analytisch zu sehen und zu erkennen, daß ein Teil noch nicht das Ganze ist. Vorher ist alles, was auf vier Beinen geht, Wauwau, und jede weibliche Person kann die Mama sein, erst recht jede männliche der Papa. Zwar erkennt das Kind Bezugspersonen wieder, hält aber gern jemand anderen, Fremden dafür. Es nimmt die Erscheinungen als Ganzheit wahr. Wenn nun, wovon wir ausgehen, die ei-

Du spielst für dich allein! Meine Hände sind leer. Aufforderung an die Mutter: Spiel mit mir! Endlich ist es soweit.

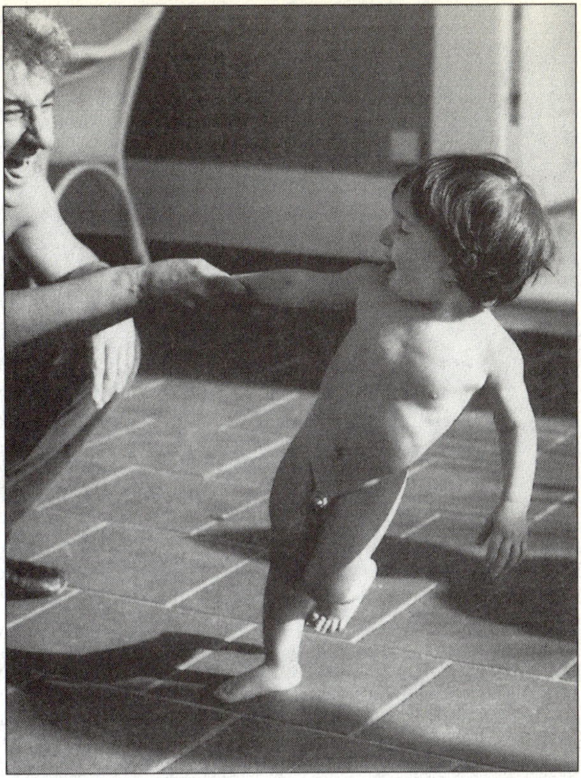

Ein Risikospiel: Der kleine Sohn will gar nicht weg vom Vater, denn wenn er wollte, hätte er den zweiten Fuß auf die Erde gesetzt. Kinder provozieren ihre Väter und Mütter oft. Sie wollen herausfinden, ob die stark genug sind, sie zu halten und zu schützen.

genen Gefühle eine Ganzheit sind und natürlich auch als solche empfunden werden und man von meinen Gefühlen keine Notiz nimmt, hat man von sich selbst nicht Notiz genommen.

Eine kleine Geschichte: Vater und Mutter gehen mit ihrem Kleinsten spazieren, und der kleine Franz sagt: Mutti, Mutti, ich habe eine Kuh gesehen! Der Mutter gefällt es, daß ihr Kind soeben eine identifizierende Information gegeben hat, und sie macht den Vater darauf aufmerksam; der nickt und ist ebenfalls zufrieden. Das Kind hat richtig erkannt, es war eine Kuh; kein Hund, kein Hase, sondern eine Kuh. Ein andermal kommt das Kind ganz aufgeregt angerannt, zappelt mit Händen und Füßen und sprudelt hervor: Papi, Papi, oder Mutti, Mutti. Man versteht es nicht: Beruhige dich erst einmal. Wir verstehen dich nicht. Schließlich hält man dem Kind die Hände fest: Nun sag, was du willst! Das Kind bleibt stumm, schlägt mit dem Fuß einen unsichtbaren Stein weg. Es sagt gar nichts. Ge-

Wie wecke ich Aufmerksamkeit? Ich ziehe an ihrer Hand, aber sie reagiert nicht. Das Gesicht zeigt die Unzufriedenheit mit dem Verhalten der Mutter. Ihre Hand ist locker, sie reagiert nicht auf das Ziehen des Kindes an ihrer Hand. Warum ist etwas anderes wichtiger als ich?

Der Finger tut weh! Wenn sie nicht reagiert, tröste ich mich selbst. Der Finger geht zum Mund: Ich muß mich erst beruhigen und mir dann etwas einfallen lassen, worauf meine Mutter reagiert. Ich könnte ja auch nur ziehen und weinen, um mit dieser fast immer sicheren Methode Aufmerksamkeit zu wecken.

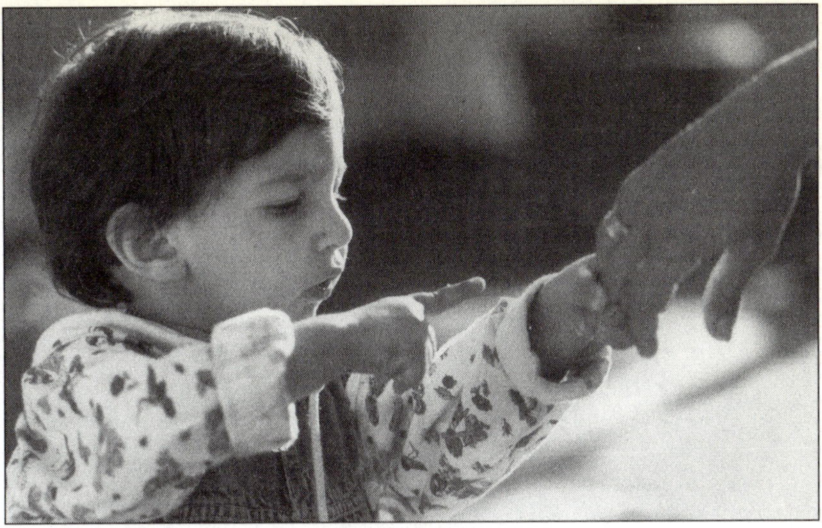

... aber hergezeigt werden muß der Finger doch. Schau, Mama! Wenn das Kind daran gewöhnt ist, daß man es beachtet, läßt es sich auch etwas einfallen. Wie einfach wäre es zu sagen: Mein Finger tut weh, tu was!

naubesehen hat es den Vater zu einem Stein reduziert und draufgeschlagen. Wer meine Gefühle ignoriert, den strafe ich durch Liebesentzug, heißt das, dem erzähle ich gar nichts. Warum? Man hatte seine Aussage, die zunächst reiner Gefühlsausdruck war, nicht wahrgenommen. Der Dialog hätte sich ganz anders abgespielt, wäre die Antwort des Vaters auf die sprudelnde Aufgeregtheit angemessen ausgefallen. Hätte er gesagt: Ja, ich sehe, du bist ja ganz aufgeregt, wäre das Kind ohne weiteres zu seinem Spiel zurückgekehrt. Sein Auftritt sollte nichts anderes ausdrücken als: Schau, wie aufgeregt ich bin! Nicht mehr. Das Gefühl allein – Freude, Schmerz, Aufregung, Begeisterung – ist eine Aussage für sich. Ein Kleinkind, das mit Vergnügen die Bausteine, mit denen die Mutter einen Turm gebaut hat, umwirft, erwartet zuallererst eine positive Reaktion und nicht eine sachliche Belehrung über aufbauende Kreativität.

Der Konflikt zwischen dem ritualbegründeten Erziehungswunsch (Mit Lebensmitteln spielt man nicht!) und der teilnehmenden Freude ist nicht leicht zu lösen.

Zwingen wir ein Kind, eine bestimmende, erklärende Aussage zu machen, heißt das übersetzt: Das, was du fühlst, ist nicht wichtig, sondern das, was dein Gefühl bewegt.

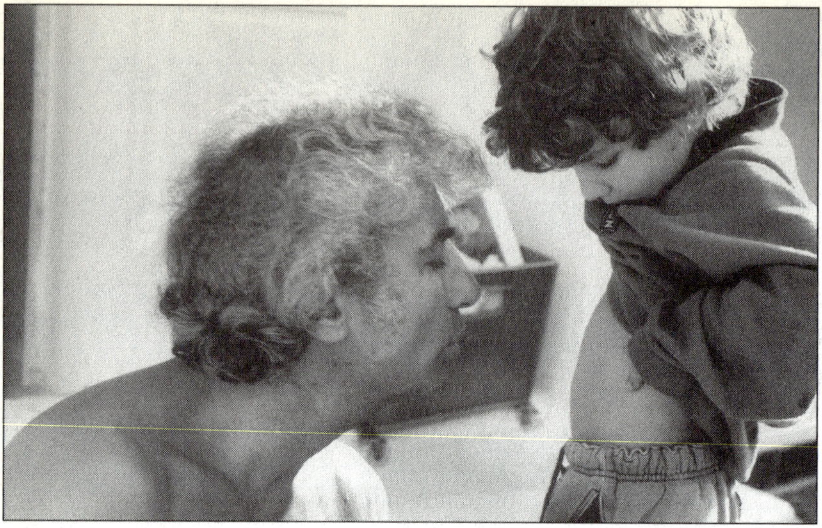

Wo tut es weh? Es ist wichtig, daß der Erwachsene hier nicht nur spielt, sondern die schmerzende Stelle genau lokalisiert. Hier gibt das Kind konkrete Hinweise. Zeigt der Vater auf die falsche Stelle, gibt er dem Kind die Gelegenheit, ihn zu korrigieren und damit Kompetenz zu zeigen.

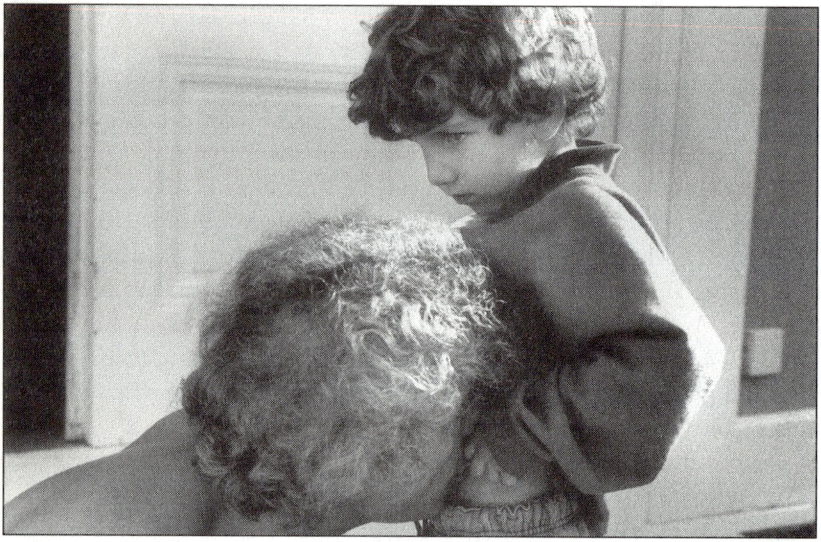

Der Trostkuß bei einer Verletzung von Kindern entspricht dem Absaugen von Insektengift. Es wird ausgesaugt und weggespuckt. Die gespannte Erwartung darauf, was der Vater macht, hat sich gelohnt. Die »ernste« Verletzung verwandelt sich zu genußvoller Zärtlichkeit.

Die beste Medizin ist ernste Aufmerksamkeit.

Also loben wir das Kind, das »Kuh« sagt, und tadeln es, wenn es nur seine Gefühle zeigen will. Das Kind wird nicht verstehen können, warum die Kuh wichtiger ist als es selbst und seine Gefühle. Die Gefahr dabei ist, daß Kinder frühzeitig lernen, Gefühle sind keine Informationen, werden als solche nicht akzeptiert. Sie hören auf, Gefühle zu zeigen oder auf Gefühle zu vertrauen, und versuchen, ihr Leben auf sachliche Informationen auszurichten. Das ist aber nicht so einfach, denn die Gefühle sind existent. Sie zu unterdrücken führt zu Verklemmung.

Gerade beim Kleinkind, und mit der Geschichte vom Spaziergang habe ich schon vorgegriffen auf eine spätere Phase, ist die Bedeutung von Gefühlsäußerung und Reaktion darauf nicht hoch genug einzuschätzen. Kinder verlangen Feedback auf ihr Behagen, ihr Unbehagen, ihre Wut oder ihre Freude, und sie versuchen stets von neuem, ihre Gefühle mitzuteilen.

Auch der Wunsch zu spielen wird durch wiederholte Bewegungen angezeigt. Es ist oft die Hand, die auf die Mutter weist und ausdrücken soll: Komm her zu mir. Ich will mit dir spielen. Jeder Körperteil, der sich den Eltern entgegenstreckt, sagt: Ich möchte Kontakt haben. Wird das Gefühl beantwortet, fühlt das Kind Wohlbehagen. Wie schon gesagt, erkennt das Kind im Gesichtsausdruck der Eltern seine eigenen Gefühle wieder und erfährt ihre Bedeutung und Wirkung.

Gefühle zeigen – auch wenn sie gespielt sind

Es ist von großer Bedeutung für die Entwicklung des Kindes, daß die Mutter ihrerseits Gefühle zeigt, selbst wenn sie gespielt sind. Ganz selbstverständlich darf es sich dabei nicht um einseitige, grobe oder gar erschreckende Gefühlsäußerungen handeln. Es sind differenzierte Gefühle, die ein Kind anzuerkennen und zu respektieren lernt. Zugleich wächst der Anspruch, daß wir seine Gefühle respektieren.

Gefühle sind für das Kind auch Entdeckungen. Ein Kind, das sich weh getan hat, fühlt nichts anderes als dieses: »Es tut weh!« und verlangt nichts anderes als die Bestätigung: »Ja, es tut weh«. Dem Kind ist es ziemlich gleichgültig, ob der Bruder oder ein Stein ihm den Schmerz zugefügt haben, es will nichts als das Gefühl als solches mitteilen. Denn auch dieses Gefühl stellt ein Erlebnis dar, das es bestätigt haben will. Das Kind schreit »Aua, aua!« (was Schmerz bedeutet) und nicht »Stein, Stein!«.

Diese Erlebnis- und Entdeckungsqualität von Gefühlen macht es so wichtig, auch bei Kindern im frühesten Alter auf Gefühle richtig zu reagieren. Es gehört zu den Bausteinen des ganzen Systems von Ordnungen, Zuordnungen und Berechenbarkeit der Welt, daß ein Kind lernt, auf welche Bewegungen welche Gefühle folgen: Abneigung, Zuneigung etwa. Es macht Reaktionen kalkulierbar. Kinder, die wenig Gefühlsäußerungen von ihren Bezugspersonen erhalten, sind nicht darauf eingestellt, daß einer gefühlsmäßig reagiert. Und wenn sie es schließlich erleben, erschrecken sie. Lernt das Kind frühzeitig, welche Gefühlsreaktionen es erwarten, wenn es etwas tut, was den Eltern nicht gefällt, und zwar in einer adäquaten Deutlichkeit, gehen solche Reaktionen in den Umkreis des Berechenbaren über: Bestimmte Bewegungen, gewisse Handlungen rufen diese oder jene Gefühlsäußerung hervor. Was nichts

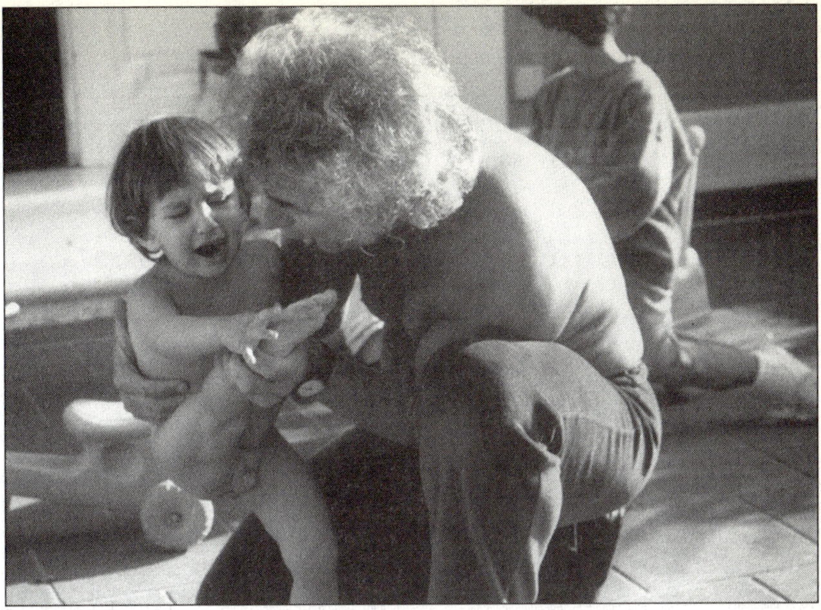

Kindern fehlt es oft an Gelegenheit, auf sich aufmerksam zu machen. Kleine Unfälle und Verletzungen eignen sich gut.

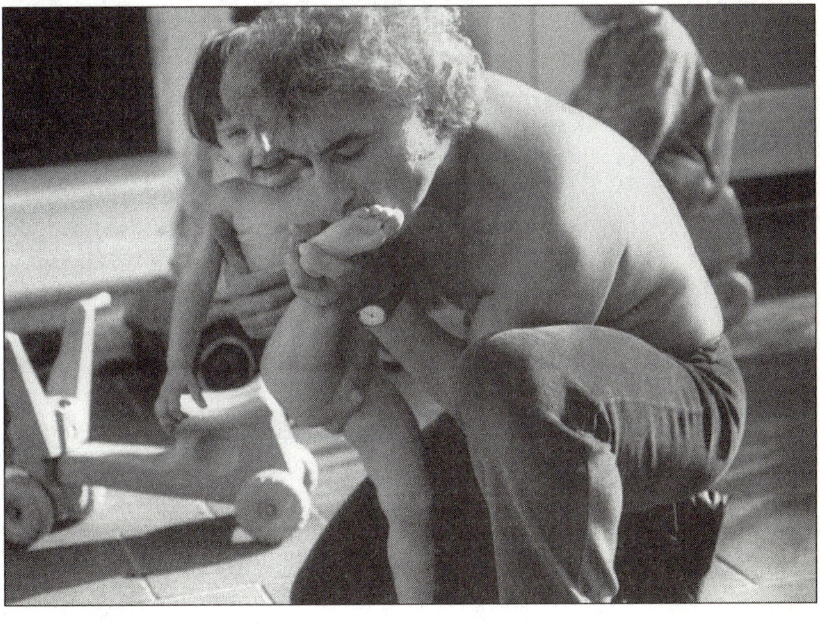

daran ändert, daß unser Kind später auch unter negativen Aspekten das Risiko auf sich nimmt, die verpönte Handlung zu wiederholen. Es kalkuliert möglicherweise eine darauf folgende Strafe ein; setzt sozusagen Prioritäten nach der ganz persönlichen Wertskala. Erwachsene tun dasselbe, wenn sie zum Beispiel ihr Auto im Parkverbot abstellen.

Mit Sachlichkeit greift man zu kurz

Mütter, die aus Prinzip oder weil sie glauben, keine Zeit zu haben, mit Sachlichkeit ihrem Kind gegenüber am besten zu verfahren meinen, begehen einen grundsätzlichen Fehler. Während sie sich beim Wickeln, Füttern, bei allen Fürsorge- und Pflegeverrichtungen um Sachlichkeit und Effizienz bemühen, versucht das Baby nämlich ständig, Gefühle zu äußern und Gefühle zu wecken. Erhält es darauf keine Reaktion, wird das Kind sein Interesse »zur Strafe« von der Mutter abziehen. Es wendet den Kopf ab, unterbindet so den Kontakt, versucht es noch einmal, resigniert schließlich, gibt den Gefühlsaustausch mit dieser Respektsperson auf. Die Folgen können schwerwiegend sein. Kommunikative Fähigkeiten, die vom Gefühl gespeist werden, können verkümmern, ehe sie entwickelt sind. Das Kind verdrängt den verhinderten Gefühlsaustausch, dieser wird in seinem inneren Vokabular gelöscht. Damit ist kein Problem gelöst, im Gegenteil, das Kind ist in Gefahr, apathisch, uninteressiert, kommunikationsunfähig zu werden. Auch eine Kompensation in anderer Form ist möglich, die unberechenbar bleibt, für die Eltern wie für das Kind. Dem Kind geht es wie einem Krüppel, der auch lernt, ohne Hand oder ohne Beine weiterzuleben. Es funktioniert, jedoch unter welchen Bedingungen?

Die Grundlagen der Zärtlichkeit

Was Kinder brauchen, ist dagegen immer wieder unsere Zuwendung, daß sie uns fühlen, und deshalb auch den Hautkontakt. Das Kind muß spüren, daß wir keine Angst vor ihm haben, daß seine Haut uns angenehm ist und unsere Haut ihm angenehm sein kann. Hier werden die Grundlagen gelegt für sein späteres Vermögen, zärtlich zu sein, Gefühle auszutauschen, menschliche Wärme empfinden zu können. Begleitet ist diese Schule der Zärtlichkeit von Streicheln, Küssen, Knabbern, um dem Kind zu zeigen: Du bist mir lieb, ich beschäftige mich mit dir und warte auf Antwort. Es gibt die Meinung, das Knabbern sei eine postkannibalische Form, die sich reduziert bewahrt habe. Ich glaube nicht daran, obwohl wir sagen: Ich habe dich zum Fressen gern! Alle diese Spiele stimulieren den Kontakt zwischen Eltern und Kindern. Wir finden sie überall auf der Welt, auch in primitiven Kulturen. Die Verhaltensweisen gleichen sich. Überall wird gestreichelt, geküßt, geknabbert, im Wechselspiel der Berührungen. Wir haben es mit universalen Signalen, mit angeborenen Gattungssignalen zu tun. Das Verlangen nach Zärtlichkeit drückt sich durch Blicke, durch das Anlehnen an die Schulter der Mutter aus. Manchmal legen Kinder ihren Kopf auf den Schoß der Bezugsperson. Aber auch andere Zeichen sind klar zu deuten, stimulierende Bewegungen.

Streichelt ein Kind sein Stofftier und schickt dabei Blicke zu den Eltern, ist die Intention nicht schwer zu erraten. Oft ist es nur ein Tuch, ein Spielzeug oder sonst etwas, das als Signalinstrument dient.

Zärtlichkeit und frühkindliche Sexualität

Ich halte die Sexualität für einen von mehreren Trieben, in denen die körperlichen Signale von Zärtlichkeit, Beschäftigung mit sich selbst, von der Liebe zwischen Kind und Eltern, von Geschwistern untereinander ziemlich deutlich sind. Man kann darüber viel schreiben, aber ich überlasse dies der Wissenschaft.

Eines ist klar, daß nämlich die Entdeckung des eigenen Körpers und die des anderen, also die Entdeckung der Unterschiede zwischen Jungen und Mädchen, zwischen Vater und Mutter und sich selbst, das Spiel mit den eigenen Sexualorganen, einen wichtigen Platz in der Entwicklungsgeschichte eines Kindes haben.

Bei starker innerer Spannung, bei Ratlosigkeit oder vor schwierigen Entscheidungen ist der Griff an die Genitalien bei Jungen wie bei Mädchen eine unbewußte, in keiner Weise unnormale Reaktion.

Je natürlicher man diese Erscheinungen bei Kindern nimmt, ohne Verbote, desto mehr gewöhnen sie sich daran, ihren Körper zu akzeptieren und damit auch sich selbst, und auch daran, daß es anderes Interessantes gibt. Kinder, denen viel verboten wird, fragen sich schnell:

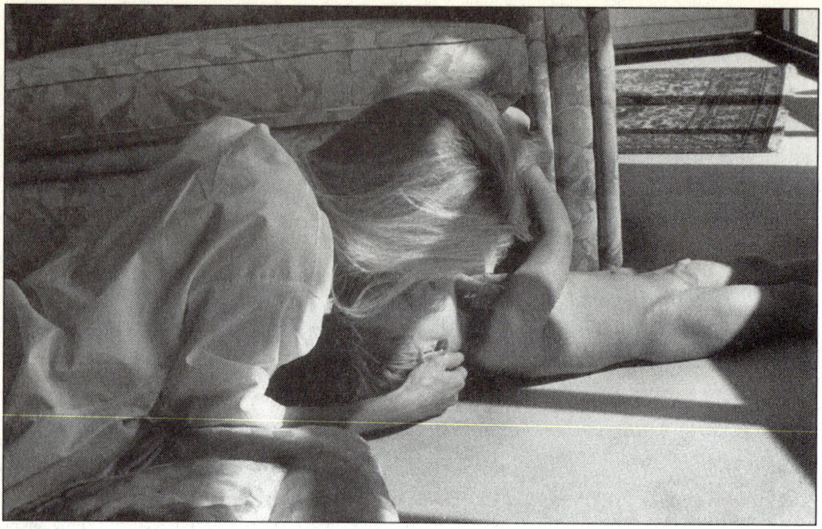

Spürbare Sinnlichkeit zwischen Mutter und Kind, wie sie diese Bilder ausdrücken, gehört zu den schönsten Wegen, die Welt, das Leben, den anderen und sich selbst zu entdecken. Das Spiel richtet sich nicht auf etwas Fremdes, sondern auf den eigenen Körper und die eigene Person: Eine volle Zuneigung findet statt.

Der sinnliche Genuß, den das Kind hier entdeckt, wenn es die Haare der Mutter über seine Haut streichen läßt, ist groß. Dazu bestimmt er die Kopfbewegung der Mutter, und ihr eigener Genuß ist nicht weniger sichtbar: Sie wird geliebt. Sie kann ihren Gefühlen ganz nachgeben, ohne die Gefahr, vom kritischen Auge eines Erwachsenen gestört zu werden.

Die erotische Ausstrahlung, die von diesen Bildern ausgeht, ist unbestritten, jedoch höchstens eine frühe Vorstufe zur später erwachenden Sexualität. Solche intimen Spiele sind von komplexer Natur. Auf der einen Seite nimmt das Kind eine embryonale Stellung ein, auf der anderen ist seine Hand aktiv zärtlich.

Der gegenseitige Genuß ist bei beiden stark. Lockeres Spiel, Zärtlichkeit, Haut- bzw. Körperkontakt sind wichtig für den späteren Zugang zu Partnerliebe ohne Tabus.

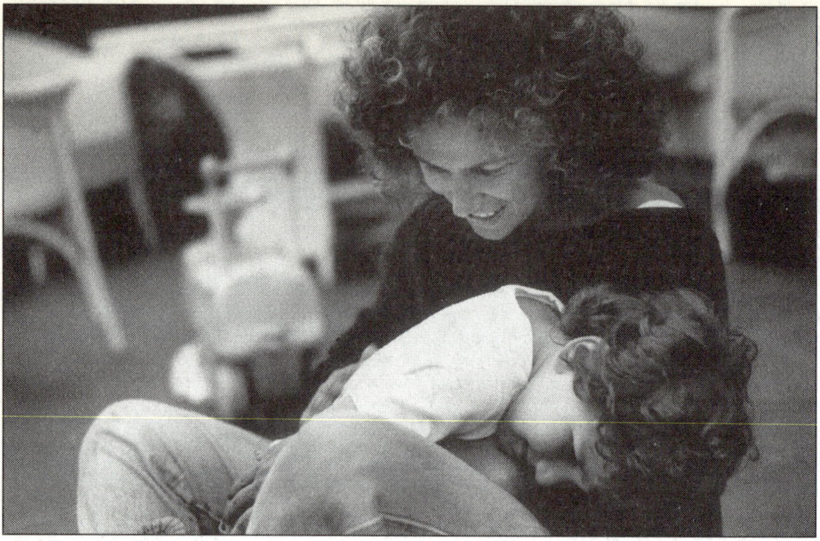

Streicheln aus purer Zärtlichkeit. Die Erfahrung von Liebe und Zärtlichkeit sollte eine breite Palette von Fürsorge und Sich-gehen-Lassen haben. Zuneigung und Liebe geben dem anderen das Gefühl, gebraucht zu werden.

Ein erotischer Genuß, jedenfalls auf seiten der Mutter. Während dieser ödipalen Phase, die für beide notwendig ist, besteht die Gefahr, daß der erwachsene Partner sich vernachlässigt fühlt und unbewußt Neidgefühle entwickelt.

Sinnliche Zuneigung: Erotische Intimität ist für das Kind im frühen Alter eine Notwendigkeit. Nach dem zehnten Lebensjahr freilich nur noch mit Vorsicht anzuwenden.

Warum wird mir das verboten? Das Interesse am Verbotenen steigert sich, oder es folgt eine Hyperaktivität aus Trotz, die jede natürliche Balance stört. Ein Kind dagegen, das sich in dieser natürlichen Balance befindet, wird sich kaum ausschließlich mit sich selbst oder seinen Genitalien beschäftigen. Sie machen nur einen Teil der Reizempfindungen aus, die das Kind empfängt. Jedes Ding, jedes Ereignis ist eine neue Entdeckung, ein Happening, durch das es stimuliert und seine Motorik angeregt wird.

Rückmeldung

Ein Signal ist schon beim Neugeborenen unverkennbar. Die leuchtenden Augen des Kindes sagen: Das gefällt mir, ich möchte mehr davon! Glasige Augen dagegen zeigen: Ich fühle mich nicht wohl, bin uninteressiert, gelangweilt, ich möchte keinen Kontakt! Über das Zu- oder Abwenden des Kopfes habe ich schon gesprochen.

Antwortet die Mutter auf das Lächeln ihres Kindes auch mit einem Lächeln, wird sich dem Kind einprägen, daß es auf Lächeln ein positives

Feedback bekommt. Ein Dauerlächeln der Mutter aber hat zur Folge, daß sich das Kind schließlich abwendet oder sogar zu schreien beginnt. Niemand liebt einen erstarrten Ausdruck, weder ein Baby noch ein Erwachsener. Ein erstarrtes Lächeln, ein starrendes Gesicht ruft Unbehagen beim anderen hervor, denn er erhält keine Information. Der andere wird unkalkulierbar, wir fühlen uns irritiert. Die Reaktion darauf kann nur negativ sein; beim Kind entlädt sie sich als Schreien, obwohl die Mutter lächelt. Auch Lächeln muß in einem dynamischen Prozeß erscheinen und darf kein Zustand werden.

Der Ausdruck des Kindes kann durchaus traurig sein und ein allgemeines Unbehagen anzeigen. Nun tut die Mutter gut daran, auch diesen traurigen Ausdruck zurückzugeben, nachzuahmen, genauso zu erwidern wie das Lächeln, um dem Kind zu zeigen: Ich habe deine Traurigkeit, deine Unzufriedenheit wahrgenommen. Durch ihre Mimik erhält es die notwendige Rückmeldung auf seinen eigenen Ausdruck.

Danach kann die Mutter dem Kind durchaus wieder ein Lächeln anbieten oder eine andere Art von Stimulation. Zunächst aber muß unser Ausdruck dem des Kindes entsprechen. Es wird sich sonst zu leicht mißverstanden oder auch als nicht respektiert empfinden, und das Unbehagen wird sich verstärken. Also zuerst die Anpassung: Mein armes Kind, du bist traurig! Bald aber folgt mit einem Lächeln das Angebot: Wir können ein neues Spiel beginnen.

Die Gefühlsschaukel

Jedes Kind will seine Gefühle mitteilen. Die Grundgefühle sind, wie wir schon wissen, an seine Bedürfnisse gebunden. Hunger, Nässe, Kälte spielen eine ebenso große Rolle im Negativen wie Sattheit, Trockenheit und Wärme im Positiven, also alles, was Behagen oder Unbehagen hervorruft, alles, was ihm angenehm oder unangenehm ist. Im Spiel mit der Mutter oder den Eltern erfährt das Kind auch das Gefühl der Freude, des Vergnügens, des Genusses, der Lust. Neugier als Trieb tritt hinzu und verlangt, befriedigt zu werden.

Viel später, im Zusammenhang mit fester Nahrung, mit Kleidung und der Begegnung mit anderen Menschen, erwachen noch andere Gefühle.

Gefühle verlangen, das habe ich auch schon gesagt, genauso nach Antwort wie Bedürfnisse und Neugier. Ob ein Gefühl beantwortet wird

Das Kind versucht, sich in einem Spannungs- oder Erregungszustand zu beruhigen. Der Saugreflex wird durch die Finger oder andere Objekte im Mund stimuliert.

In spannenden Momenten, im Augenblick der Entscheidung oder der Angst beruhigt der Griff an die Genitalien. Eine natürliche Reaktion. Die Befehlshand im Bild unten ist ein deutlicher Auslöser

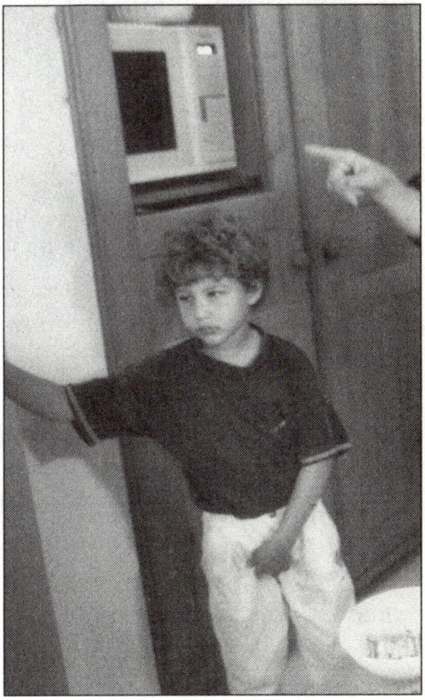

oder nicht und wie intensiv es werden kann, hängt von der Wechselbeziehung zwischen Mutter und Kind und von der zwischen dem Kind und seiner Umwelt ab.

Ist ein Kind neugierig, empfindet es Vergnügen an der Entdeckung der Welt, will es spielen, will es den Spaß, den es empfindet, intensivieren. Die Erfüllung seines Verlangens hängt ganz selbstverständlich von seinem Mitspieler, also meist der Mutter, ab. Alles spricht dafür, daß ein Kind das Spielen mit der Mutter als Genuß empfindet. Jedes Gefühl kann den Grad einer Intensität erreichen, bei dem wir uns sagen: Es wird mir für den Augenblick zuviel. Wir brauchen eine Pause.

Neugier ist irgendwann fürs erste gestillt, der Mensch verlangt nach Abwechslung. Und genauso bedarf jede Freude, jedes noch so schöne Spiel der Pause. Eine Pause darf kein Ende sein, die Wiederaufnahme des Spiels, des Gefühls muß folgen. Das Ganze nenne ich die »Gefühlsschaukel« oder sogar einen Gefühlsorgasmus.

Was heißt Gefühlsschaukel? Wir schaukeln uns gegenseitig immer weiter empor. Nach einer Pause weiterzumachen, stets von neuem weiterzumachen, intensiviert die Gefühle, erhöht die Intensität ihrerseits. Wir brauchen den anderen zu diesem Hochschaukeln des Gefühls.

Wie sieht das praktisch zwischen Mutter und Kind aus? Das Spiel beginnt, es gefällt dem Kind, bis der Punkt erreicht ist, an dem es die Pause verlangt. Erkennt die Mutter, daß es für den Augenblick genug ist, wird sie anhalten. Versteht sie, daß es sich um eine Pause handeln soll, wird sie das Spiel nach einer Weile wieder aufnehmen. Glaubt sie, das Spiel sollte beendet werden, und beginnt es nicht nach einer Pause von neuem, wird das Kind seine Gefühle nicht intensiviert erleben. Die Gefühlsschaukel tritt nicht in Aktion, es bleibt beim ersten Erregungszustand. Das Kind hat es nicht oder wird es nie erfahren, wie seine Gefühle sich intensivieren, wie sein Erregungszustand eskaliert, wie Gefühle in ihm sich steigern können.

Beobachtet die Mutter ihr Kind aufmerksam, wird sie bemerken, daß es sich ihr nach einer Zeit der Pause wieder zuwendet, ihr mit Händen und Füßen zustrebt. Nimmt sie es wahr, wird sie das Spiel wieder aufnehmen. Der steigende Wechsel von Spiel und Pause kann wieder beginnen. Sehr wichtig dabei ist, daß das Kind den Rhythmus bestimmt. Der Ausgleich von Rhythmus in diesem Gefühlspendel schafft die Harmonie zwischen Mutter und Kind, aber auch zwischen zwei erwachsenen Partnern auf der Gefühlsschaukel.

Denn auch zwischen Erwachsenen, die sich gemeinsam von Freude zu

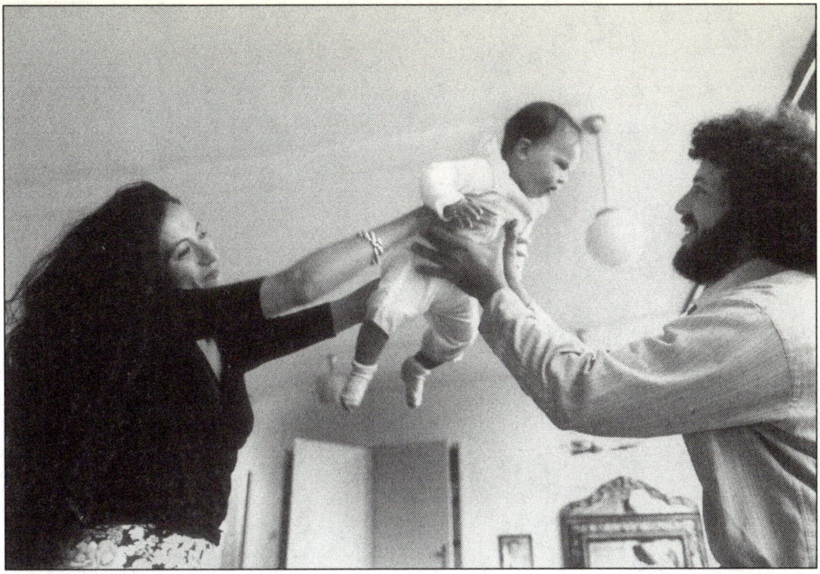

Die Gefühlsschaukel: Viel wagen die beiden Erwachsenen nicht. Das Kind bleibt ohne ekstatische Erfahrung. Jede Aktion hat nur dann einen Sinn, wenn sie Wirkung und Reaktion hervorrufen kann. Bei der Mutter ist weder eine Veränderung durch schnellen Rhythmus noch durch Gefühlswechsel zu sehen. Der Vater macht sich ganz unbegründet Sorgen: Das Kind wird sicher in seine Hände gegeben.

Freude schaukeln, ist es so. Wir intensivieren die Gefühle, brauchen die Pause, wieder eine Pause und noch eine. Die Harmonisierung im beiderseitigen Rhythmus schafft die Gefühlshöhepunkte in der Liebe, in der Zärtlichkeit, in gemeinsamen Interessen, in gegenseitiger Aufmerksamkeit, in allem, was wir gemeinsam mit einem Partner tun. Versucht der eine dem anderen seinen Rhythmus aufzuzwingen, gerät die Gefühlsschaukel ins Schlingern, sie ist blockiert.

Spiel und Pause und Spiel und Pause und Spiel haben die Gefühle des Kindes hoch intensiviert, sein Gesichtchen ist rot, seine Bewegungen sind erregt; ein Höhepunkt wird erreicht, den ich Gefühlsorgasmus nenne, eine vollständige Entladung von Energie im Körper des Kindes, die den Wunsch nach Ruhe auslöst. Die Parallele zum Liebesakt zwischen Mann und Frau ist unbestreitbar.

Nach einer Energieentladung will das Kind wieder mit sich allein sein. Wie aber, so könnte man fragen, wird der Wunsch nach Pause und das Verlangen nach dem Ende des Spiels auseinandergehalten? Der Wunsch

Der freie Elan läßt die Gefühlsschaukel hoch ausschlagen. Dem Kind ist das große Vergnügen anzusehen.

Auch eine Hängebrücke aus Seilen kann die Gefühlsschaukel in Bewegung setzen. Man muß sich ihr nur überlassen können. Mutter und Sohn verstehen es gut. Das Mädchen hält eher still – ganz geheuer ist ihm nicht.

Mutter und Kind schaukeln beide aktiv. Rhythmusausgleich, das heißt Übereinstimmung und sinnlicher Genuß, sind nicht zu übersehen.

nach dem Ende des Spiels zeigt sich sehr deutlich in der Entschlossenheit des Kindes, sich wieder mit sich selbst zu beschäftigen. Es wendet nicht nur den Kopf ab, sondern richtet den Blick nach »innen«, seine Hände berühren den eigenen Körper oder liegen ruhig. Weder Hände noch Füße bewegen sich auf die Umgebung oder die Bezugsperson zu, die eben noch so wichtig war. Das heißt: Ende des Dialogs.

Beim Erwachsenen ist es ja nicht anders. Die Intensität der Zuneigung verlangt nach einem Höhepunkt, einem Ab- oder Nachklang, danach jedoch wendet sich jeder sich selbst zu. Die Bewegungen richten sich auf den eigenen Körper und nicht mehr auf den des Partners. Man raucht eine Zigarette, geht ins Bad. Das Erlebnis dieser Gefühlsschaukel, dieses Gefühlsorgasmus macht den Menschen fähig, sich auch im Alltag dem starken Erleben nicht zu entziehen. Er hat keine Angst vor intensiven Gefühlen; er hat es erlebt, hat es »eingeübt« und weiß, daß nach der äußersten Intensivierung eine angenehm zu empfindende Entladung und Entspannung folgen. Also: Lernt ein Kind diese Intensivierung seiner Gefühle nicht, werden auch dem erwachsenen Menschen intensive Gefühle angst machen. Wird das eigene Gefühl einmal erregt, wird er befürchten, daß es zu stark werden könnte, und vor dem eigenen Gefühl davonlaufen. Diese Angst ist vollkommen natürlich, denn da er solche Intensität nie erlebt hat, weiß er nicht, was ihn erwartet. Es tritt etwas Unkalkulierbares in sein Leben. Das Unbekannte, das, was uns fremd ist, empfinden wir stets als mögliche Gefahr. Also laufen wir weg vor diesen gefährlichen Gefühlen, auch vor den Menschen, die wir lieben, die in uns heftige Gefühle wecken. Wir wenden uns lieber dem Altvertrauten, Sicheren zu. Was bleibt, ist die diffuse Sehnsucht nach dem großen Erlebnis, ohne den Mut, darauf zuzugehen.

Wer sich im ersten Kindesalter vergeblich um die Fortsetzung des Spiels zur Gefühlsintensivierung bemüht hat – den Vorgang kennen wir: die Versuche, sich mit seinem Wunsch bemerkbar zu machen, nehmen ab, es folgt Resignation, der Rückzug auf sich selbst –, der wird als Heranwachsender oder Erwachsener seine frühen Erfahrungen wiederholt sehen. Ein Mädchen oder ein junger Mann möchte zum Beispiel mit einem Menschen, der starke Gefühle in ihm erregt, in Kontakt kommen. Sie oder er schaut sehnsüchtig zu ihm hinüber. Aber bereits die Erfahrung als Baby hat ihm oder ihr von Anfang an gezeigt, es hat keinen Sinn, aktiv zu werden, denn nach dem ersten Lächeln kommt nichts mehr, man wendet sich von mir ab. Das heißt: Erhält sie oder er auf den ersten, allerdings sehr intensiven Blick nicht sofort eine entsprechende Antwort, resigniert sie oder er rasch, zieht sich zurück. Das gilt für jede Aktion in Spiel und Arbeit. Erhalten wir nicht sehr schnell ein Erfolgsfeedback, erlahmt unser Interesse. Ein Gefühl von Resignation oder, noch schlimmer, Versagen überkommt den Menschen. Die typischen Bewegungen introvertierter Menschen sind stets sich selbst zugewandt, zeigen nicht von sich selber weg auf die Welt hin. Und diese Menschen wundern sich dann, warum die Welt nicht zu ihnen kommt, nicht mit ihnen spielen will. Dabei sind sie es, die der Welt keine Chance geben.

Die Katze beißt sich in den Schwanz. Denn der Introvertierte sagt sich: Warum soll ich der Welt eine Chance geben, wenn ich weiß, daß sie doch nicht darauf antworten wird? Dabei wartet die Welt auf ein Signal von Bereitschaft, um antworten zu können. Grundsätzlich suchen wir das intensive Gefühl, holen es uns, weil es einem tiefen Bedürfnis entspricht, es zu erleben. Und so steigen wir in die Achterbahn, das Modell unserer Gefühlsschaukel: hinauf und hinunter, immer höher, immer tiefer, immer schneller, immer intensiver das Erleben. Alle Vergnügungsparks stellen Gelegenheiten für Ersatzbefriedigungen für Mutlose dar, für alle, die unfähig sind, eine Gefühlssteigerung mit anderen Menschen zu erleben. Das ist natürlich legitim, und ein gemeinsames Erlebnis kann sogar weiterführen. Übrigens tut der Zuschauer auf den Rängen des Fußballstadions nichts anderes, er möchte die Gefühlsschaukel erleben; und auch die Boxkampfarena erweist sich als ein solches Mittel zum Zweck. Allerdings ist hier der Stimulator getrennt von mir; aus der Entfernung schaukle ich mich höher und höher, bis hin zum großen Brüllen und den Entladungen, die solche Spiele hervorrufen. Oder ich bin enttäuscht, daß die erwartete Bewegung mich nicht hoch genug hinausgetragen hat. Dann wüte ich auch gegen ein gutes Spiel und finde es schlecht.

Ich meine, dieses Kapitel über die Gefühlsschaukel ist von einiger Wichtigkeit. Unter anderem erklärt sich damit, warum Kinder ihren Vater bei der Rückkehr von seiner Arbeit jubelnd und mit Freudengeschrei begrüßen, und die Mutter denkt: Was habe ich falsch gemacht, daß die Kinder mich nie mit dieser Begeisterung empfangen? Ich kümmere mich den ganzen Tag um sie, ich arbeite mit ihnen, ich spiele mit ihnen, aber kaum kommt der Vater heim, rennen alle Kinder zu ihm. Die Antwort liegt in der Unterschiedlichkeit des Spielverhaltens von Vater und Mutter, jedenfalls dort, wo die Mutter die Hauptlast der Erziehung trägt. Sie spielt viel kontinuierlicher mit den Kindern, auch langsamer, mit Wiederholungen, die kein Hochschaukeln der Gefühle kennen. Sie antwortet auf Gefühle in einem Rhythmus, der Stabilität ermöglicht. Häufig hat sie eher Angst vor einer Intensivierung der Gefühle.

Hör auf, es ist ja schon ganz rot im Gesicht! Das ist oft die Reaktion auf das Spielverhalten des Vaters, das viel motorischer ist. Er wirft das Kind in die Luft, fängt es wieder auf, dreht es, läßt es rotieren. Und das Kind lacht, lacht laut, und man hört schon die Mutter: Hör auf, seid nicht so wild, das Kind ist schon erschöpft! Aber dieses Kind lacht, es hat leuchtende Augen, es will mehr und immer mehr. Kann es verstehen, warum die Mutter dieses herrliche Spiel unterbricht, das der Vater gerade mit ihm spielt?

Diese »große Gefühlsschaukel«, die es mit dem Vater erlebt, wird die Mutter ihm in der Regel und gemessen an der langen Zeit des Zusammenseins nicht sehr oft bieten. Es muß den Vater ja auszeichnen in den Augen des Kindes, daß er in der kurzen Zeit, die er sich mit ihm beschäftigt, ihm das Erlebnis der Gefühlsschaukel bis zum Gefühlsorgasmus ermöglicht.

Keine Mutter muß befürchten, daß der sporadisch auftauchende Vater sie in der Liebe der Kinder dauerhaft übertrifft, obwohl sie nicht den großen Enthusiasmus zu spüren bekommt, den das seltenere Erscheinen des Vaters auslöst, weil es das Außergewöhnliche verspricht. In den meisten Ehen wird sie es sein, die als erste Bezugsperson des Kindes auch die engste Beziehung zu ihm hat. Mit Geduld und in vielen wiederholten Spielen lehrt sie die Kinder, ihre Umwelt zu begreifen. Übrigens hindert sie nichts, sich in die kleinen Sensationsspiele einzubringen, aber vielleicht überläßt sie die auch lieber dem Vater, der meist selbst so große Freude daran hat.

Was das Ohr erfährt

Von den Augen als den Empfängern von Signalen des Lichts und der Bewegungen war schon die Rede. Nicht minder wichtig ist vom ersten Tag an, was das Ohr empfängt. Wir gehen davon aus, daß der Mensch als angeborene Eigenschaft mitbringt, selektiv zu hören, das heißt, auch hier wie bei der Wahrnehmung von Bewegungen und erst recht bei ihrer Nachahmung funktioniert ein Auswahlprinzip. Im Nachahmen von Geräuschen ist dieses Auswahlsystem ganz deutlich erkennbar. Das Kind, auf das viele Arten von Geräuschen treffen, ahmt zunächst fast ausschließlich menschliche Geräusche, menschliche Stimmen nach. Es imitiert nicht das Gackern der Hühner vom Hühnerhof nebenan, und wenn es ein Stadtkind ist, dem die Hühner nichts gackern, auch nicht das Geräusch des Staubsaugers oder das Surren des Kühlschranks, sondern die Stimmen von Vater und Mutter. Das hat weder mit der Lautstärke noch mit der Häufigkeit von Geräuschen zu tun, sondern mit jenem angeborenen Auswahlsystem, das die Geräusche klassifiziert.

Ohren zu: … weil die Umwelt stört … Babys und kleine Kinder reagieren zuallererst auf Geräusche; auch im Schlaf werden sie registriert. Geräusche auszuschalten, hilft der inneren Konzentration.

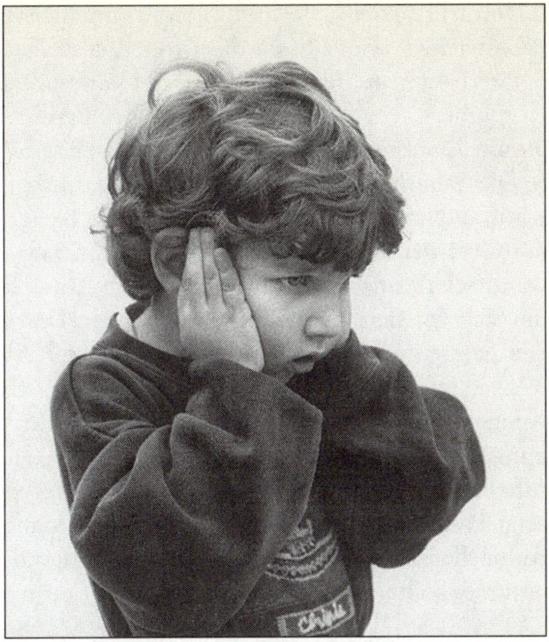

Natürlich wird das Kind irgendwann auch das Staubsaugergeräusch nachmachen, weil es sich die Dinge durch Nachahmung aneignet und dadurch zu begreifen versucht. Es ist seine einzige Möglichkeit, die Welt zu erfahren, wenn es durch Bewegung, Berührung und den Laut seiner Stimme die Erlebbarkeit der Dinge in sich selbst erweckt.

Die Stimmen seiner Eltern haben natürlich Signalwirkung für das Kind, und sie lösen Reaktionen aus. Ein Neugeborenes reagiert stärker auf Geräusche als auf Bewegungen. Man sagt, es käme von einer Verwandtschaft unserer Vorfahren mit den Affen, die auf Bäumen schlafen, um sich vor den Raubtieren zu schützen. Das Geräusch eines brechenden Astes, eines fallenden Körpers müßte ein Alarmsignal auslösen, den Körper in einen Zustand der Panik zu versetzen. Jedenfalls reagieren Neugeborene heftiger auf plötzliche und schrille Töne in ihrer Umgebung als auf Bewegungen von ähnlicher Vehemenz. Jeder heftige Ton ruft eine Greif- und Klammerbewegung hervor, das hektische Atmen zeigt Panik an. Eine ruhige Umgebung ist daher für das Baby wichtig. Ruhig heißt nicht still: Geräusche sind für die Ausbildung der Sinne nötig, es sollten nur nicht laute, plötzlich auftretende Töne sein.

Das Ja und das Nein

Das Kind reagiert von vornherein auf Stärke und Modulation von Klängen. Mit der Zeit verknüpft es Klänge mit Inhalten. Zustimmung oder Ablehnung, Lob oder Verbot erkennen Kinder im frühesten Alter am Klang, am stimmlichen und am mimischen Ausdruck des Erwachsenen. Es kommt also darauf an, ein Nein mit ernster Miene und in entschiedenem Tonfall auszusprechen. Versucht man, das Verbot durch ein Lächeln, einen sanften Tonfall zu mildern, wird das Kind nicht verstehen, daß es bestraft wird, weil es ein solches Nein nicht respektiert. Es muß dem Kind möglich gemacht werden, zwischen dem Ja, das ein Versprechen darstellt, und dem Nein der Ablehnung klar zu unterscheiden. Intonation, Tempo und Klang müssen mit der Aussage übereinstimmen, ob es sich um ein Verbot handelt oder ob ein Genuß in Aussicht gestellt wird.

Der Klang stimuliert die Erwartung des Kindes. Es versteht die Worte der Mutter nicht, wenn sie sagt: Jetzt spielen wir aber miteinander! Oder: Was meinst du, was jetzt passiert? Nur der Klang vermittelt die

Botschaft. Intonations- und Rhythmuswechsel in der Stimme der Mutter versprechen den Wechsel in der Aktion.

Mütter, die meinen, durch gleichmäßige Stimmführung ihr Kind zu schonen, begehen einen Irrtum. Die Differenzierungsfähigkeit des Kindes bleibt unentwickelt. Es fehlt die Einübung von Unterscheidungsmerkmalen. Gefühle werden unterschlagen. Eintönige bzw. langweilige Stimmen rufen Schwierigkeiten in der Kommunikation zwischen Eltern und Kindern hervor. Der lineare Ton weist nicht auf neue Ereignisse hin oder auf Entdeckungen, die zu machen wären.

Wir sehen also, daß weder ein Dauerlächeln noch die ständig sanfte Stimme eine positive Wirkung auf Kinder haben, denn statt sie zu stimulieren, wird ihre Entwicklung blockiert. Ein Kind will stimuliert werden, und es signalisiert sehr klar, wann es ihm zuviel wird. Es wird sich, wie schon gesagt, abwenden, wird zu husten oder zu blinzeln anfangen. Also keine Angst vor Stimulation und Intonationen. Das Wort besitzt einen Inhalt. Die Stimme ist die Welle, die dieses kleine Inhaltsboot trägt. Durch Modulation erzeugt die Stimme eine Stimmung. Und diese entspricht stets dem Gefühlsinhalt. Die Stimme wiederum kann die Bedeutung eines Wortes verändern. Das alles kann und sollte das Kind spielerisch erfahren.

Die Spielregeln des Kindes

Über den hohen erzieherischen Wert des Spielens sind sich heutzutage alle einig. Wir haben dabei allerdings darauf zu achten, daß ein Spiel niemals wichtiger genommen wird als das Kind. Unter den schönsten Spielzeugen, die sich bewegen lassen oder Geräusche machen, will das Kind Mittelpunkt bleiben. Wächst dem Spielzeug zuviel Bedeutung zu, besteht die Gefahr, daß der Erwachsene die Wünsche und den Rhythmus des Kindes vernachlässigt. Vielleicht wünscht sich das Kind ganz andere Spielregeln, als wir sie für angemessen halten. Der ehrgeizige Erwachsene läßt es einen Turm aus Bauklötzen errichten, aber das einzige Vergnügen des Kindes ist es, ihn umzuschmeißen. Das Kind will zum Beispiel etwas in die Hand nehmen, nur um es wegwerfen zu können.

Der Erwachsene soll sich nicht so sehr mit dem Gegenstand als mit dem Kind befassen. Geben wir ihm ein Objekt, soll es über sein Spiel damit entscheiden können. Denn nun stehen das Kind und seine Wün-

Die Nachahmung eines kindlichen Gefühlsausdrucks durch den Erwachsenen hilft dem Kind, seinen eigenen Ausdruck wahrzunehmen.

sche im Mittelpunkt. Kinder können sehr aggressiv reagieren, wenn sie gezwungen werden, ihr Spielzeug als Rivalen, als Konkurrenz zu betrachten. Sie werfen es weg, zertrümmern es, laufen weg, wollen nicht mehr mitspielen und schauen störrisch zu Boden. Ähnliches spielt sich beim Austausch von Gefühlen ab. Mütter sind oft ganz davon erfüllt, ihre Gefühle, ihre Zärtlichkeit, auch ihre Unersetzlichkeit zu demonstrieren; statt dessen sollten sie sich selbst zurücknehmen und ein waches Auge darauf haben, wie das Kind auf ihre Impulse reagiert, welche Wünsche es signalisiert. Darauf erwartet es wiederum Antwort. Das Spiel ist nur dann pädagogisch gelungen, wenn es aus Wechselseitigkeit entsteht.

Wiederum heißt es darauf zu achten, ob das Kind weitermachen, das Spiel fortsetzen will oder nicht. Zu den Signalen, die auf den Wunsch nach Beendigung des Spiels hinweisen, gehören außer dem Strecken des Arms mit nach vorn gerichteter Handfläche – ganz, als wollte das Baby sagen: Halt! Bis hierher und nicht weiter! – ein Schütteln des Kopfes und ein Erschlaffen der Gesichtsmuskulatur. Alles das bedeutet unmißverständlich: Ich will keinen Kontakt mehr!

Den Wunsch nach Beziehung signalisieren beim Säugling Sprechgeräusche, Lächeln, Suche nach Blickkontakt, Ausstrecken der Arme, Öffnen der Hände wie zum Greifen, Anheben des Köpfchens, Hochziehen der Augenbrauen.

Bewegliche Gesichter sind interessant, weil Bewegung und Wechsel zum einen auf der physischen Seite stattfinden und zum anderen ein verändertes Gefühl signalisieren. Das ist eine Erfahrung, die Kinder neugierig macht.

Wie weit kann das Kind auf das Geschehen Einfluß nehmen? Es versucht, mit seiner Hand die Beweglichkeit des Gesichts zu blockieren oder zu stimulieren. Damit ergibt sich ein Wechselspiel, das dem Kind Vergnügen und Erfahrung bringt, dem Großvater Genuß, denn das Kind beschäftigt sich mit ihm und nicht mit seinem Spielzeug.

Kleine Kinder, etwa bis zum Alter von drei bis vier Jahren, finden heraus, daß sie durch Zerstören mehr Wirkung erzielen als durch mühsames Aufbauen (zum Beispiel mit Bausteinen). Das Kind empfindet sein Tun aber keineswegs als destruktiv, sondern als seinen Beitrag zum Spiel: Du baust auf, ich werfe um. Du brauchst lange, bis bei dir etwas passiert. Mit einer einzigen Handbewegung erreiche ich viel. Deshalb wirke ich stärker und schneller auf meine Umwelt.

Im Gegensatz zu einer freudigen Spielaktion steht das Zerstören aus Unwillen. Zerstörung wird als Strafe empfunden. Der Vergleich der beiden Bilder oben und unten spricht für sich, und auch wenn man den Zerstörungsakt nicht akzeptieren kann, sollte der Erwachsene die Gefühle und Beweggründe des Kindes ernst nehmen und seine Gefühle sprechen lassen, ohne belehrend zu sein. Zerstörung ist häufig Ausdruck von Frustration, wenn andere Mittel nicht mehr oder nicht schnell genug wahrgenommen werden.

Die Mutter greift ein. Nun baut sie, und das Kind zieht sich zurück, weil ihm der aktive Impuls genommen wird. Der Ehrgeiz der Mutter wollte zu hoch hinaus.

Auf diese Zeichen sollten die Erwachsenen reagieren, und zwar in einer Weise, die unmißverständlich dem Verlangen des Kindes folgt. Niemand sollte Kinder in dieser frühen Phase stark zu lenken versuchen. Das liefe auf Herrschaft über ihre Person und Persönlichkeit hinaus, deren Entwicklung damit gestört, wenn nicht unterbunden wäre. Das Kind bedarf der Reaktion auf seine Wünsche. Nur indem es etwas verursacht, indem es Reaktionen auslöst, kann es lernen. Unsere unmittelbare Reaktion auf das, was das Kind tut, gibt ihm Sicherheit: Ich kann etwas verursachen! Die Welt reagiert auf mich!

Eltern können allzu begeistert sein von dem, was sie selbst ihrem Kind anbieten, was sie alles mit ihm machen. Sie übersehen dabei leicht, daß ihr Kind vielleicht etwas ganz anderes will, daß es eigene Wünsche signalisiert, die respektiert sein wollen.

Beim Spiel mit meinen Söhnen haben wir oft Burgen aus Bausteinen gebaut und verschiedenen Figuren bestimmte Rollen zugewiesen. Dabei hat eins der Kinder immer wieder die Spielregeln geändert und den Figuren neue Aufgaben zugeteilt. Es ging ihm nicht darum, einfach das Spiel mitzuspielen, sondern es selbst zu bestimmen. Das war sein Spiel, und es gab ihm das Erfolgserlebnis der eigenen Kompetenz.

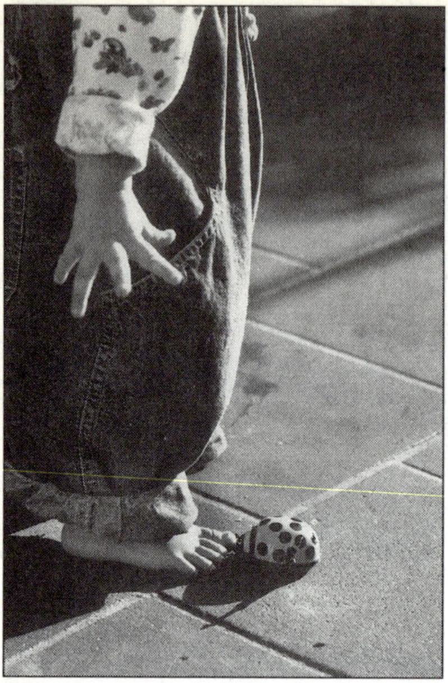

Das Spiel mit dem Käfer. Die gespreizte Hand sagt: Damit will ich nichts zu tun haben, auch wenn in derselben Bewegung Neugierde steckt. Die Spannung ist auch durch die mechanische Bewegung des Käfers verursacht, durch die er sich auf die Zehen hin bewegt.

Der Fuß wendet sich ab, die Hand zeigt Unsicherheit, aber: Schau, der Käfer geht weg! Die Unsicherheit der Handbewegung zeigt sich darin, daß der Arm fest am Körper bleibt, als ob er Schutz suchte. Nur der Zeigefinger zeigt auf den Käfer.

Ignorieren wir diese Zeichen unserer Kinder, so ignorieren wir die Kinder selbst, und wir hindern sie daran, eigene Erfahrungen zu machen. Diese aber dürfen wir dem Kind nicht nehmen und auch nicht ersparen, Gefühlsreaktionen miteingeschlossen. Elterlicher Gleichmut raubt dem Kind wichtige Erfahrungen. Ohne das große Hurra und die tiefen Niederlagen, die in den eigenen Reaktionen liegen können, verliert sich die Spannung, Langeweile kehrt ein.

Ich glaube nicht, daß wir uns hüten müssen, starke Zeichen unseres Gefühls, negativ wie positiv, zu geben, wenn es sich nicht um die schon erwähnten unproportionalen Ausbrüche von Zorn oder Wut handelt. Stört ein Kind seine Eltern bei ihrer Arbeit oder respektiert es zum Beispiel ihre Ruhezeiten nicht, bringt es trotz Verbot und Erklärung durch seine Aktivität sich und andere in Gefahr, so soll es durchaus auch die

Die Überwindung der Angst schafft Selbstvertrauen und schließlich Dominanz. Der Finger der linken Hand sagt: Dorthin sollst du gehen! Kinder erleben und verarbeiten das Tagesgeschehen durch ihr Spiel mit Puppen oder Figuren. Ihr Kompetenzgefühl wird gestärkt, weil sie das Sagen haben und über ihr Spielzeug bestimmen können.

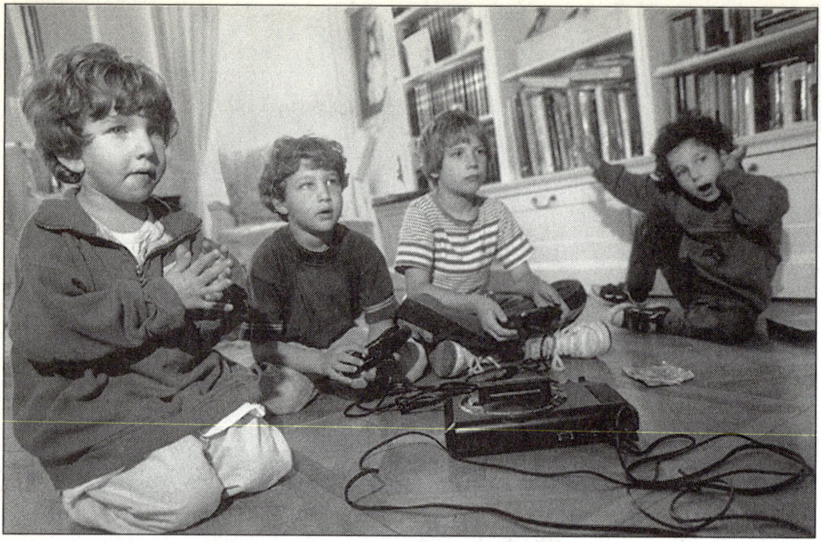

Zusammengehaltene Hände drücken Erwartung oder Bitten aus: Gefühl und Ratio stehen in Verbindung, in der Hoffnung, daß es »klappt«.

emotionale Reaktion der Eltern erfahren. Es soll lernen, daß Reaktionen, die es hervorruft, auch an Stimmungen gebunden sind.

Abwendung ist Liebesentzug

Die Bewegung des Abwendens ist eine uns angeborene Reaktion.

Im frühesten Alter »strafen« Kinder ihre Mutter damit, wenn sie vielleicht auf ein Verlangen hin nicht gleich reagiert oder einen Tag abwesend war. Das Kind wendet den Kopf ab, zeigt der Mutter sozusagen die kalte Schulter, als wollte es sagen: Mit dir will ich keinen Kontakt!

Natürlich empfindet das Kind auch die sich abwendende Bewegung der Mutter als Strafe und ist besonders verstört, wenn es den Grund dafür nicht begreifen kann. Wir dürfen unsere Beweggründe und Motive nicht auf Kinder übertragen. Denn unsere Beziehungen zu unserer Umwelt sind ganz anders als die der Kinder, die diese Welt erst noch erfahren müssen.

Ein sich Abwenden von einem Menschen wird in allen Kulturen und quer durch alle sozialen Strukturen als Drohgebärde und Strafaktion aufgefaßt. Unter Heranwachsenden wendet sich die Gruppe ganz deutlich von dem ab, der nicht tut, was die Gruppe verlangt oder erwartet, der anders ist als die Allgemeinheit oder der sich ihren Regeln nicht unterwerfen will. Bei Erwachsenen ist es leider nicht anders. Wer in einer Sitzung bewußt unbeachtet bleibt, empfängt damit ein Drohsignal: Änderst du dein Verhalten nicht, wird dich die Gruppe ganz ausschließen.

Gefühle kommen, Gefühle gehen

Lernt das Kind frühzeitig etwas über den Fluß der Gefühle und ihren Wechsel, wird es auch keine Angst vor Gefühlen entwickeln.

Viele Menschen, die sich vor Gefühlen fürchten, sich von ihnen bedroht fühlen, nehmen diesen Gefühlsfluß nicht wahr oder weigern sich, ihn überhaupt anzuerkennen. Deshalb verkrampfen sie sich, halten an einem Gefühl fest, sind »böse« mit einem anderen und lassen nicht davon ab. Jedes festgehaltene Gefühl aber wird seinerseits bedrohlich, Gefühle sind wie Schwingungen, wie Wellen. Sind sie hervorgetreten, haben sie ihren Ausdruck gefunden, müssen sie den Platz räumen für ein ihnen folgendes Gefühl, eine neue Welle.

Meine Liebe ist unabhängig von dem, was du tust. Sie ist wie ein Fels in der Brandung – unabhängig von den Wellen, die ihn einmal streicheln und dann wieder hart an ihn schlagen. Im Austausch mit einem Kind dürfen Erwachsene durchaus eigene Standpunkte deutlich machen, andere als solche, die den Erwartungen des Kindes entsprechen. Allerdings sollte das Kind dabei nie den Eindruck haben, daß seine Wünsche und damit es selbst gar nicht wahrgenommen werden. Es gibt eine schlimme Form des Liebesentzugs gegenüber Kindern – sie wird zwar erst bei Heranwachsenden praktiziert –, bei der das Kind vorübergehend ignoriert wird. Geh auf dein Zimmer, heißt es dann, und komm erst dann zurück, wenn du wieder ein Mensch bist! Sein Protest und seine Argumente werden nicht beachtet. Aggressionen oder Frustrationen sind unvermeidlich die Folge. Es geht aber nicht darum, ob Wünsche erfüllt werden oder nicht, sondern darum, ob Wünsche wahrgenommen und beantwortet werden.

Ich will ein Beispiel erzählen. Als mein ältester Sohn noch ein kleines Kind war, wollte er einmal Blumen aus einem Blumentopf reißen. Ich sagte ganz ernst nein und gab ihm einen Klaps auf die Finger. Weh getan

Das darfst du nicht tun! Laß die Blumen in Ruhe!

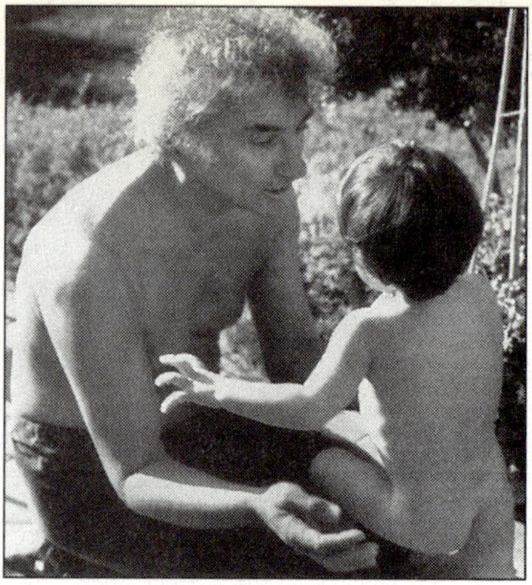

Mein Sohn kommt aus eigenem Antrieb in meine Arme, weil er sich vergewissern will, ob er trotz des Verbots und der Strafe noch geliebt wird. Er versucht, für sich zu klären, ob ich ihn in seiner Ganzheit bestrafte, oder ob es wirklich nur um einen bestimmten Tatbestand ging.

habe ich ihm dabei nicht, aber für ihn war es ein deutlich negatives Signal. Er zog seine Hand zurück, schaute mich an und streckte mir seine Arme entgegen, um auszuprobieren, ob ich ihn umarmen würde. Ich habe ihn selbstverständlich sogleich in die Arme genommen, um ihm zu zeigen: Ich liebe dich. Meine Liebe ist nicht von dem abhängig, was du tust!

Denn es liegt schon eine Gefahr darin, daß wir unsere Kinder nur lieben, wenn sie tun, was wir wollen. Machen sie, was sie wollen, sind es plötzlich schlechte Kinder, die man nicht lieben kann. Wir versuchen das Kind zu domestizieren, so daß es für uns möglichst bequem zu dirigieren ist. Muß sich das Kind dann nicht fragen: Werde ich geliebt oder mein gutes Betragen? Liebt man mich oder meinen Fleiß, meine Ordnungsliebe und Sauberkeit? Was geschieht, wenn ich mich schmutzig mache? Werde ich trotzdem noch geliebt?

Ich halte es für sehr wichtig, dem Kind zu zeigen, daß es geliebt wird, und zwar unter allen Umständen, gleichgültig, was es tut.

In meinem Beispiel hatte mein kleiner Sohn nach meiner negativen Reaktion prüfen wollen, was passierte, wenn er nun die Arme nach mir ausstreckte. Und ich habe ihn in meine Arme genommen. Froh und si-

Überzogene Vorwürfe: Der Sohn hat eine Computerkassette zerbrochen, der Vater will ihn zwingen, es zuzugeben. Die linke Hand hängt herunter und zeigt den Unmut sowie den Wunsch des Kleinen, gar nicht beteiligt zu sein. Also versteckt er sich (unten).

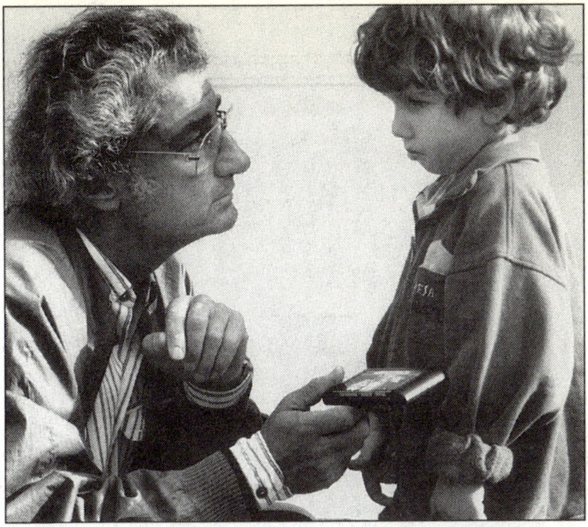

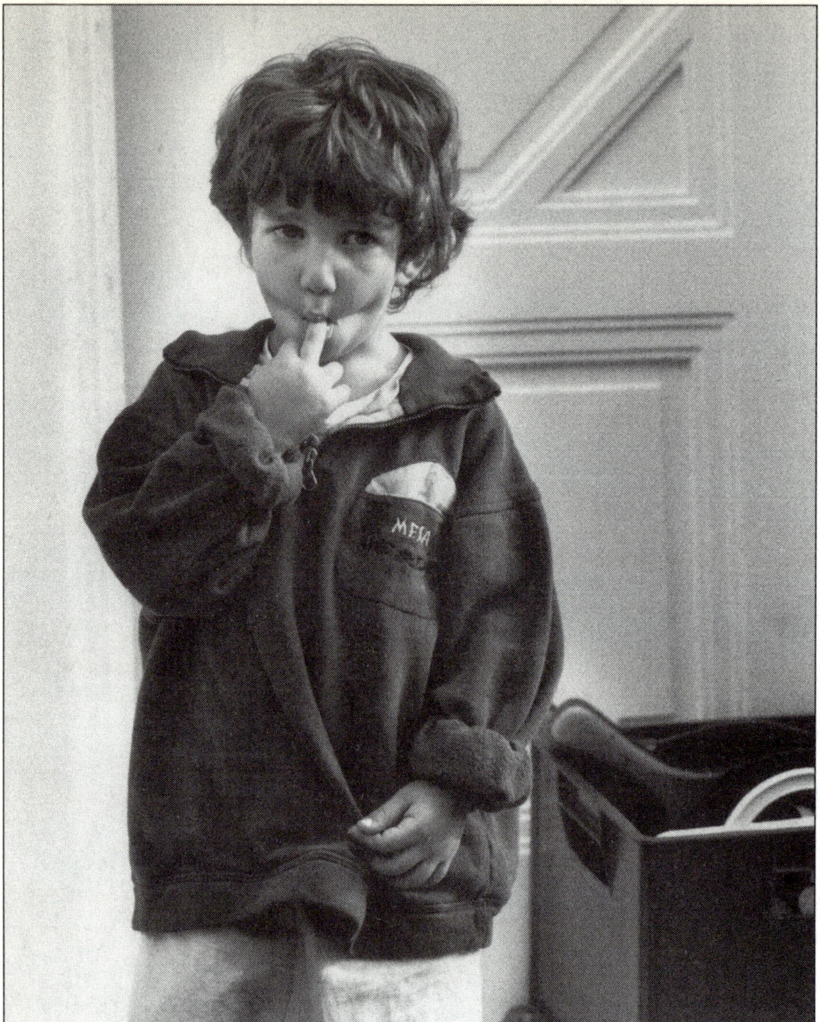

Er steckt den Finger in den Mund, um sich zu beruhigen. Der Saugimpuls verstärkt sich zu einem wahren Appell: Hilf mir! Der Ausdruck entsteht durch das konsequent einseitige Saugen, das den Impuls des Gebenwollens durch Ausatmen verhindert. Eine verzweifelte Situation für das Kind, das sich so vor den Vorwürfen zu verteidigen sucht. Es ist durch solches Blockieren aber nicht mehr aufnahme- oder aktionsfähig. Statt sich aktiv aus der Affäre zu ziehen, verstärkt es vielmehr die verzweifelte Situation. Das Saugen am Mittelfinger deutet auf das Bedürfnis, sich selbst zu gestalten. Die Linke, die Gefühlshand, hängt schlaff herunter, die Finger gehen zu den Genitalien und versuchen dadurch, Beruhigung zu bringen.

Als der Vater insistiert, kommt der zweite Finger dazu.

cher, daß er meine Liebe nicht aufs Spiel setzte, wandte er sich wieder den Blumen zu. Ich wiederholte meine Signale: das Nein, das ernste Gesicht, den kleinen Schlag auf die Finger. Natürlich soll dieser Schlag nicht weh tun; das Signal muß nur unmißverständlich ausdrücken: Nein, das sollst du nicht tun! Wieder zog er die Hand zurück, wieder sah er mich an und streckte mir die Arme entgegen, und wieder nahm ich ihn in die Arme. Das Spiel wiederholte sich ein paarmal, bis das Kind zu begreifen begann, daß meine negative Reaktion an eine bestimmte Aktion seinerseits gebunden war, mit ihm als Person, als Ganzes, jedoch nichts zu tun hatte, sondern nur mit dem, was er gerade tat. Sobald er sich einer anderen, »erlaubten« Sache zuwandte, erhielt er ein positives Feedback, griff er jedoch wieder nach den Blumen, folgte das negative.

Jedes Kind muß unterscheiden lernen zwischen den Aktionen, die positive Reaktionen hervorrufen, und solchen, auf die negative folgen. Wichtig scheint mir jedoch, daß es nicht bei jeder negativen Reaktion,

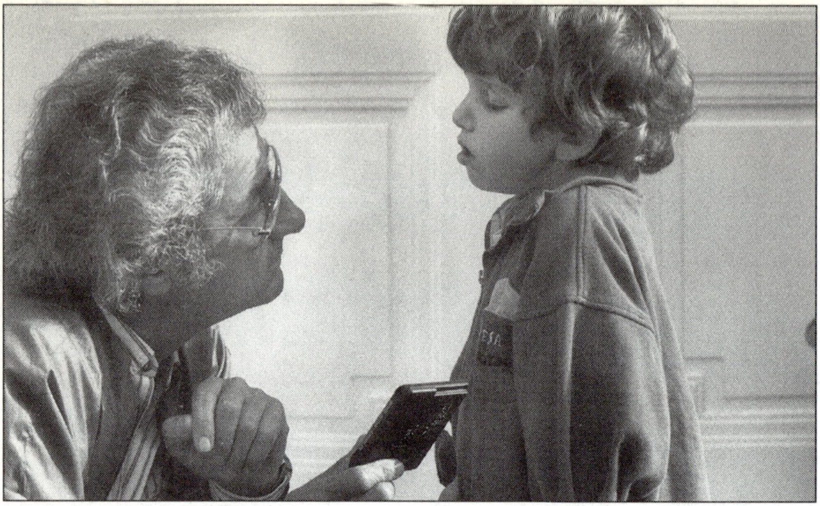

Das Kind wird zwischen dem Ja des Zugebens und dem Nein der Weigerung hin und her gerissen. Das ist der Auslöser für die fast asthmatischen Atembeschwerden. Die linke Schulter ist hochgezogen – ein Versuch, sich zu verteidigen. Der Kopf ist zurückgeneigt – ein Zeichen für den Fluchtwillen, aber das Kind bleibt stehen, weil es das so gelernt hat.

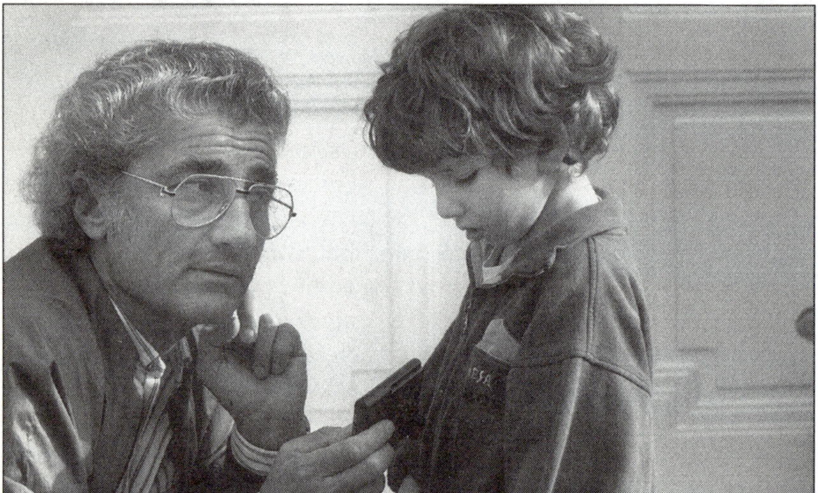

Der Vater will nur das Ja hören – zu lange schon. Beim Sohn zeigt sich trotz der harten Auseinandersetzung eine leichte Entspannung. Sie wird dadurch unterstützt, daß sich der Vater auf der gleichen Ebene mit dem Kind befindet, was den Ausdruck seiner Autorität nicht mindert, aber weniger bedrohlich wirken läßt.

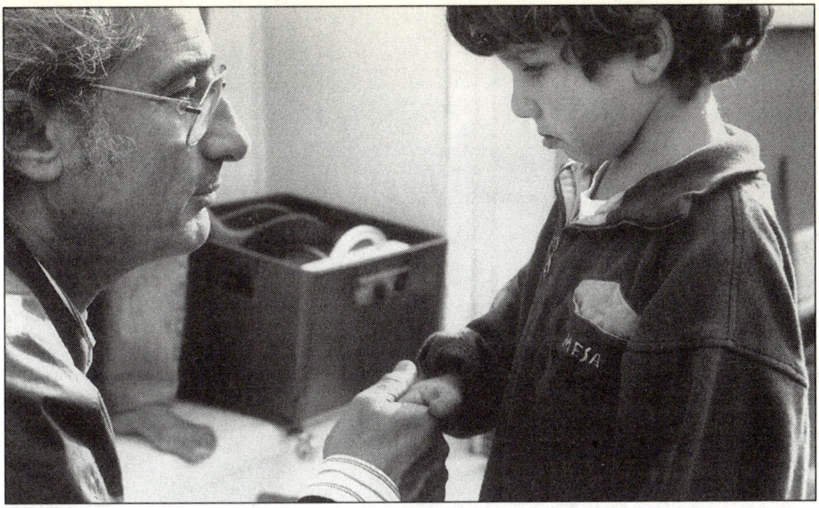

Der Sohn hat es schließlich zugegeben. Der Vater versucht, eine Versöhnung herbeizuführen. Mit gemischten Gefühlen reagiert das Kind. Es läßt sich vom Vater küssen, während die Arme am Körper bleiben. Es schaut den Vater nicht unmittelbar an: eine halbherzige Versöhnung mit einer halb schlaffen Hand.

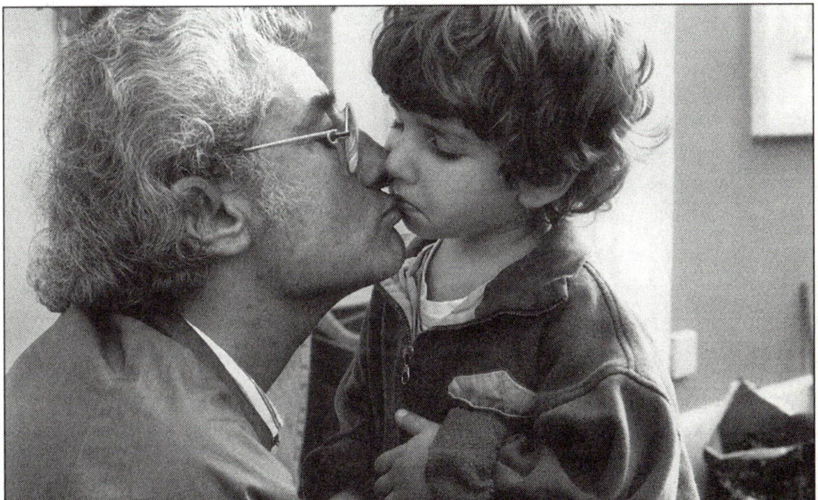

Auch der Kuß hilft dem erzwungenen Friedensakt wenig. Die zusammengepreßten Lippen des Kindes zeigen es deutlich an.

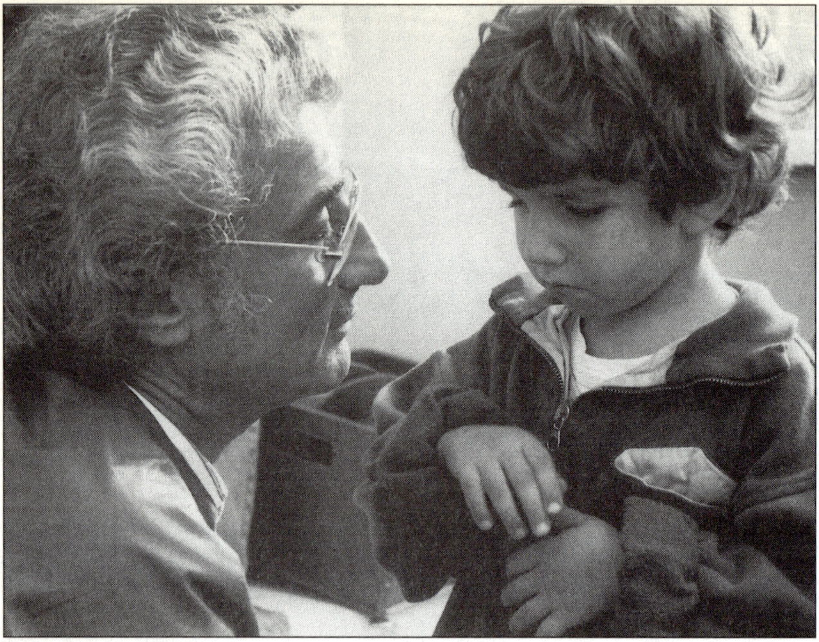

Die wegschiebende Hand sagt: Jetzt hast du, was du wolltest, laß mich endlich allein. Ich will keinen Blickkontakt mit dir!

die es erfährt, seine ganze Persönlichkeit in die Waagschale geworfen sieht. Statt dessen sollte es wissen, daß es immer geliebt wird und nur für die falsche Aktion ein negatives Feedback erhält.

Dieses Gefühl und dieses Wissen dürfen auch später nicht aufs Spiel gesetzt werden. Denn häufig verliert ein Kind, etwa durch schlechte Schulnoten, seinen Status in der Familie. Das darf nicht sein. Der Platz in der Familie, das muß das Kind wissen, ist immer gesichert, unabhängig davon, was es richtig oder falsch, gut oder schlecht macht.

Frühkindliche Bewegungen als Ausdruck von Körpersprache in der Zusammenfassung

Vorauszuschicken ist hier noch einmal, daß sich der körpersprachliche Ausdruck je nach dem Entwicklungsstadium des Kindes erweitert. Ob das Kind noch liegt, bereits sitzt, krabbelt oder stehen und gehen kann, spielt natürlich eine große Rolle.

Kopf und Gesicht

Die Augen und ihre Bewegungen verraten viel über den Zustand des Babys. Klare Augen, bewegliche Augenbrauen, Augen, die in der Bewegung auf Objekte reagieren, Blicke, denen die Kopfbewegung folgt, weisen auf ein kontaktfreudiges, aufgewecktes Kind. Trübe Augen, ein in sich gekehrter Blick, Reaktionsschwäche lassen auf Kontaktarmut, ein Gefühl von Unwohlsein oder auf Langeweile schließen. Vielleicht hat das Kind schon resigniert, weil es zuwenig Reiz und Respons erhalten hat und damit der Wunsch nach Kommunikation verlorengegangen ist.

Bilder der Resignation: die schlaffen, herunterhängenden Hände des schwarzen Mädchens sprechen von Aufgeben. Das blonde Mädchen schiebt die Herausforderung weg.

Das Anheben des Kopfes sowie die Bewegung, mit der der Kopf den Augen folgt, kann als ein deutliches Signal des Interesses, des Wunsches, die Dinge und die Welt zu entdecken, verstanden werden. Die Beweglichkeit von Kopf und Nacken ist ein wichtiges Zeichen von Wachheit

Ab- und Zuwendung des Kopfes bezeichnet den Wunsch nach einer Pause, nach Beendigung eines Spiels, nach Kontaktunterbrechung oder -wiederaufnahme.

Sinkt der Kopf auf die Brust, ist das Interesse erloschen; häufig ist es einfach ein Zeichen von Müdigkeit.

Wird der Kopf dagegen hochgereckt, heißt das: Hallo, hier bin ich! Wer spielt mit mir?

Natürlich läßt sich sehr gut feststellen, welcher Gegenstand gerade das Interesse des Kindes weckt, wenn man der Bewegung von Kopf und Augen folgt.

Hände und Füße

Betrachtet das Kind die eigene Hand, läßt dies darauf schließen, daß es lernt, sich mit sich selbst zu beschäftigen. Die Erfahrung setzt ein, daß Bewegungen zu etwas führen, daß sie effektiv genutzt werden können. Die Fähigkeit zu synchronisieren beginnt sich zu entwickeln, das heißt, es gibt zielgerichtete Bewegungen.

Das Ausstrecken der Hand nach einer Person oder nach einem Gegenstand drückt unverkennbar den Wunsch nach Interaktion, nach Kommunikation aus. Und das wiederum heißt übersetzt: Ich zeige auf etwas, damit du mein Interesse daran mit mir teilst. Die zur Faust geballte Hand deutet beim Erwachsenen auf Zorn, auf Kampfbereitschaft hin, und genauso ist es auch beim Baby. Die Wut oder das Gefühl des Unbehagens können gegen die Welt, aber genauso auf den eigenen Körper gerichtet sein. Blähungen, Verstopfung, Nässe und Kälte sind oft Ursache dafür, die Hand zur Faust zu ballen.

Zu unterscheiden ist die »geballte Faust« von der in einer Greifbewegung zupackenden Hand. Die Greifbewegung ist nie von langer Dauer, sondern in einen dynamischen Prozeß eingebunden, ganz im Gegensatz zur geballten Faust.

Eine schlaffe, vom Handgelenk herabhängende Hand, wie man sie häufig bei Kindern im Alter bis zu zwei/drei Jahren (gelegentlich auch später noch) sieht, sagt deutlich: Ich möchte nicht handeln, ich möchte nicht spielen, ich bin an einer Interaktion mit meiner Umwelt nicht interessiert. Dahinter steckt regelmäßig ein Kummer, ein Unbehagen, eine Unzufriedenheit, aber auch Übermüdung und das Bedürfnis nach Ruhe.

Hängen die Arme unbewegt am Körper herab, müssen wir auch dies als ein Zeichen von Müdigkeit betrachten, der Schlaf kündigt sich an.

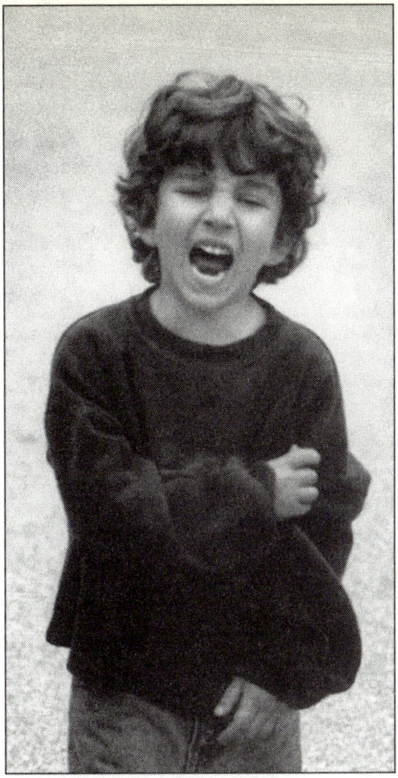

Der linke Arm schmerzt, die Hand hängt wie gelähmt herab, häufig eine natürliche Schonbewegung. Kinder machen es oft wie die Tiere. Sie versuchen, dem verletzten Körperteil durch Stillhalten Schutz zu bieten.

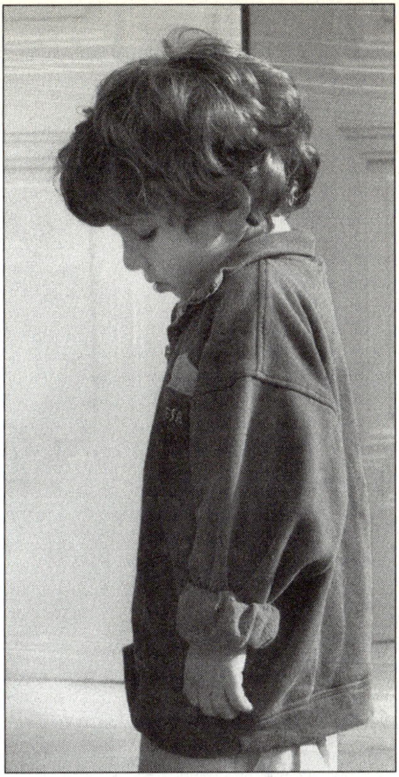

Körperlicher und seelischer Schmerz erzeugen dieselben Symptome. Die linke, die Gefühlshand, hängt lasch herab, auf unserem Bild in eine zusätzliche Rotation gebracht, die den Handrücken nach vorn zwingt. Eine solch totale Abschirmung weist auf den seelischen Konflikt des Kindes hin.

Stößt ein Baby mit den Füßen, weist diese Bewegung auf eine Störung im unteren Körperbereich hin, Leibschmerzen können die Ursache sein. Die Bewegung richtet sich gegen den Schmerz oder den Druck von innen, das Kind versucht, die Beeinträchtigung wegzustoßen.

Bewegt das Kind die Hände zu seinem Gesicht hin, deutet dies oft auf Hunger. Gehen die Hände vom Körper weg, wird der Wunsch nach sozialer Interaktion ausgedrückt.

Vom Sitzen, Krabbeln und Aufrechtgehen oder: Die Kinder wachsen heran

In der Sitzphase hat das Kind vermehrten Kontakt zu seiner Umgebung und verlangt immer mehr danach. In diesem Stadium des Sitzens beginnt es auch, feste Nahrung zu sich zu nehmen; seine ersten Zähne stellen sich ein. Es sitzt und sieht die Welt aus einem neuen Blickwinkel. Es ist in der Lage, seinen Körper zu drehen, seinen Hals zu bewegen und um sich zu schauen. Seine Hände werden für häufigere Greifbewegungen frei. Mehr und abwechslungsreichere, interessantere Spiele werden möglich und nötig.

Der stärkere Übergang ist der zum Krabbeln. Das Kind kann sich nun selbst in verschiedene Richtungen bewegen. Es kann entfernte Gegenstände erreichen, kann seine Neugier auf nunmehr vervielfachte Weise befriedigen, ist nicht mehr darauf angewiesen, zu den Dingen getragen zu werden, es kann sie häufig selbst erreichen. Die Entdeckerfreude nimmt zu.

Es ist aufschlußreich, Kinder in dieser Lebensphase zu beobachten, wie sie auf allen vieren eine Pendelbewegung vollziehen, sich in Schultern und Hüftgelenken wiegen. Dabei handelt es sich um eine Stärkung der Bauch- und Rückenmuskulatur und damit um eine Vorbereitung auf das spätere Aufrechtgehen. Eine wichtige Vorübung ist das, denn Bauch und Rückenmuskulatur haben später das Gewicht von Brustkorb, Armen, Händen und Kopf zu tragen – also keine leichte Last.

Ein Kind, das sich bereits auf allen vieren bewegen kann, nimmt starken Anteil an den Interaktionen seiner Umgebung. Hat ein Kind schließlich gelernt, aufrecht zu stehen und zu gehen, bekommt die Beziehung zur Mutter, aber auch zum Vater und weiteren Familienmitgliedern eine neue Qualität. Das Kind kann sich selbständig entfernen, aber auch auf seine Bezugsperson zukommen. Es ist nicht mehr nur auf Signale wie Weinen, Strampeln oder ähnliches angewiesen, um die Mutter herbeizurufen. Die neue Möglichkeit des Hin und Her, zur Mutter hin, weg von ihr, verlangt natürlich Einübung.

Entfernung auf Blickweite

Wir können beobachten, wie Kinder in der ersten Zeit ihrer neugewonnenen Selbständigkeit Blickkontakt mit der Mutter halten, während sie sich von ihr entfernen. Das Kind, so könnte man sagen, kokettiert mit der Möglichkeit wegzugehen. Es rennt davon und schaut sich zugleich nach seiner Mutter um. Erwidert sie seinen Blick, fühlt es sich sicher: Wenn ihm etwas zustoßen sollte, wird sie ihm beistehen. Das Kind vergrößert seinen Spielraum und damit die Distanz von der Mutter und will auch herausfinden: Wie weit darf ich gehen?

Wie weit darf ich gehen? Das ist eine provokative Frage, mit der die Entdeckungsfreude der Kinder einhergeht. Mit der Entfernung von der Mutter beginnt es. Und wann kommt der Moment, in dem das Kind es wagt, den Augenkontakt mit der Mutter aufzugeben? Für das Kind der Beweis einer größeren Selbständigkeit. Im Alter von vier bis fünf Jahren entsteht dann der Wunsch, außerhalb des Elternhauses, bei einem Freund, einer Freundin zu schlafen, als wollte das Kind sich beweisen: Ich komme auch ohne euch zurecht. Beim ersten Versuch endet der Ausflug oft mit Tränen, und zwar mitten in der Nacht. Ich will nach Hause! Ich will zu meiner Mutti! Die gastbietende Mutter hat sich nun als Ersatzmutter zu beweisen.

Wieviel Spielraum wird mir gelassen? Das Versteckspielen gehört in diesen Zusammenhang. Je länger ich mich in der Gewißheit verstecken kann, daß ich nachher die Mutter wiederfinde oder meinen Rückweg, um so stärker wird mein Kompetenzgefühl: Ich schaffe es auch allein!

Der Blickkontakt zur Mutter hatte die Funktion, die physische Distanz zu überbrücken.

Für viele Mütter ist diese Phase in der Entwicklung des Kindes mit der Besorgnis verbunden, daß ihr Kind sich zum erstenmal von ihnen löst. Es ist nicht mehr vollständig abhängig von der Mutter, es rennt ihr

Ich erkenne die Welt durch den anderen. Da ist sein Ohr. Ich kann es berühren und kann es festhalten (unten).

davon, schlimmer noch, es rennt vor ihr davon! Mütter und auch Väter, die stets davon ausgehen, die wichtigste Person im Leben ihres Kindes zu sein, und glauben, ohne sie gehe gar nichts, geraten nun leicht in Panik. Mütter meinen oft, nun ihre Fürsorge verdoppeln zu müssen, weil ihre Verantwortung gewachsen sei. In den meisten Fällen geht es nur um die Wichtigkeit der eigenen Person.

Oft, wenn ich mit meinen Kindern durch unsere Fußgängerzone gehe, die Kinder toben und rennen und eines von ihnen hinfällt, dann schaut es erst einmal nach meiner Reaktion auf seinen Sturz. Lacht der Erwachsene, dann lacht es mit, erschrickt der Erwachsene, ist es auch erschrocken und beginnt zu weinen, weil es das für die erwartete Reaktion hält und glaubt, nur damit die Sympathie des anderen zu erringen. Und bei den Erwachsenen verstärkt es das Gefühl: Ich werde gebraucht! Ich bin wichtig! Meist fordere ich den Kleinen mit einem Lachen auf, selbst wieder aufzustehen. Sofort sind mehrere hilfreiche Hände da, die das

Ich erkenne die Welt: Alles, was funkelt, zieht meine Aufmerksamkeit an ... Kinder sind stets auf einer Entdeckungsreise, ihre natürliche Neugier treibt sie, die Dinge zu erforschen. Das sollte unterstützt werden, entmündigende Verbote blockieren die Neugier.

Kind aufheben wollen, und ich ernte böse Blicke, wenn ich sage, bitte lassen Sie es. Es ist gefallen, es muß auch allein wieder aufstehen.

Wenn wir uns nicht dazu zwingen, die Kinder wieder und wieder ihre Probleme selbst lösen zu lassen oder es wenigstens zu versuchen und allzu häufig eingreifen, erklären wir sie für unfähig und inkompetent. Was wir erzeugen, sind Minderwertigkeitsgefühle. Selbstverständlich braucht das Kind unseren Schutz und unsere Hilfe, aber je mehr Freiheit wir dem Kind geben, seine Umwelt zu erforschen und zu bewältigen, desto mehr Selbstsicherheit erwirbt es.

Jungen und Mädchen wählen unterschiedliche Distanzen für ihre ersten »Alleingänge«. Jungen wagen sich im Prinzip weiter von der Mutter weg als Mädchen. Das ist eine allgemeine Erfahrung, die sich allerdings nicht auf Meter und Zentimeter oder auf Wochen und Monate festlegen läßt. Vielleicht hängt dieses Phänomen mit einer Kulturerscheinung zusammen, die sich bei Naturvölkern noch beobachten läßt: Die Tätigkeit der Frauen besteht hauptsächlich im Sammeln, und das vollzieht sich rund um ihr Dorf, während die Männer auf der Jagd weite Entfernungen zurücklegen müssen, oft über mehrere Tage fortbleiben, bis das Jagdglück sich einstellt. Dann erst kehren sie ins Dorf zurück. Solche archaischen Funktionen sind in Jungen und Mädchen angelegt. Jungen sind in der Regel kämpferischer, ja aggressiver in ihrer Anlage als Mädchen. Die biologischen Impulse wollen es so. Vergessen wir nicht, daß beide Geschlechter immer auch beide Hormone in sich tragen, der Mann weibliche, die Frau männliche. Bei Kindern drückt sich dies stets aus. Manches kleine Mädchen, das in verstärktem Maß männliche Hormone besitzt, zeigt ein Verhalten wie ein Junge. Dasselbe gilt natürlich im umgekehrten Fall.

Die frühkulturelle Vorprägung

Das heißt aber nicht, daß damit ein Unterschied in den Fähigkeiten der Geschlechter festgeschrieben ist: Frauen für die häusliche Tätigkeit, Männer für die Jagd! In der modernen Gesellschaft kann dies längst nicht mehr gelten. Es gibt Beispiele genug, daß Frauen auf jedem Gebiet erfolgreich sein können. Biologisch begründete Voraussetzungen bleiben davon jedoch unberührt.

Übrigens gab es in den frühen Kulturen durchaus soziale Anerkennung für die Arbeit der Frauen. Ernährungsgrundlage war, was Frauen sammelten, und sozialen Status verlieh die vor dem Haus aufgehäufte Ernte, die zugleich als schöner Besitznachweis galt. Kamen aber die Männer von der Jagd zurück, wurde dieses Ereignis in einem ganz anderen Ausmaß gefeiert als das Sammelergebnis der Frauen: Das Erfolgserlebnis wurde ritualisiert und von starkem Imponiergehabe begleitet. Das ganze Dorf versammelte sich, um die Jäger zu feiern und ihre abenteuerlichen Geschichten zu hören – und genau das war es, was den Mann zu hierarchischer Dominanz erhob. Die Kulturgeschichte zeigt es: Frauen streben nach Ansehen, Männer nach Dominanz. Nun war aber die Beute der Jagd weit schneller verzehrt als die Sammelernte der Frauen. Auch das getrocknete Fleisch reichte bei weitem nicht so lange aus wie das gesammelte Gut. Die soziale Bedeutung der Frauen war schon bei den Naturvölkern nicht geringer als die der Männer. Wie es mit dem sozialen Ansehen stand und steht, ist eine andere Frage.

Erwünschte und unerwünschte Hilfestellungen

Auf ihren frühen Entdeckungsreisen, das gilt für Jungen genauso wie für Mädchen, brauchen unsere Kinder die schützende Aufmerksamkeit der Eltern. Das Kind will natürlich auch die Sicherheit und den Schutz, die von der Mutter ausgehen, stets von neuem erfahren. Aber als Eltern müssen wir unsere Ängstlichkeit auch zügeln können und dem Kind die Möglichkeit eigener Erfahrungen zugestehen. Wenn es nicht stolpert, wenn es nicht geschoben oder gestoßen wird, geschieht selten etwas. Natürlich kann das Kind hinfallen, und fällt es auf eine Kante oder einen harten Boden, kann es sich verletzen. Deshalb sollten wir immer ein Auge darauf haben, wo ein Kind spielt, und gefährliche Gegenstände vorher wegräumen, das Kind dann aber allein spielen lassen.

Die Erfahrung mit meinen vier Söhnen zeigt mir, daß die Kinder zwar herauszufinden versuchen, wie weit sie sich vorwagen können – wir haben Sprossenwände im Haus und im Garten ein drei Meter hoch angebrachtes Baumhaus, zu dem eine Leiter führt –, daß aber in einer bestimmten Höhe eine natürliche innere Alarmanlage anspringt. Das Kind bleibt stehen, es schaut nach oben, nach unten und schätzt ab, ob es noch weiter hinaufklettern soll oder nicht. Höchst selten überschreitet ein Kind diese natürliche Alarmschwelle. Fast immer bleibt es stehen, steigt wieder herab – vielleicht erobert es beim nächstenmal eine Stufe mehr. Darum sage ich, wenn es nicht stolpert oder geschoben wird, verletzt sich ein Kind kaum. Wichtig dagegen scheint mir zu sein, daß es die Alarmanlage in seinem Organismus entdecken lernt.

Ich habe oft beobachten können, wie bei meinen Söhnen der kleine Bruder dem größeren etwas nachmachen wollte. Er kletterte zum Beispiel an der Sprossenwand genauso hoch wie er, wagte jedoch nicht den Sprung aus gleicher Höhe. Wenn er jetzt nicht von Erwachsenen ermuntert wird zu springen, wird er eine Weile oben bleiben, um einen Ausweg zu suchen, der ihm zugleich erlaubt, sein Gesicht zu wahren. Er klettert ein paar Stangen weit hinunter und springt aus einer ihm adäquaten Höhe. Bekommt er daraufhin eine Erfolgsrückmeldung, wird er sich auch zukünftig auf das verlassen, was er kann und was seine innere Stimme ihm sagt.

... Sand zwischen den Zehen; obwohl leider ein wenig verkümmert, sind sie ein sensibles Wahrnehmungsorgan. Es gibt viele Möglichkeiten, Erfahrungen mit seinen Zehen zu machen, Objekte aufzuheben, ohne die Hände zu benutzen, Zeitungen oder Papier zu zerreißen. Das alles hilft dem Kind, die Möglichkeiten seines Körpers zu erkunden.

Stürzen Vater oder Mutter zu schnell herbei, um ihr Kind zu »retten«, ob von der Sprossenwand oder der Wendeltreppe, die es hochgestiegen ist, erfährt das Kind nie von dem Alarmsystem in seinem Innern, denn bevor sich dieses einschalten kann, haben die Erwachsenen schon eingegriffen. So gutgemeint die schnelle Hilfe sein mag, dem Kind wird damit stets von neuem eingeprägt: Du bist hilflos, du bist inkompetent, du brauchst mich, weil du selbst unfähig bist, dir zu helfen. Wie soll ein Kind Selbstvertrauen entwickeln, wenn es ständig erlebt: Du kannst nichts ohne meine Hilfe? Das Kind hat keine Chance, die eigenen Fähigkeiten und den Fortschritt seiner Erfahrung unter Beweis zu stellen.

Dabei ist es so wichtig für die ganze weitere Entwicklung, daß ein Kind Gelegenheit bekommt, seine Grenzen, die Grenzen seines Könnens und seiner Kräfte auszuloten. Das Kind muß die Grenzsituation provozieren, damit es seine Grenzen wie seine Möglichkeiten kennenlernt, schließlich auch, um Grenzen zu überwinden.

Schutz und Besitzergreifen in einem: Die rechte Hand schützt die Puppe, die linke hält sie unbeweglich fest.

Der Vater gibt seinem Sohn Schutz, ohne ihn zu fesseln.

Auch mir ist oft das Herz stehengeblieben, wenn meine Kinder gerade ihre Grenzen suchten, und natürlich habe ich mit ihnen geübt, wie man Treppen und Leitern hinauf- und hinunterkommt, ich habe sie bei ihren Kletterversuchen die Leiter zum Baumhaus hinauf begleitet, aber dann habe ich sie allein herumsteigen lassen.

Klettert ein Kind die Leiter zum Baumhaus hinauf, macht das Hinaufklettern weniger Schwierigkeiten als das Herunterkommen. Das Kind erkennt beim Hinabklettern den Winkel, in dem die nächsttiefere Sprosse zu ihm steht, noch nicht sofort, und sein Füßchen verfehlt sie oft. Nun braucht das Kind Hilfe, und es fordert sie auf der Stelle durch

Zur Bewältigung der Welt gehört Kompetenzerfahrung. Aus dieser geringen Höhe könnte das Kind auch ohne Hilfe springen. Die ungebetene Hilfe des Erwachsenen gleicht einer Entmündigung.

sein Weinen. Unterdessen ist es stehengeblieben, es hat nicht mehr getan, als es sich zutrauen konnte. Es hat die Grenzen seiner Fähigkeiten erkannt und um Hilfe geschrien. Dann kam ich, um ihm zu helfen. Kaum spürte es die Sprosse unter seinem Fuß, hat es gerufen: Allein, allein! Und das will sagen: Bitte jetzt keine Hilfe mehr, jetzt kann ich selbständig weiterklettern. Kinder reagieren nicht von ungefähr aggressiv, wenn man darauf besteht, ihnen etwas zu erklären, was sie selbst ausprobieren wollen. Lassen wir sie möglichst viel selbst ausprobieren. Wenn es ihnen nicht gelingt, die Aufgabe zu lösen, werden sie von allein zu uns kommen und um Hilfe bitten.

Der Vorgang insgesamt gesehen läßt Kinder erkennen, daß sie überhaupt Hilfe brauchen, und darüber hinaus, daß sie auf Hilfe rechnen können. Zwar will das Kind seine Erfahrungen grundsätzlich selbst und für sich machen, will selber seine momentane Kompetenz überprüfen, ist jedoch auf Hilfe angewiesen, wenn seine Fähigkeiten nicht ausreichen. Damit erhält es einen deutlichen Hinweis darauf, daß es nicht allein ist. Die Wechselbeziehung, die hier entsteht, wird das Kind, sobald sie von ihm selbst initiiert worden ist, positiv registrieren.

Der Vater als Riese: unerreichbar, aber vertrauenerweckend freundlich. Das macht Mut! Der kleine Sohn stößt mit seiner Ente an den Vater wie an ein Hindernis. Ob ich einfach durch seine Beine hindurchfahren kann?

Der rechte Fuß des Kleinen versucht, eine negative Reaktion des Vaters zu blockieren. Der Zustimmung sichernde Blick erfährt Antwort. Übrigens bleibt der Vater trotz seines Lächelns in Konfrontationsstellung.

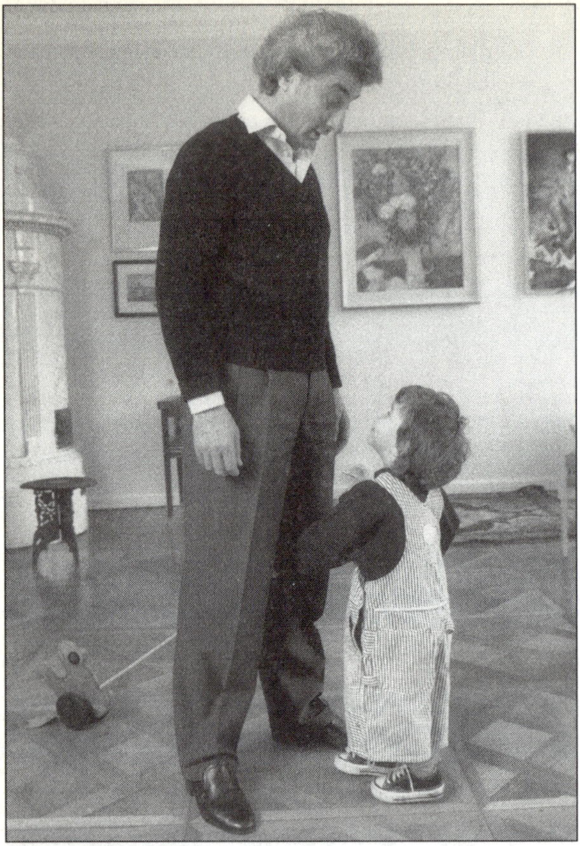

Der Mut wird belohnt, die Durchfahrt ist geschafft. Für das Kind war es eine Überwindung, und es wurde ein Sieg. Kleine Kinder sollten oft gewinnen. Es stärkt ihr Selbstbewußtsein in einer Welt der Giganten, so wie es in den Märchen ist: Hänsel und Gretel besiegen die Hexe.

Der Reiz, Schwierigkeiten zu überwinden, ist angeboren, auch wenn es manchmal der Überwindung bedarf. Eltern können Kinder dabei ermutigen. Nur auf Hilfe zu warten verführt zu der Gewohnheit, auch als Erwachsener leichte Lösungen zu suchen, und das kann bis in die Sucht führen. (Die Sucht als leichte Lösung von Problemen.)
Probleme und die Notwendigkeit, sich mit ihnen auseinanderzusetzen, gibt es von Geburt an. Bezugspersonen, die sich unbedingt nützlich machen wollen und meinen, das Kind könne ohne sie gar nichts tun, nützen vielleicht ihrem eigenen, aber nicht dem Selbstbewußtsein ihres Kindes. Das fängt häufig damit an, daß man es dem Kind erläßt, die harte Brotkruste zu beißen, und überhaupt alles, was ihm Anreiz zur Überwindung sein könnte, aus dem Wege räumt. Das Kind aber muß lernen, sich auf sich selbst verlassen zu können.

Darf ich weitermachen? Der Wunsch nach Selbsterfahrung stärkt Phantasie und Kreativität. Das Kind will allein essen. Hier hat es die Erlaubnis erhalten, und doch bleibt die Spannung groß, wie es die erhobene gespreizte Hand auf dem zweiten Foto der Serie sichtbar macht. Das dritte Bild zeigt die volle Konzentration des »Handwerkers«. Solche Freuden sind Teil der Selbstfindung eines Kindes. Nicht nur das Essen selbst, sondern das Spiel mit der Materie ist wichtig: Wie läuft die Marmelade, bleibt sie am Löffel kleben, oder bring' ich sie heraus? Essen ist ein Abenteuer.

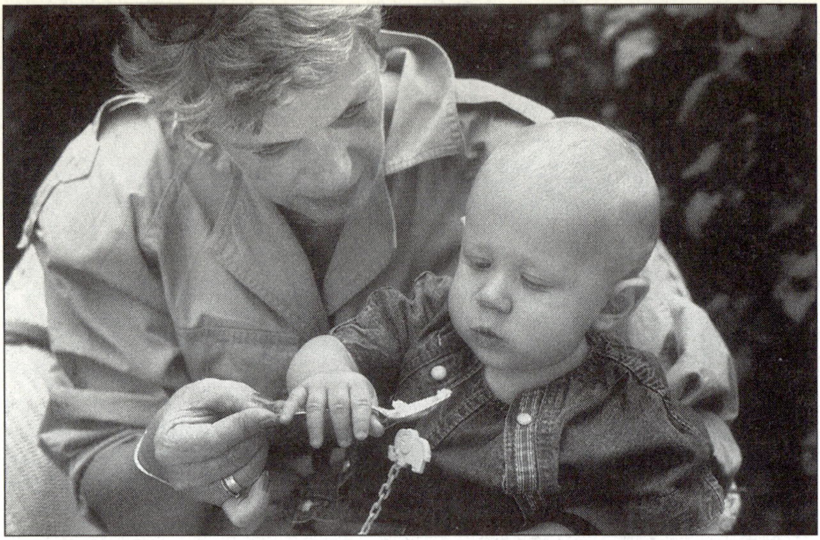

Das Kind greift nach dem Löffel: Ich will es selber tun! In diesem Alter beginnen Kinder, Nahrungsmittel mit der Hand wahrzunehmen und sie erst dann zum Mund zu führen. Das hat etwas mit der sich entwickelnden Feinmotorik zu tun, die dem Kind erlaubt, den Löffel wie die Erwachsenen zum Mund zu führen, ohne etwas zu verlieren. Der Mutter bleibt das Risiko, daß Kleider und Umgebung bekleckert werden.
... und es gelingt. Das Kind erhält das erwünschte und unbedingt notwendige Kompetenzgefühl.

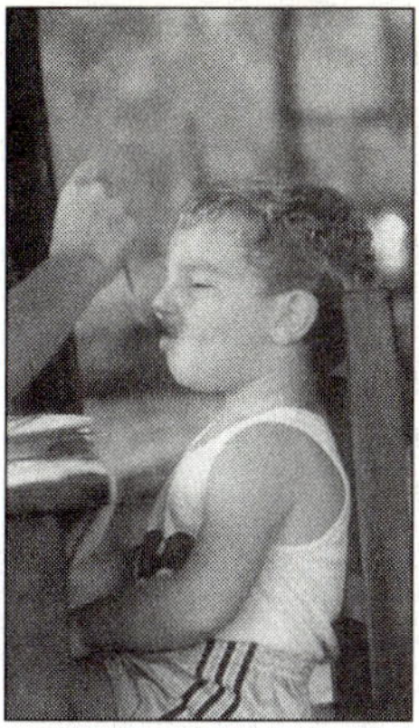

Stopfen ist auch eine Methode, doch keine empfehlenswerte. Sie grenzt an Mißachtung des anderen und seiner persönlichen Grenzen. Das Kind hat das Recht zu entscheiden, ob es ihm schmeckt, ob es gerade essen will, oder nicht. Wir Erwachsene nehmen uns dieses Recht wie selbstverständlich. Das Kind auf unserem Bild sieht nicht aus, als ob es schlecht ernährt wäre.

Aus Vorsicht wird der Löffel nicht aus der Hand gegeben, das Kind wird gefüttert. Kompetenzerfahrung wird ihm vorenthalten. Ob es der Großmutter nur darum geht, daß die Kleider des Kindes nicht schmutzig werden? Was werden die Folgen sein? Wie hoch ist der Preis?

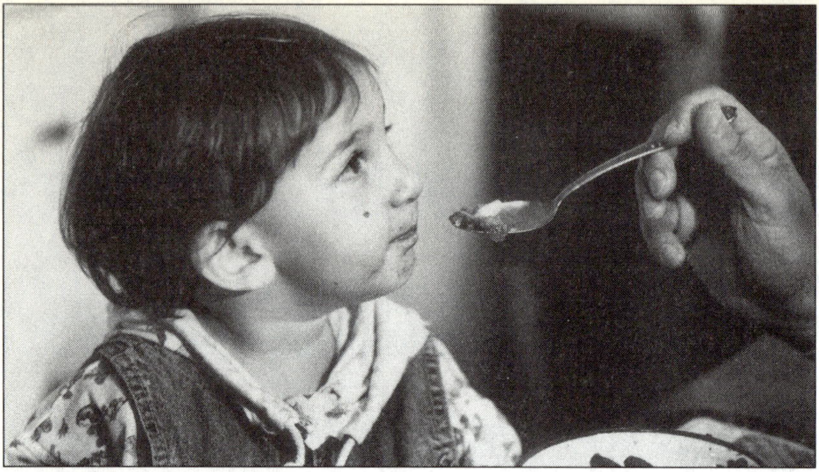

Nein ist nur ein Spiel. Auch im Spiel zwischen Ja und Nein erfährt das Kind sich selbst. Blick und Kopf bleiben auf diesem Bild dem Löffel und dem Erwachsenen zugewandt. Die Frage ist deutlich gestellt: Wie wirkt mein Nein? Mit dem Essen hat es nichts zu tun. Ernst ist es nicht, vielmehr ein Ausloten der Grenzen. Kinder spielen gern beim Essen, weil hier die Wirkung von Ja und Nein stärker ist als beim Spielen. Ob es spielen will oder nicht, ist für die Mutter nicht so wichtig, ob es essen will oder nicht, meistens sehr.

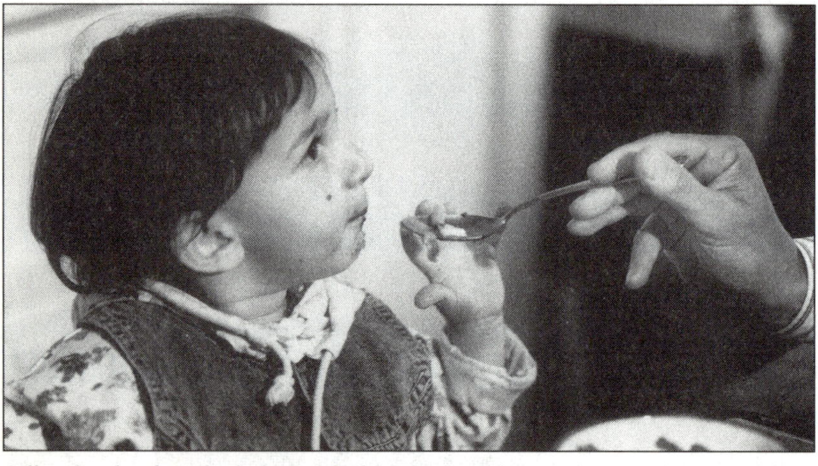

Selbst die abwehrend erhobene Hand kann uns nicht täuschen. Auch hier spricht das Gesicht von Spiel und Selbsterfahrung. Der Mund bleibt geschlossen, doch das Gesicht ist nicht abgewendet. Die Augen scheinen auf Konfrontationskurs, um die Wirkung eines Neins voll ausleben zu können. Wichtig dabei ist, daß hier die Hand der Bezugsperson das Angebot ruhig aufrechterhält und nicht versucht, sich an den Mund des Kindes zu drängen. So kann das Kind den Löffel ohne Kampf und Aggressivität wegschieben.

Wir bleiben beim Spiel. Der Mund ist aufgerissen. Die Augen sprechen von Koketterie. Erfahrungen werden gemacht: Wirken meine Signale? Wie kommen sie an? Wie ist die Reaktion? Auch in diesem Fall bleibt die Elternhand ruhig und versucht nicht, die Gelegenheit zu nutzen, den Mund des Kindes zu stopfen. Dessen zurückgeneigter Kopf sagt deutlich: Eigentlich will ich ja gar nicht essen! Anderenfalls ginge der Mund auf den Löffel zu. So aber gibt man die Antwort, geht auf das Spiel ein.

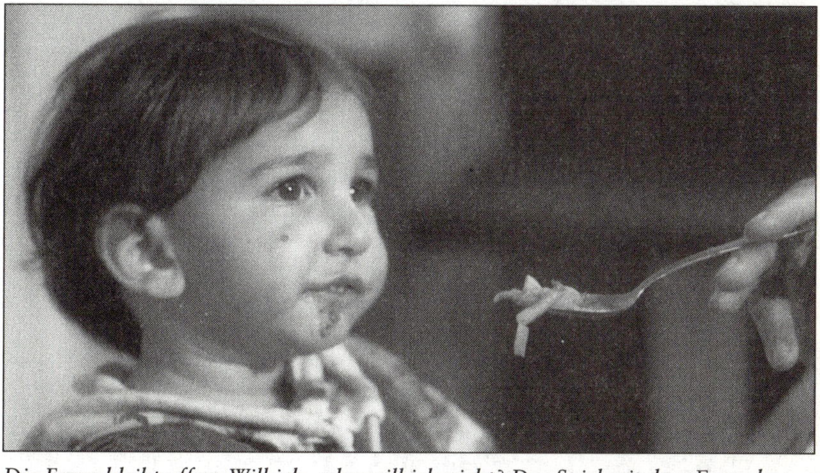

Die Frage bleibt offen: Will ich, oder will ich nicht? Das Spiel mit dem Essen beginnt häufig, nachdem der erste Hunger gestillt ist. Eltern gehen kaum eine Gefahr ein, daß ihr Kind bei diesem Spiel Mangel leidet. Die Freude am Ritual des Essens bleibt bei Kindern lange groß, da es ihnen mehr bietet als nur Nahrungsaufnahme. Auch Erwachsene verleihen dem Essen zusätzliche Bedeutung: »Ich habe extra für dich gekocht.« Und man empfindet es als Strafe, wenn einer den vollen Teller wegschiebt oder vom Tisch aufsteht. Es sind nur andere Rituale.

Die lasch gehaltene Hand beendet das Spiel: Ich hab' genug! Jetzt reicht's. Ich schiebe das Essen von mir weg! Die Augen kokettieren nicht mehr. Der Blick signalisiert Konfrontation. Die weiter ausgestreckte Hand des Erwachsenen zwingt zu einem stärkeren Ablehnungssignal.

Die Abwendung signalisiert unübersehbare Ablehnung. Das Spiel ist aus. Krasse Ablehnung, wie sie dieses Bild zeigt, sollte unbedingt respektiert werden. Der immer noch dargebotene Löffel wirkt als Provokation. Kinder lernen es schnell, daß man sie zum Essen nicht zwingen kann. Sie spucken es aus oder übergeben sich sogar. Es wäre schön, wenn Eltern dies genauso schnell lernten wie ihre Kinder: Vergewaltigung ist ein äußerst fragwürdiger Genuß.

Den Finger ablutschen erhöht den sinnlichen Genuß. Pudding, Tortenteig und Marmelade mit den Fingern zu probieren, gehört oft zur schönsten Erinnerung an Mutters und Großmutters Küche. Die ritualisierte Erziehung wird diesem Genuß nicht immer gerecht.

Geben und Nehmen

Die Interaktion zwischen Kind und Mutter, zwischen dem Kind und seiner Umwelt, ist wie gesagt ein permanenter Lernprozeß. Über Aktion und Reaktion hinaus gibt es eine neue wesentliche Erfahrung. Außer dem einfachen Wechsel existiert auch eine Umkehr, ein Rollentausch. Einmal agiere ich, spiele ich, einmal liegt die Initiative beim anderen. Es ist die neue Erfahrung von Geben und Nehmen, eine wichtige soziale Interaktion und eine frühe Form des Dialogs. Ich nehme etwas entgegen, ob materiell oder geistig, und meine Antwort muß sich daraus ergeben. Hat meine Aktion nämlich nur mit mir zu tun, gibt es kein Geben und Nehmen und auch keinen Dialog. Unter Erwachsenen ist diese Spielart verbreitet. Jeder spricht seinen Monolog, und alle wundern sich hinter-

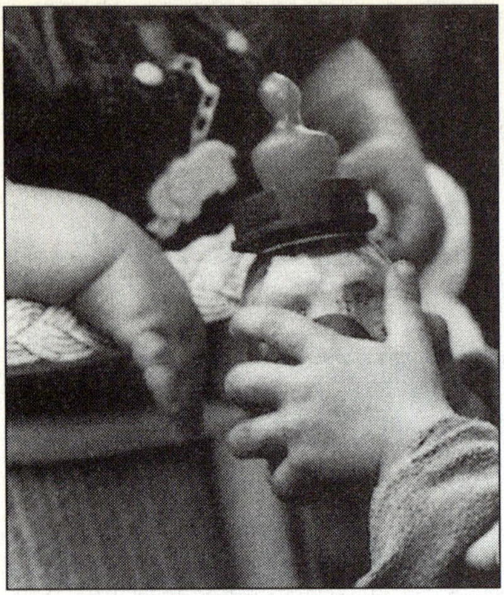

Ich geb' dir was, gibst du mir auch was? Das Geben von Gegenständen (Spielzeug) ist bei kleinen Kindern so lange beliebt, wie eine Rückgabe darauf folgt. Es geht um einen Aktionsprozeß an sich und nicht um das Bedürfnis, etwas haben zu wollen.

her, daß ein Gespräch nichts verändert hat; alles ist wie zuvor. Solange die Dinge in keiner Wechselbeziehung stehen, können sie auch nichts verursachen.

Wie oft hören wir oder müssen selber sagen: Ich bin ganz unberührt geblieben, fühle mich nicht betroffen, es hat bei mir nichts bewegt. Wurden wir dagegen berührt und bewegt, geschah es dank einer Wechselbeziehung: Der eine zieht den anderen in eine neue Richtung, und damit entstehen neue Informationen und neue Möglichkeiten des Handelns, Grundlagen des Dialogs.

So ist es auch zwischen Mutter und Kind. Die Mutter macht etwas vor, das Kind ahmt es nach oder umgekehrt. Es gehört zu den wichtigen Voraussetzungen für das Selbstgefühl des Kindes, daß etwas von ihm ausgeht und Nachahmung findet.

So ist das Geben und Nehmen der Anfang jeden Dialogs. Der Sinn des Lebens liegt auch darin, etwas bewirkt zu haben in dieser Welt, und das geschieht einzig im Dialog. Das Wechselspiel des Anfangs: ein Lächeln geben und mit einem Lächeln antworten, setzt sich später fort: Ich gebe dir ein Spielzeug, du gibst mir eines wieder; ich werfe dir den Ball zu, du wirfst ihn mir zurück. Kinder, die im Alter von ein, zwei Jahren mit anderen Kindern zusammenkommen, verlassen sich bereits auf das System des Geben und Nehmens. Sie geben etwas aus der Hand, erwarten aber auch, daß sie es oder etwas zurückerhalten. Im Austausch mit der Mutter war das ganz selbstverständlich. Sie gibt dem Kind einen Löffel, es nimmt ihn, schaut ihn mit großen Augen an und gibt ihn zurück, sie muß das gleiche tun, das verlangt das Ritual, das nun im Prinzip unaufhörlich wiederholt werden könnte. Das Kind lernt jedenfalls den Zusammenhang von Geben und Nehmen, lernt Interaktion, die sich später in der Erfahrung mit anderen Kindern verstärkt, indem sie Spiele tau-

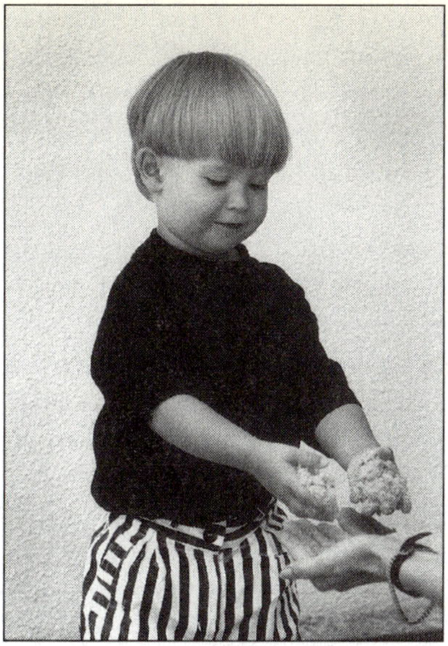

Deine Hand ist leer… Das Wechselspiel ist entscheidend bei der Entwicklung vom Ich zum Du.

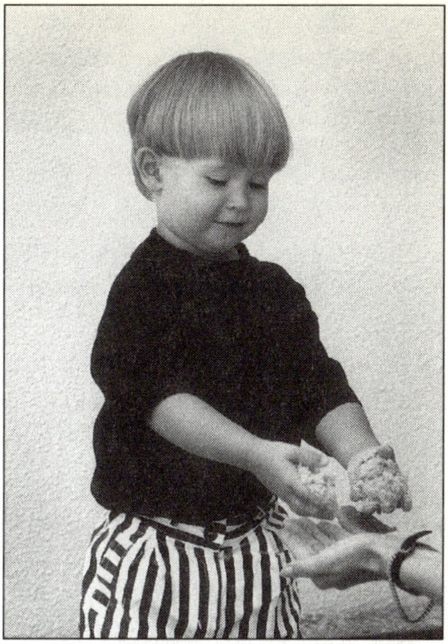

Ich gebe dir was ab … Stimuliert wird der Impuls dadurch, daß der Erwachsene seine Hand nicht zurückzieht.

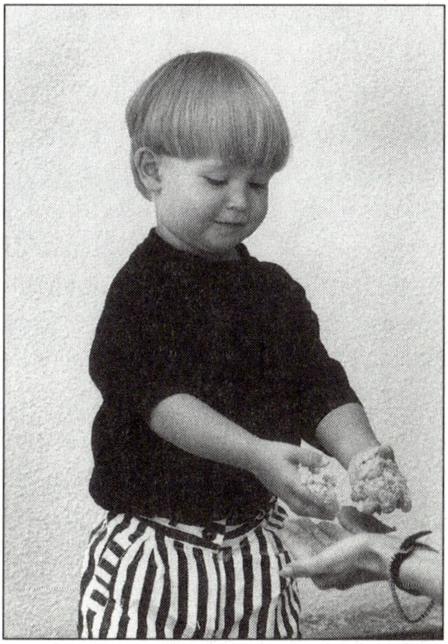

Da hast du alles!

schen, Einfälle, Geschenke. Damit entstehen auf verschiedenen Ebenen unterschiedliche Dialoge. Später in der Schule spielt sich die Wechselbeziehung von Geben und Nehmen, wenn es gutgeht, zwischen Lehrer und Schülern ab. Von den Naturvölkern angefangen, sind Staatsbesuche, aber auch Besuche zwischen Völkern, Stämmen und Familien vom Austausch von Geschenken begleitet.

Geben und Nehmen erhält später eine erweiterte Bedeutung, steht in engerem Zusammenhang mit der Stellung des einzelnen in der gesellschaftlichen Hierarchie.

Wer nimmt, kann leicht als abhängig angesehen werden, als abhängig vom Geber. Wir nehmen ungern, wenn wir uns als untergeordnet empfinden oder ein Schuldgefühl entwickeln, adäquat zurückschenken zu müssen.

Wie nehme ich Geschenke, Leistungen, Rat entgegen: Darauf kommt es an. Geben wir, um den anderen zu ehren oder zu beschwichtigen? Untertanen geben dem König Geschenke. Es gehört ein ausgeprägtes Selbstbewußtsein dazu, unter diesem Aspekt etwas entgegenzunehmen, denn das hieße: Ich bin es wert!

Vom Rhythmus der Lernfähigkeit

Der gesamte Vorgang unterliegt einem System. Das Gehirn lernt und speichert. Unser Gehirn nimmt den Stoff, der ihm geboten wird, allerdings nur ratenweise auf. Es ist nicht in der Lage, auf einmal mehr aufzunehmen, nur weil ihm mehr angeboten wird. Es wehrt sich dagegen auf der Stelle mit Hemmung. Wir können nicht mehr hineinstopfen, als seine Kapazität zuläßt. Das Gehirn entscheidet, in welchen Mengen und in welcher Zeitspanne es aufnahmebereit ist. Als Erwachsene wissen wir natürlich, was geschieht, wenn wir beispielsweise vor einer Prüfung durch Büffeln Lehrstoff in uns hineinstopfen. Wir stellen auf einmal fest, daß wir eine Seite bereits zum fünftenmal lesen – und nichts bleibt mehr hängen. Wir haben unser Gehirn überfordert, die Etappen seiner Kapazität nicht respektiert. Wir hätten Pausen einlegen müssen.

Bei Kindern gilt dies alles in noch höherem Maß. Es ist ganz sinnlos, wenn ambitionierte Eltern das Gehirn ihres Kindes zwingen wollen, Sprünge zu machen, damit das Kind schneller mehr lernt. Das Gehirn antwortet auf jeden solchen Versuch mit einer Hemmung, und dieser

Vorgang geht stets Hand in Hand mit einem Energieverlust. Die Abwehr des Körpers gegen die übermäßige Anforderung führt zu einem sinnlosen Kampf, der Kräfte verschleißen muß.

Lernen sollte nur spielerisch vor sich gehen, gerade in der ersten Entwicklungsphase. Je mehr Spaß das Lernen macht, das erfahren wir auch im späteren Leben, desto leichter nehmen wir auf, was wir lernen sollen, und zwar gleichgültig, ob es sich um Motorisches oder Geistiges handelt.

Das Prinzip des Wachstums

Alles unterliegt dem Prinzip des Wachstums. Wachstum läßt sich nicht ohne weiteres beschleunigen, es widerspräche den Gesetzen der Natur. Der chinesische Bauer, der seinen Reis schneller wachsen lassen wollte, zog an seinen Reispflanzen. Natürlich riß er die Pflanzen nur ab, sie wuchsen keineswegs schneller.

Versuchen wir, dieses Wachstumsprinzip zu überspringen, sind in der Regel Frustrationen das Ergebnis. Es entsteht ein Gefühl von Inkompetenz, das Gefühl, ein Versager zu sein. Es muß sich aber niemand als ein Versager fühlen, denn es ist das System, das den Menschen überfordert, indem es die übermäßig schnelle und kapazitätsüberschreitende Aufnahme von Lernstoff verlangt und die natürlichen Gesetze des Wachstums ignoriert. Wer für seine Kinder dieses Prinzip des Wachstums respektiert, zieht auch keine Versager heran.

Unsere Gesellschaft neigt dazu, Schnelligkeit zu verlangen und die Wachstumsphase, in der sich ein Mensch befindet, zu ignorieren. Genau das erzeugt Gefühle der Inkompetenz. Allein die Synchronisation der Erwartung mit den Etappen der Aufnahmekapazität unseres Gehirns führt zu effektivem Lernen. In der kreativen Arbeit wie im Alltag gilt das gleiche Prinzip.

Kompetenzgefühle

An Kindern im frühesten Alter läßt sich bereits ein individueller Lernrhythmus beobachten. Wie lange braucht ein Kind, um den Löffel zum Mund zu führen? Das wird in einigen Etappen vor sich gehen. Wahrscheinlich wird die ganze Hand zuerst im Essen landen. Das Kind spürt

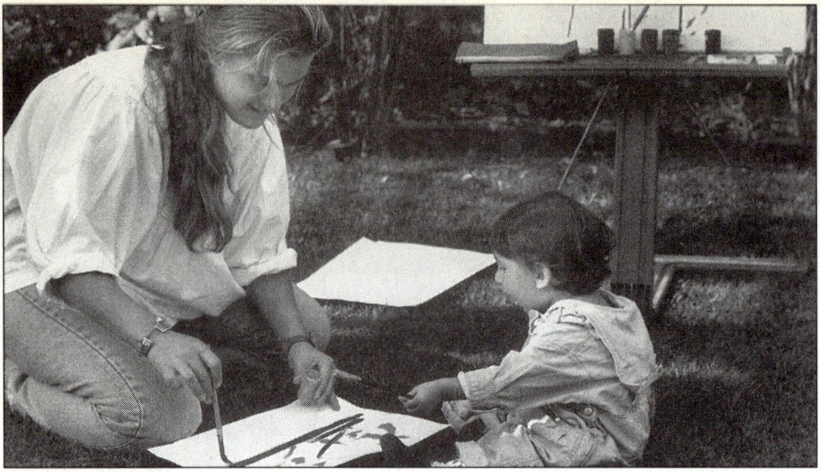

Stimulation zur Kreativität erweitert das Weltbild des Kindes, regt seine Phantasie an und stellt den Bezug her zu Farbe und Form. Vormachen soll das Interesse wecken. Die Vorbereitung des Spielmaterials ist wichtig, denn das optische Angebot reizt mehr als die Frage: Willst du malen? Das Vorbild des Erwachsenen ist eine weitere wichtige Voraussetzung für die Aktivität des Kindes. Dabei darf es nicht darum gehen, wie schön und kreativ mein Kind doch ist, sondern es geht darum, daß es Erfahrungen macht.

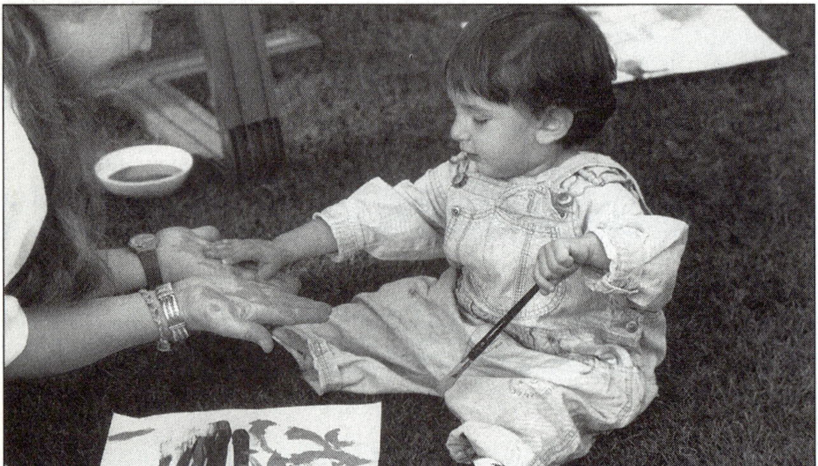

Das Erlebnis von Farbe und ihrer Wirkung. Wirkung ist nicht nur auf dem Papier zu vollziehen, sich selbst mit Fingerfarben zu beschmieren ist ein ganz neues Erlebnis: Ich darf mich »schmutzig« machen und übertrage die Farbe von meinen Händen auf das Papier. Auch hier sollten sich die Erwachsenen überwinden und sich einmal zuerst mit Farbe beschmieren.

Selbermalen macht Spaß. Die eigene Erfahrung ist wichtig, nicht das Resultat.

das Essen und versucht, es zum Mund zu schaffen. Der Löffel findet schließlich den Mund.

Für das Kind entsteht ein Kompetenzgefühl: Ich kann mich selber ernähren! Ich bin fähig, den Löffel in den Mund zu stecken! Es kommt darauf an, ob es seine Bewegungen bereits so gut koordinieren kann. Im Zusammenhang mit der Koordination von Sehen und Bewegen war hiervon schon die Rede. In leichten Experimenten kann die Koordinationsfähigkeit von Kindern überprüft werden, zum Beispiel, indem das Kind mit einem Knopfdruck auf das Erscheinen von Bildern zu reagieren hat. Gelingt ihm das nicht, ist sein Synchronisationsvermögen noch nicht weit genug entwickelt. Es hat den Knopf zu spät gedrückt, weil es die Zeit-Aktion-Synchronisation noch nicht beherrscht, oder es hat ihn gar nicht gedrückt, weil es die Aufgabe einfach vergessen hat. Das weist nun keineswegs darauf hin, daß dem Kind irgend etwas fehlt oder daß wir es bei ihm mit einer Störung zu tun haben. Unser Kind befindet sich nur noch nicht in der Phase, in der die Synchronisation zwischen dem, was es wahrnimmt, und seiner Motorik funktioniert. Respekt vor den Wachstumsphasen ist nun die Devise, statt sich Sorgen darüber zu machen, daß es eine ihm gestellte Aufgabe noch nicht bewältigt. Ungeduld wäre die schlechteste Reaktion. Wenn die Zeit dafür gekommen ist, kann das Kind die Aufgaben erfüllen, für die es dann gerüstet ist.

Denken wir an die Etappen, in denen das Kind zu malen lernt. Es schmiert zunächst über das Papier, beschäftigt sich mit dem Material, erfährt, daß ein Objekt, der Buntstift zum Beispiel, überhaupt Signale auf dem Papier hinterlassen kann. Es probiert verschiedene Farben aus, verschiedene Formen. Welch ein Weg, welch ein Prozeß bis zu einer sicher geführten Hand, die fähig ist, Linie, Kreis und andere Formen auf dem Papier wiederzugeben. Die sind nun die Voraussetzungen für entwickelte Formen und Figuren, die etwa dazu nötig sind, später Buchstaben schreiben zu können. Bei Überforderung reagiert das Kind auch hier, indem es wegläuft (Flucht), wegschaut, sich abwendet, die Schultern hochzieht, oder aggressiv, indem es Dinge zerstört oder wegschmeißt. Überanstrengung zeigt sich körperlich: Die Augen blinzeln, die Hände hängen schlaff von den angewinkelten Unterarmen. Um es noch einmal zu sagen: Eltern machen Fehler, aber sie brauchen deshalb nicht in Panik zu geraten, denn soweit sich die Fehler nicht zu einem System verdichten, kann sich das Kind gut wehren, vor allem dadurch, daß es die Fehler der Eltern ignoriert. Unser Neugeborenes ist mit dem, was es mitbringt, gut ausgerüstet.

Gestörter Entdeckungseifer kann lebenslange Folgen haben

Hat das Kind seine Bewegungsfreiheit durch die Fähigkeit zu stehen und zu gehen gewonnen, läuft es von einem Platz zum anderen, will die Dinge berühren, sie fassen.

Was geschieht, wenn sein Entdeckungseifer nun von lauter Verboten eingeschränkt wird? Läuft es zu einem Bild an der Wand, so hört es: Nein! Greift es nach einem Messer, hört es: Nein! Faßt es an eine Porzellanfigur, hört es: Nein! Wie wirkt diese Reaktion der Umwelt auf das Kind, wie erfährt es sie aus seiner Sicht? Für das Kind gibt es keinen gemeinsamen Nenner, der die verschiedenen Objekte verbindet. Jedes ist anders. Es wird auch nicht verstehen, warum die unbeschädigte Vase interessanter sein soll als die in Scherben, obwohl es nicht seine primäre Absicht gewesen war, sie zu zerbrechen. Das, was ein Kind in diesem Alter antreibt, ist ausschließlich seine Neugier, sie ist sozusagen der gemeinsame Nenner, der die verschiedenen Objekte verbindet. Kinder, die sich von der Gunst ihrer Eltern abhängig fühlen und diese nicht aufs Spiel setzen wollen, riskieren weniger. Um nicht weniger Liebe und Streicheleinheiten zu erhalten, müssen diese Kinder das vermeiden, was die Eltern vermutlich nicht wollen; und das ist eben jener gemeinsame Nenner, der für das Kind die Objekte verbindet: seine Neugier.

Viele Kinder werden daraufhin apathisch, verlieren ihre Neugier, verlieren das Interesse an ihrer Umgebung. Wenn wir später passiven Menschen begegnen, die antriebsschwach erscheinen, keine Lust haben zu lernen, Neues zu erfahren, Entdeckungen meiden, ihre Phantasie nicht einsetzen wollen, dann sind es häufig solche, die Angst hatten, Liebe und Zuneigung der Eltern, sprich ihrer Umgebung, zu verlieren. Mit Sicherheit war es nicht die Absicht der Eltern, die Neugier ihrer Kinder zu blockieren, sie wollten eben nur die chinesische Vase oder die alte Schellackplatte retten. Auch wenn unsere Kinder ein paar wertvolle Gegenstände kaputtmachen sollten, meine ich, daß ein solcher Schaden eher zu verschmerzen ist als die verlorene Neugier eines Kindes.

Die Beherrschung der Muskulatur, die Fähigkeit zu gehen und zu rennen, hat, wie man sieht, eine explosionsartige Erweiterung des Aktivfeldes und des Erfahrungsradius des Kindes zur Folge.

Standpunkt und Wechsel: Standpunktwechsel

Hierher gehört auch die Beobachtung, daß Kinder bis zum Alter von fünf oder sechs Jahren noch nicht den vollen Kontakt zum Boden haben. Ihre Füße berühren zwar den Boden, aber nicht mit dem vollen Gewicht, der ganzen Fußfläche. Oft ist der Fuß etwas nach innen gedreht. Die Füße besitzen so etwas wie ein Luftpolster, haften noch nicht auf dem Boden. Es ist ein leichterer Kontakt zum Boden als beim Heranwachsenden oder Erwachsenen. Das heißt, auch der Kontakt zur Realität ist noch nicht voll ausgeprägt. Kinder schweben noch in der Welt ihrer Phantasie, deshalb stolpern sie manchmal, sind in ihren Bewegungen unberechenbar, wechseln rasch den Standpunkt. Der Wechsel, der eine

Spielart des Dynamischen ist, hat große Bedeutung. Wollen Kinder jedoch an einem Punkt stehenbleiben, signalisieren sie es deutlich. Die Knie sind nach hinten durchgedrückt, als wollten sie trotzig sagen: Ich werde meinen Standpunkt verteidigen! Niemand soll ihn mir nehmen! Das kann so weit gehen, daß sie sich auf den Boden schmeißen, um einen Standpunkt, nämlich das, was sie für ihren realen Standpunkt halten, zu verteidigen. Wird ihr Standpunkt von den anderen nicht wahrgenommen, wissen Kinder sehr gut, wie man die Aufmerksamkeit dafür weckt: Sie stampfen auf den Boden, um deutlich zu machen: Hier will ich stehen, und niemand soll mich davon abbringen und zu einer Bewegung zwingen, die mich von hier entfernt.

Realitätsverlust sichtbar gemacht: Die Füße verlassen den Boden wie die nicht akzeptierte Wirklichkeit.

Dennoch bewegen sich die Kinder im Vorschulalter immer noch zwischen Realität und Traumwelt, zwischen der Erde und den Wolken. Deshalb lassen sie sich so gern auf den Arm nehmen, lassen sich tragen, um den Boden unter sich zu vergessen. Das entspricht dem Schwanken zwischen realer Welt und Phantasiewelt.

Das ist der eine Grund, warum sie sich so gern tragen lassen. Der andere Grund liegt in dem Verlangen, Auge in Auge mit Mutter oder Vater zu sein. Entweder muß der Erwachsene sich hinunterhocken, um auf gleicher Ebene mit dem Kind zu sein, oder er muß es zu sich heraufholen.

Konfrontationen

Die neuen Möglichkeiten von Nähe und Entfernung bringen auch neue Gefahren, bisher ungekannte Konfrontationen, neue soziale Verflechtungen, und machen sie erfahrbar. Dabei zeigen sich fünf Verhaltensmuster, fünf Reaktionsverhalten auf Konfrontationen: Die aggressive (nach vorne strebende) Reaktion, die Flucht (weglaufen), die Angst (sich verstecken), das sozial verankerte Verhalten (der Hilferuf), die Resignation (sich unterwerfen).

Diese fünf Verhaltensweisen sind unserem Körper vertraut, sind ihm als Grundverhalten eingeprägt.

Bewegt sich der Kopf schnell nach links und rechts, haben wir es mit dem Signal des Hilfesuchens zu tun.

Weglaufen heißt sich entziehen: Ich will es nicht!

In der aggressiven Reaktion steckt der Wunsch nach Auseinandersetzung.

Ein Verhalten kennen Eltern sehr gut: Das Kind versucht Probleme zu lösen oder Konfrontationen aus dem Weg zu gehen, indem es sich versteckt. Für die Eltern fast ein Trauma, daß sie ihr Kind nicht finden können, weil es sich versteckt hat.

Das Kind, das die Schultern hebt, hat Angst vor der Konfrontation, es will sich zurückziehen, es verteidigt passiv gerade noch seine Hals- und Nackenmuskulatur durch Schulterheben.

Nimmt das Kind ein Problem an, bleibt es genauso wie der Erwachsene in aufrechter Stellung, hält den Kopf gerade, blickt dem »Gegner« direkt in die Augen und versucht zu erklären, was es will oder nicht will.

Unterwirft sich das Kind oder versucht es, die Konfrontation durch eine friedliche Lösung zu beenden, wird es den Kopf seitlich neigen, den Halswirbel freilegen, als wollte es sagen: Du kannst beißen, und ich werde mich nicht verteidigen. Zugleich handelt es sich um ein Vertrauensangebot: Ich vertraue darauf, daß du nicht beißt! Deshalb kann ich den Hals freimachen! Es hebt seine weit geöffneten Augen und signalisiert auf diese Weise dem Aggressor: Du wirst mich doch nicht beißen, da ich so deutlich darauf vertraue, daß du mir nichts tust. Eine hochgezogene Schulter und ein etwas seitlich geneigter Kopf ist ein Bild, das wir bei Kindern häufig finden – es bedeutet: Ich hätte gern eine friedliche Lösung! Ich will Kontakt aufnehmen!

Es ist genau dasselbe Verhalten, das man bei Kindern als Schüchternheit bezeichnet. Das Kind möchte einerseits, daß man ihm nichts tut, auf der anderen Seite sucht es Kontakt. Die gewisse Scheu, die sich hier zeigt, zusammen mit den beschriebenen Signalen, ist also keine Negation, kein kontrakommunikatives Zeichen, sondern die Vorbereitung einer möglichen Kontaktaufnahme. Die biologischen Signale sind immer dieselben. Der Körper macht sich klein, große Augen schauen aus einem bartlosen Gesicht.

Diese Scheu oder Schüchternheit steht in Zusammenhang mit einer angeborenen Angst, nämlich der Angst vor dem Fremden, auch gegenüber Mitmenschen, die anders aussehen als die gewohnten Bezugspersonen. Das fängt damit an, daß der Vater glattrasiert ist und auf einmal ein bärtiger Mann auftaucht. Es kann sich auch nur um einen ungewohnten Rhythmus handeln, den ein Fremder ins Haus bringt. Die erste, naheliegende Reaktion eines kleinen Kindes wird naturgemäß sein, wegzulaufen, oder es versteckt sich hinter Mutters Rücken, und nur von weitem wagt es, mit großen Augen zu beobachten, ob der Fremde bedrohlich ist oder ob sich mit ihm Frieden schließen läßt. In der Regel sendet das Kind seine Blicke mit leicht zur Seite geneigtem Kopf. Der gerade gehaltene Kopf würde ein zielgerichtetes Interesse ausdrücken. Auch die Bewegungen vermitteln nun den Eindruck bewußter Ziele.

Keine Aggressionen?

Ich kenne Familien, die von sich behaupten, es gebe bei ihnen keine Aggressionen. Auch das ist ein Irrtum. Aggressionen sind vorhanden, man muß sich mit ihnen auseinandersetzen, genauso wie mit der Angst. Sie ist ein natürliches Gefühl, und das Kind muß lernen, seine Ängste zu überwinden. Was kann es tun, um sie loszuwerden, um die Dinge, die ihm Angst einflößen, kalkulierbar zu machen? Fremde Phänomene, die sich in bekannte verwandeln, machen keine Angst mehr. Gefühle, um es noch einmal zu sagen, verlangen Respons, verlangen Auseinandersetzung, sie zu ignorieren ist der falsche Weg. Das Fremde, – wie eine Krankheit, die uns überfällt –, erweckt Angst und Neugier zugleich. Durch Annäherung (Überwindung der Fluchtreaktion) und Befragen versuchen wir, uns mit ihm bekannt zu machen.

Jene Familien, in denen es scheinbar keine Aggressionen gibt, würden sich wundern, entdeckten sie, wieviel kalter, subtiler Liebesentzug –

Aggression im Kampf um den Sieg

wenn Sie mich fragen, die schlimmste Form von Aggression – unter ihren Mitgliedern praktiziert wird. Allzu vieles muß da ignoriert werden, und das entspricht dem Abwenden des Blicks von der Realität, gerade von der Gefühlsrealität; das Vermeiden von Konfrontation, das Blinzeln gegenüber Gegebenheiten, die mir nicht passen. Wenn es gegenüber dem Betroffenen keine Aggression darstellt, daß man ihn einfach nicht wahrnimmt, weiß ich nicht, was Aggression ist. Wir haben es mit Selbstbetrug zu tun, der nicht dazu angetan ist, eine natürliche Wechselbeziehung zwischen Menschen in Gang zu bringen und in Gang zu halten.

Es gibt auch die Blitzableiterreaktion: Eine Puppe wird auseinandergenommen, Gegenstände gehen (zufällig) entzwei. Man vergißt, was der andere gesagt hat (Liebesentzug); man versteht nicht genau (verdrängter Liebesentzug). Auch das verständnisinnige, starre Lächeln sagt nichts anderes. In keinem Fall erhält das Gefühl des anderen das erwartete Feedback.

Aggression muß nicht destruktiv sein

Aggression stellt einen angeborenen Trieb dar, der jedem Menschen zu eigen ist. Manche Eltern wollen das für ihr Kind nicht wahrhaben. Dabei muß dieser Trieb nicht destruktiv sein. Es ist eine ganz natürliche Sache, daß ein Kind – wie jedes Lebewesen – seine Wünsche, seine Ziele und sein Territorium zu verteidigen sucht. Halten wir fest, daß Aggression ein Trieb ist und nicht lediglich das Ergebnis von äußeren Bedingungen und Einflüssen. Dieser Trieb wird hormonell stimuliert. Dabei ist bemerkenswert, daß zwei unterschiedliche Hormonausschüttungen auch zu zwei verschiedenen Arten von Aggression führen. Eine Art von Aggression entsteht aus dem Jagdimpuls des Menschen. Sinn und Zweck dieser Aggression ist Angriff und Töten, eine aktive Aggression, die zur Initiative tendiert. Die zweite Art von Aggression, der eine andere Hormonausschüttung zugrunde liegt – ich will mich auf chemische Zusammensetzungen nicht einlassen –, dient der Verteidigung. Man könnte von einer passiven Aggressionsform sprechen, die den Menschen zur Verteidigung seines Territoriums anspornt, zur Verteidigung von Besitz und Leben, der Familie oder auch seiner Absichten. Diese Aggressionsform ist so lange virulent und bleibt stimuliert, wie ein Reiz von außen als Bedrohung empfunden wird. Erlischt der Reiz, klingt die Aggression ab.

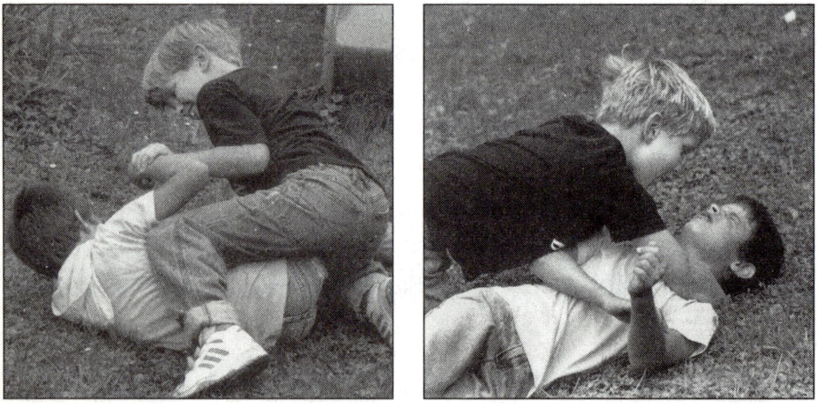

Aggressivität beim Spiel: Ganz deutlich ist bei den Jungen ein stärkerer Ausdruck von Aggressivität auszumachen als bei den Mädchen. Für die einen wird Siegen wichtig. Kampf und Dominanz bekommen beim Spiel die Überhand, was sich unter anderem auf den archaischen Jagdtrieb des Mannes zurückführen läßt. Der aggressive Impuls ist auf den Sieg gerichtet.

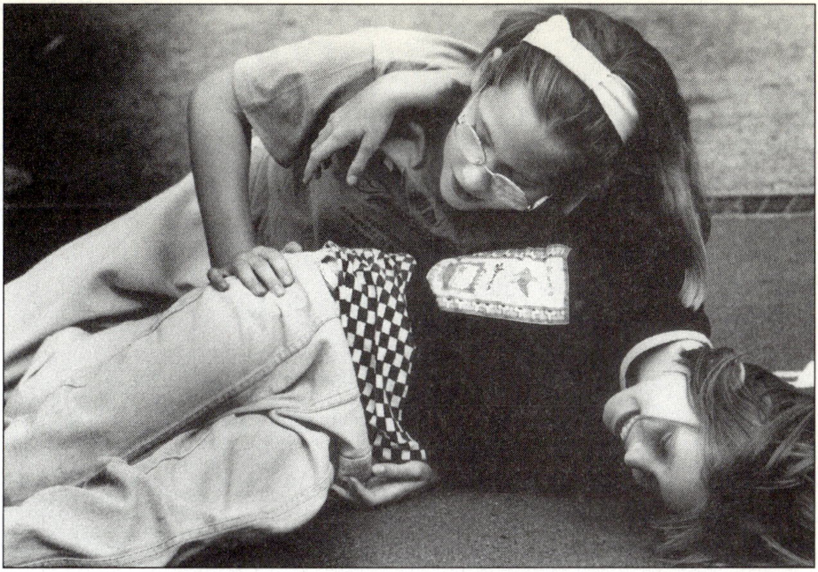

Bei den Mädchen dagegen ist ein entschärftes Kampfspiel zu sehen, fast scheinen es Umarmungen, die sie tauschen. Der aggressive Impuls ist eher auf Verteidigung gerichtet. Das schließt nicht aus, daß Mädchen sehr hart um einen Sieg kämpfen und aggressives Verhalten zeigen, auch wenn das nicht die Regel ist.

Die eine Form also ist der aktive, erfolgsgerichtete Aggressionstrieb, der mit erreichtem Ziel, der Beute also, befriedigt wird. Die andere, die Verteidigungsaggression, löst sich auf, wenn die Bedrohung verschwindet.

Spielzeug als lebendige Freunde. Ich sorge mich um sie, ich beschütze sie, ich führe sie. Sein Rollenspiel als Beschützer weckt im Kind Selbstbewußtsein, weil es seine Rolle selbst bestimmt.

Wird eine angefangene zielgerichtete Bewegung, gleichgültig aus welchem Grund, von außen unterbrochen, so führt dies unweigerlich zu Aggression. Das Kind will einen Gegenstand berühren und wird von seiner Mutter daran gehindert. Schon reagiert es aggressiv. Es schreit, es weint, es wehrt sich mit Händen und Füßen. Das geschieht häufig beim Windelwechseln. Die zielgerichteten Bewegungen des Säuglings stören die Mutter in ihrer Tätigkeit. Also blockiert sie die Bewegung. Dieses als aggressiv zu klassifizierende Verhalten wird vom Kind mit Weinen und Schreien beantwortet, in diesem Stadium die einzige aggressive Protestmöglichkeit für das Kind. Eines Tages versucht es auch, nach der Mutter zu schlagen, weil sie es in einer Bewegung unterbrochen hat.

Um die Unterbrechung zielgerichteter Bewegungen handelt es sich auch, wenn das Kind vom Spiel abberufen wird, zum Essen etwa. Es muß ungefragt eine Tätigkeit unterbrechen, und das macht aggressiv. Der Ehemann reagiert übrigens nicht anders, ebenso seine Frau, wenn sie mitten in einer Beschäftigung unterbrochen werden. Da Kinder ständig aktiv sind, werden ihre aggressiven Impulse häufiger und schneller stimuliert. Auch zwischen Kindern untereinander spielt dieser Aspekt eine große Rolle. Der ältere Bruder baut gerade einen Turm aus Klötzen, und der Jüngere fährt dazwischen und zerstört das Bauwerk.

Das Kleinkind zieht eine Spielente hinter sich her und bleibt irgendwo hängen, es kann nicht weiter. Selbstverständlich wird es aggressiv reagieren, wird zu weinen beginnen, da sein Bewegungsdrang unterbrochen ist. Erwachsene kennen dieses Phänomen sehr gut, wenn sie mit ihrem Auto in eine Sackgasse geraten oder von einem anderen geschnitten werden. Stets ist Aggressivität die Folge. Erwachsene könnten sich dieses

Phänomen bewußt machen, statt Kinder einfach aus einer Beschäftigung herauszureißen. Sie könnten die Absichten des Kindes respektieren. Auch mit Kindern lassen sich Abmachungen treffen. Kinder sind Menschen mit Rechten wie Erwachsene. Zum Beispiel läßt sich die Essenszeit ankündigen: Richte es so ein, daß du in kurzer Zeit zum Essen kommst. Es geht darum, eine Vorwarnung zu geben, die dem Kind erlaubt, seine Aktivität abklingen zu lassen.

Unterbrechen wir eine Beschäftigung unserer Kinder, weil wir sie vielleicht für gefährlich halten, müssen wir ihre aggressive Reaktion akzeptieren.

Aggression zeigt sich hier als ein natürliches Mittel, auf Störungen von zielgerichteter Bewegung zu reagieren. Hilft Aggression nicht weiter, und fällt mir auch sonst kein Rezept ein, setzt Frustration ein.

Die angeborene Angst

Die uns angeborene Angst hat vor allem eine Schutzfunktion, wie aus den von mir dargestellten Beispielen hervorgeht. Kinder müssen lernen, auf diese Angst zu hören und sie dennoch von Mal zu Mal zu überwinden. Von der Angst vor Fremden habe ich schon gesprochen. Jeder Fremde erscheint zunächst als potentieller Aggressor.

Angst zeigt sich bei Kindern immer sehr deutlich. Die Augen werden weit aufgerissen, der Kopf zurückgenommen, die Schultern angehoben; der Körper zieht sich förmlich zusammen. Dies alles sind Intentionsbewegungen zum Weglaufen, sich Verstecken, die nicht ausgeführt werden. Denn wäre das Kind weggelaufen und hätte es sich verbergen können, würden sich die Kontraktionsbewegungen vollzogen und damit

Genauso wie die Mutter mit mir, so gehe ich mit meinem Teddy um. Tiere als Spielzeug erwecken bei Kindern Gefühle von Fürsorge. Eltern sollten sie darin bestärken. Oft werden Aggressionen an Spielzeug und Puppen abreagiert, wenn der Weg, sie den Erwachsenen gegenüber abzubauen, versperrt ist. Die Phantasie des Kindes erweckt Spielzeug zum Leben. Es identifiziert sich mit seinen Lieblingen und wird durch sie zur Heldenfigur. Es kann Auto fahren, Saltos drehen, bedrohliche Feinde besiegen, und das Wichtigste von allem: Das Kind bestimmt über das Geschehen, es bestimmt die Spielregeln.

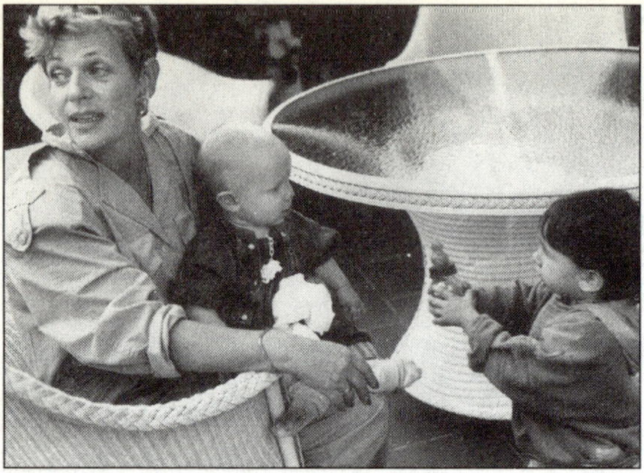

Geben und Nehmen: Austausch ist gefragt. Ich gebe dir etwas … erwarte aber, daß du es mir zurückgibst. Der Spielkamerad ist etwas jünger und noch nicht in der Phase des Gebens und Nehmens.

… nimmst du es etwa wirklich? Die unerwartete Reaktion des kleinen Partners verblüfft das Kind. Die Mutter macht es richtig: Sie mischt sich nicht ein …

… er hat's mir weggenommen! Kinder erwarten für etwas, das sie geben, eine Gegengabe. Auch das gehört ins archaische Erbe. Gastgeschenk und Gegengeschenk des Gastgebers sind der Ursprung.

Siehst du, was ich hier habe … ?

… ich geb's dir aber nicht! Du hast es mir vorhin nicht wiedergegeben!

Hier hast du es doch! Das Spiel, das hier sichtbar wird, gilt ganz dem Austausch und nicht der Ware.

gelöst haben. Verkrampfung, die durch Angst hervorgerufen wird, löst sich in der Bewegung, in der Dehnung auf, Energie wird abgebaut.

Das Kind sieht eine Welt von Erwachsenen; aus seiner Sicht sind es Riesen, die es manchmal auch bedrohen, da sie das Kind nicht machen lassen, was es will. Sie stimulieren häufig seine Aggression, und das Kind kann sich selten gegen die Erwachsenen durchsetzen. In einer Märchenwelt, die es bald kennenlernt und die seiner Phantasiewelt nahesteht, gibt es die Guten und die Bösen, und immer triumphieren die Guten. Zwar bilden die Bösen die erste Stufe der Identifikation, weil sie zu siegen scheinen, am Ende aber stimmt die Moral wieder mit den Identifikationsfiguren überein. Mit ihnen identifiziert sich das Kind ganz selbstverständlich und lernt so, wenigstens in der Phantasie, wenigstens theoretisch, seine Ängste zu überwinden. Werden die Geschichten und Bilder dem Kind vorenthalten, findet die Auseinandersetzung mit der Angst nicht statt, und es lernt auch nicht, seine Ängste zu bewältigen.

Vor dem Einschlafen verlangen Kinder oft nach ihren Spielzeugen, Spielzeugwaffen, damit sie sich sicher fühlen können. Meinem ältesten Sohn mußte ich immer wieder vorspielen, was ich machen würde, wenn eine Hexe erschiene. Und mit einem befreienden Lachen legte er sich in seine Kissen zurück, wenn ich die Hexe weggeboxt oder sie verbal »Weg mit dir, du böse Hexe!« verscheucht hatte.

Das Gesetz der Anpassung

Nur die Anpassung an die Umwelt kann den Aggressionstrieb hemmen. Passe ich mich einer Situation an, habe ich sie im Prinzip akzeptiert. Es handelt sich dabei um eine Art Adaptation. Wir passen uns einer Person an, einer Gruppe. Wir übernehmen Spielregeln, akzeptieren Positionen innerhalb unserer sozialen Gruppe. Mit alldem wird aggressives Verhalten eingedämmt.

Die Adaptation an Ereignisse, an Gegebenheiten ist die Grundlage aller Sozialisation. Nur durch Anpassung, dadurch, daß wir Spielregeln akzeptieren, Tatsachen anerkennen, können wir als Gruppe überleben. Unsere Bereitschaft zur Anpassung müssen wir den anderen signalisieren, und dafür stehen uns Beschwichtigungssignale zur Verfügung. Kinder praktizieren das mit weitgeöffneten Augen und jener Bewegung, die uns als Vertrauen einfordernd immer wieder begegnet, das seitliche Neigen des Kopfes. Die Augen sagen: Sieh her, ich habe nichts Böses getan! Der freigelegte Hals läßt sich auf Vertraulichkeit ein. Kinder signalisieren ihre Adaptationsbereitschaft auch durch Weinen. Es gibt natürlich ganz unterschiedliche Arten des Weinens; auf der einen Seite das Weinen aus Frustration, aus Schmerz, aus Unbehagen, und auf der anderen Seite eben jenes Beschwichtigungsweinen. Es klingt weicher und ist stets von Blicken zu der Person hin begleitet, von der das Kind getröstet werden möchte, die es zum Beispiel trockenlegen soll. Tatsächlich existiert eine Ähnlichkeit in der Situation. Das Kind, das trockengelegt wird, kehrt in den Zustand des Wohlgefühls und des Aufgenommenseins zurück, so auch im Fall des erfüllten Beschwichtigungswunsches. Hier werden die Tränen getrocknet. Wir sind wieder Freunde.

Als Beschwichtigungssignal ist es auch zu werten, wenn etwas als Ersatz angeboten wird. Kinder untereinander beginnen früh mit dieser Methode, Frieden zu schließen. Sie geben ein »Geschenk«, um von einem anderen wieder angenommen zu werden.

Ich habe gesagt, daß der Dialog von Geben und Nehmen die Grundform aller Kommunikation ist. Auch im eben erläuterten Fall kann nur ein Dialog zur Adaptation führen. Die Verweigerung des Dialogs potenziert die Gefühle, die zur Erstarrung der Beziehung beigetragen haben.

Kindliche Signale wecken den Beschützerinstinkt

Kinder verfügen über spezifische Signale dem Erwachsenen gegenüber. Schon ihre Winzigkeit trägt dazu bei und, wie beschrieben, der im Verhältnis zum Körper große Kopf mit den großen Augen und den erweiterten Pupillen, das bartlose Gesicht. Solche kindlichen Signale wecken beim Erwachsenen sogleich einen Beschützerinstinkt und eine Hemmung. Das Kind kann toben, heulen und auf den Erwachsenen einschlagen mit seinen kleinen Fäusten und wird doch keine Gegenaggression erfahren, sobald es ihn mit großen runden Augen und geneigtem Kopf anschaut, denn der Erwachsene wird in seiner womöglich aufkeimenden Aggressivität blockiert bzw. gehemmt.

Frauen können sich diesen Mechanismus Männern gegenüber zunutze machen. Sie sind häufig kleiner als der Partner, malen sich mit

Hilfe von Make-up die Augen groß, schauen ihn mit geneigtem Kopf an: Was habe ich getan? Der Beschützerinstinkt wird funktionieren, die Aggressivität ist gehemmt.

Kampf oder Flucht

Aggressionssignale fallen bei Kindern nicht anders aus als bei Erwachsenen. Der Kopf ist erhoben, steht in einer geraden Linie zum Körper. Der Blick ist intensiv und unmittelbar auf den Gegner gerichtet. Die Augenbrauen sind im Augenblick der Aggression häufig zusammengezogen, was bedeutet, daß sich der Aggressive nur auf die Ursache der Störung bzw. auf seinen Gegner konzentriert. Diese Konzentration erzeugt im Körper eine Kettenreaktion. Der Nacken versteift sich, damit keine Nebensachen und keine Nebengeräusche Ablenkung bringen. Das Zusammenziehen der Augenbrauen hat den ursprünglichen Sinn, daß in der Hitze des Gefechts keine Schweißtropfen von der Stirn in die Augen laufen.

Die Hände werden geballt, ganz wie bei den Erwachsenen. Interessant ist vor allem aber, daß alle Linien des Gesichts heruntergezogen sind. Darin ist der Versuch zu sehen, die gesamte Energie auf den Boden zu ziehen, auf dem man steht. Der Bodenkontakt wird im Moment der Aggressivität stärker. Kampfbereitschaft setzt einen festen Bodenkontakt voraus. Zum einen heißt das: Man kann mich nicht so leicht umwerfen! Ich verteidige meinen Standpunkt! Ebenso bedarf jeder Sprung eines festen Ausgangspunktes. Nur aus dem festen Stand aktivieren wir ausreichend Sprungkraft. Das Gegenteil ist schnell beschrieben: Zur Flucht brauche ich vor allem Luft in den Lungen und muß mich leicht vom Boden lösen können. Je weniger festen Kontakt ich zum Boden habe, um so leichter kann ich fliehen, vor der Realität, vor der Situation.

Hat ein Mensch also wenig festen Bodenkontakt, tendiert er zur Flucht; sucht er aber den Kontakt zum Boden zu festigen – und die heruntergezogene Gesichtsmuskulatur drückt es deutlich aus –, so zeigt er damit seinen Unmut und ist dabei, ihn durch Aggressivität zu lösen.

Territorialverhalten

Ich habe davon gesprochen, daß uns ein Territorialverhalten angeboren ist. Das erste Territorium, das ein Kind zu verteidigen hat, ist selbstverständlich der eigene Körper. Jedes Eindringen in meinen Körper gegen meinen Willen erweckt in mir Aggression. Die Mutter, die den Löffel mit Gewalt in den Mund ihres Kindes schiebt, löst zunächst Abwendung aus, dann ein Abwehren des Löffels mit den Händen. Damit will das Kind den ihm unerwünschten Vorgang beenden. Gelingt ihm das nicht, ist die Aggression ausgelöst. Es schreit. Es verteidigt sein Territorium. Ich erinnere daran, daß Kinder ebenfalls aggressiv reagieren, wenn ihnen etwas, eine Puppe oder ein Mensch, zu nahe kommt, näher als es die unsichtbare Territoriumsgrenze erlaubt, oder wenn es zu schnell geschieht, also wenn sich das Kind nicht an die neue Distanz gewöhnen konnte. Die Verteidigung des eigenen Körpers als Territorium, die sich bei Kindern hauptsächlich gegen unerwünschtes Essen richtet, erhält beim Erwachsenen noch einmal große Wichtigkeit im Verhältnis von Mann und Frau. Denn die Frau muß es erdulden, daß der Mann in sie eindringt. Nur mit ihrer Zustimmung, ihrer Bereitschaft ist es keine Vergewaltigung.

Auf das Territorialbewußtsein des Kindes bezogen heißt das: Ein Kind zum Essen zu zwingen, kommt einer Vergewaltigung gleich. Das Kind äußert sich durch klare Signale. Es schiebt den Löffel weg, wendet den Kopf ab, stößt mit der Zunge das Essen weg und spuckt. Wer seine Kinder zum Essen zwingt, zieht übrigens auch schlechte Esser heran. Essen verliert bei ihnen seinen Genußcharakter.

Das Wegstoßen von Gegenständen, Dingen, die das Kind nicht haben will, setzt sich später fort, indem wir mit Objekten werfen, wenn wir die Ursache unserer Aggressivität selbst nicht loswerden können. Wir demonstrieren uns selbst und anderen, und das tun bereits die Kinder, daß wir etwas, das wir als störend und belastend empfinden, wegwerfen möchten.

Angst oder Unbehagen können schließlich auch zu Durchfall führen und dazu, sich die Hosen vollzumachen. Auch das Erbrechen gehört in diese Kategorie. Der Körper macht den Versuch, etwas loszuwerden, ein unangenehmes Gefühl abzustoßen. Da er eine abstrakte Ursache nicht abstoßen kann, wird ersatzweise die biologische Ebene bemüht.

Diese Erscheinungen haben häufig mit Angst und Aggression zu tun, womit andere Ursachen aber nicht ausgeschlossen werden sollen.

Da wird zum Beispiel ein Kind zu Bett gebracht und entgegen seinen Protesten allein gelassen. Auf sein Weinen antwortet niemand. Ganz unausbleiblich entwickelt das Kind daraufhin Aggressionen. Bleibt es im dunklen Zimmer allein, kommt häufig Angst hinzu. Zahnende Kinder sind labiler als sonst (auch ihr Immunsystem ist es). Sie fühlen sich häufig allein gelassen, möchten auf den Arm von Mutter oder Vater. Wird dieser Wunsch nicht erfüllt, bekommen sie Angst und aus Angst oft sogar Durchfall.

Hierarchie und Status

Kinder lernen früh, um ihren Platz in der Gruppe, in der Gesellschaft zu kämpfen. Während in der Familie von einer bestehenden Rangordnung ausgegangen werden kann, haben Kinder untereinander, etwa vom Kindergartenalter an, Führung und Gefolgschaft in der Gruppe immer wieder neu zu verteidigen. Das Kind strebt ganz selbstverständlich eine Führungsrolle an, will die Gruppe dominieren. Um die erwünschte Stellung zu erreichen, kommt zuallererst physische Kraft zur Anwendung. Der Größere, Starke meldet seinen Anspruch an, tut es mit Gewaltanwendung. Er stößt andere von ihrem Platz, er setzt Drohsignale ein, vom »bösen« Blick bis zur Abwendung, dem, wie nicht oft genug gesagt werden kann, schlimmsten Drohsignal, weil damit der andere ignoriert und von der übrigen Gruppe getrennt wird. Durch Größe und Kraft versucht das Kind, seine Dominanz über die Gruppe zu zeigen, und leider muß es diese Stärke ständig unter Beweis stellen. So wird es ohne Zusammenstöße und Kämpfe in der Gruppe nicht abgehen. Stärke muß demonstriert werden.

Diese Form des Dominanzverhaltens ist bei Jungen weit stärker ausgeprägt als bei Mädchen. Selbstverständlich existiert auch unter Mädchen das Verlangen nach Dominanz, gibt es den Kampf um die Führungsrolle, aber er wird nicht in der gleichen Form und auch nicht mit der gleichen Deutlichkeit ausgetragen. Ob dazu soziale oder biologische Prägung die Voraussetzung schuf, ist schwer zu sagen.

Jedenfalls läßt sich resümierend sagen, daß Mädchen untereinander sich anders, weniger großspurig verhalten als gleichaltrige Jungen. Sie sind ihnen im Feinmotorischen überlegen. Das heißt, Mädchen lernen früher zu malen, ihnen gelingen Handarbeiten früher, die feinmotorische

Das Rivalitätsspiel: Nicht umsonst wird es hier an zwei Jungen demonstriert, denen es, wie vorher schon gezeigt, um Dominanz und Imponieren geht. Beide machen sich mit ihren Armbewegungen breit. Jeder will mehr Raum für sich in Anspruch nehmen. Wer ist der Schnellste am Ball?

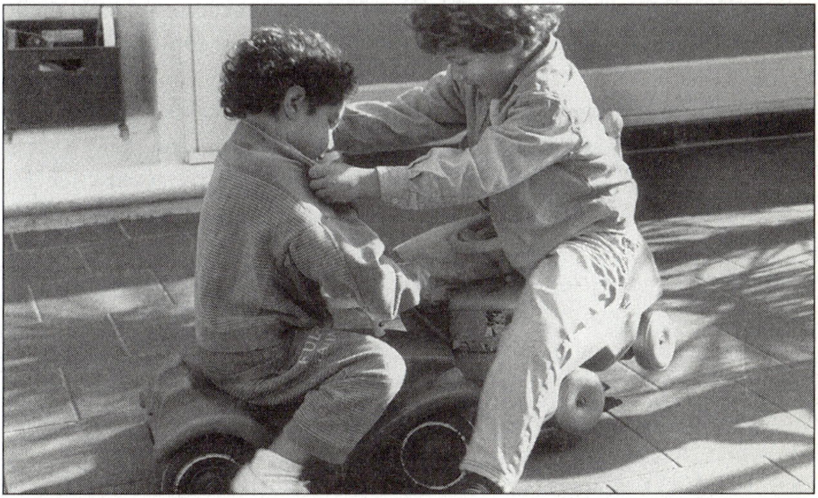

Wer ist der Stärkste? Dem Zusammenstoß mit den beiden Fahrzeugen folgt die Kraftprobe: Wer bringt den anderen zu Fall? Das gleiche ist in fast allen Kulturen zu beobachten und vor jedermanns Tür: beim Sport wie beim Sportfest. Man versucht, den anderen von den Schultern des Gegners zu stoßen oder vom Pferd zu stürzen.

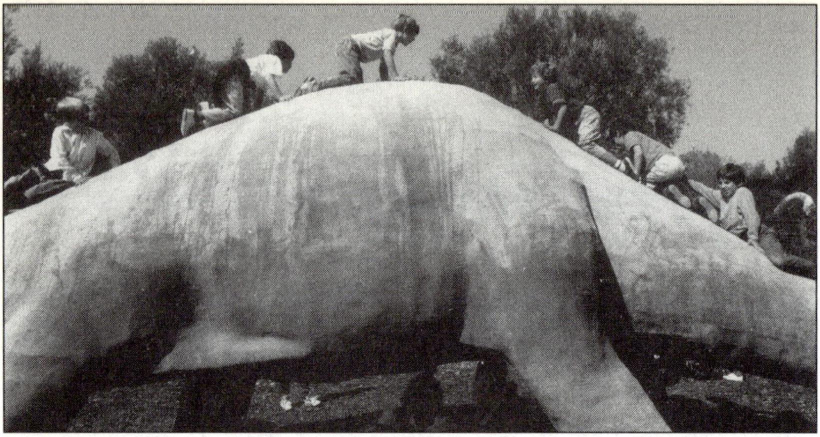

Gruppenrivalität und Hierarchie. Die Anführer der beiden Gruppen sind sichtbar am stärksten engagiert. Sie halten als Herausforderung Augenkontakt. Bei ihren Hintermännern flacht das Engagement mit dem Abnehmen der hierarchischen Stellung ab. In beiden Gruppen zeigt sich das gleiche Hierarchieengagement, wie es der Erwachsene am Arbeitsplatz oder im Verein kennenlernt.

Fertigkeit voraussetzen. Jungen sind in der Grobmotorik früher aktiv und daher sportlich im Vorteil, was nicht ausschließt, daß Mädchen männliche Eigenschaften entwickeln und Jungen weibliche. Männliche und weibliche Hormone stehen nicht unbedingt in der normalen Balance. Besitzt ein Junge etwas mehr weibliche Hormone, wird er zu weiblichen Eigenschaften neigen, und bei Mädchen ist es umgekehrt. Das hat noch nichts mit Sexualität zu tun, mit homosexuellen Tendenzen zum Beispiel, sondern die Rede ist von geschlechtsspezifischen Eigenschaften, von der Entwicklung während der Kindheit, die auch hormonell bedingt sein kann.

Die früher entwickelte Feinmotorik der Mädchen äußert sich beim Malen, Schreiben und Zeichnen. Auch Puzzlespiele beherrschen Mädchen früher als Jungen. Je nachdem wie diese Entwicklung gefördert wird, kommen dann auch die traditionell als weiblich angesehenen Handarbeitsarten an die Reihe, wie das Nähen, Häkeln und Stricken. Mädchen finden schneller in bestimmte Ordnungen als Jungen, versuchen sich nicht so sehr mit Stimmkraft durchzusetzen. Buben sind lauter, tragen den Wunsch, die Gruppe zu dominieren, unverhohlener vor.

Mit der Demonstration von Stärke, die oft genug in Raufereien ausgetragen wird, geht der Leistungsvergleich Hand in Hand. Jetzt heißt es:

Ich renne schneller; ich klettere höher und so fort. Dieses Streben nach Dominanz weist dem Kind seinen Platz in der Gruppe zu.

Eltern machen oft den Fehler, ihr Kind aus solchen Auseinandersetzungen herauszurufen, weil sie die Wichtigkeit des Wettkampfs nicht erkennen. Das kann zu sozialen Störungen bei Kindern führen. Das Kind verhält sich aggressiv gegenüber den Eltern, die seine zielgerichtete Aktion unterbrochen haben und es daran hinderten, eine ihm adäquate Position in der Gruppe zu erkämpfen.

Eine andere Möglichkeit, in der Hierarchie der Gruppe aufzusteigen, als die Demonstration physischer Kraft ist Schnelligkeit, vor allem des Auffassungsvermögens, ist die zum Vorteil der Gruppe umgesetzte Kreativität. Wer als Kind neue Spiele, neue Spielkombinationen vorschlagen kann, steht oben. Mit seinen Einfällen sucht das Kind die Aufmerksamkeit der Gruppe auf sich zu ziehen und auf diese Weise an die Spitze der Hierarchie zu gelangen. Bei diesem kreativen Typ hängt sehr viel davon ab, ob er die Gruppe mit seinem Enthusiasmus anzustecken vermag, ob er es versteht, sie mitzuziehen in seine Richtung und zu seinen Spielen. Meist werden sich die Stärkeren, die im Kreativen nicht ganz mithalten können, gegen den Rivalen wehren. Auf diese Weise kommt es wiederum zu einer Kampfsituation, möglicherweise nun zwischen zwei Gruppen, die aus der einen entstehen. Ein Teil hält es mit dem Muskelspiel, der andere folgt lieber den flinken Einfällen. Oft trennen sich nun die Flinken von den Starken, suchen sich einen anderen Platz. Zwei Territorien sind entstanden.

Status und Besitz

Der eine hat etwas, was der andere nicht hat. So fängt es immer an, wenn es um Status durch Besitz geht. Das Kind weist seinen Besitz stolz vor, um damit seinen Anspruch auf Dominanz in der Gruppe anzumelden. Aber das Spiel beginnt erst richtig, wenn es seinen Besitz, ein Spielzeug zum Beispiel, dem anderen anbietet und ihm wieder entzieht. Der andere greift danach, und der Besitzer zieht es im selben Moment wieder zurück. Er unterbricht damit wieder eine zielgerichtete Bewegung seines Gegenübers und erzeugt damit Aggression oder Frustration beim anderen und beweist so seine Überlegenheit. Das ist »mein« Spielzeug, mein Spielzeug ist »besser«, so heißen die sehr urtümlichen Dominanz-

Es gibt viele Formen, von einem anderen Besitz zu ergreifen – dominant oder freundschaftlich. Es bleibt doch beim Besitzergreifen. Jeder Mensch sollte jedoch frei sein können – keiner gehört einem anderen. Es ist schwer zu akzeptieren, wenn der andere uns nicht will. Den anderen deswegen stärker zu umklammern, ruft nur noch stärkeres Wegschieben hervor.

Der ehrgeizige Gesichtsausdruck sagt kompromißlos: Jetzt mußt du mit mir kommen! Der Wunsch des anderen wird gänzlich ignoriert. Vielleicht läßt er sich aber ganz gern ziehen, weil es sein Selbstwertgefühl erhöht: Man will mich!

spiele unserer Kinder. Es empfiehlt sich, Kinder daran zu gewöhnen, nicht ohne weiteres nach dem Spielzeug zu greifen (Handrücken nach oben, Handfläche nach unten gewendet), sondern mit offener Hand um das Spielzeug zu bitten (also mit nach oben gerichteter Handfläche). Die Greifbewegung, einmal eingeübt, stärkt die Lust, anderen einfach etwas wegzunehmen. Mag sein, daß das Elternhaus die kindliche Einstellung zum Besitz bereits stimuliert hat in dieser Richtung, aber sie erweist sich doch mehr oder weniger als naturgegeben, da sich dieselben Spielvariationen bei Naturvölkern entdecken lassen, und zwar bei solchen, die sehr weit entfernt von unserem Kulturkreis leben.

Selbstverständlich versuchen die Erwachsenen in dieses Spiel einzugreifen, versuchen die Integration zu fördern, den Austausch von Spielen und Spielzeug, das Wechselspiel und das Teilen anzuregen, um Frieden zu bekommen.

Biete ich einem Stärkeren etwas an aus meinem Besitz, versuche ich damit, seine Gunst zu gewinnen. Vielleicht will ich selbst die Macht, oder ich will zumindest auf der Seite der Macht stehen, mir damit einen

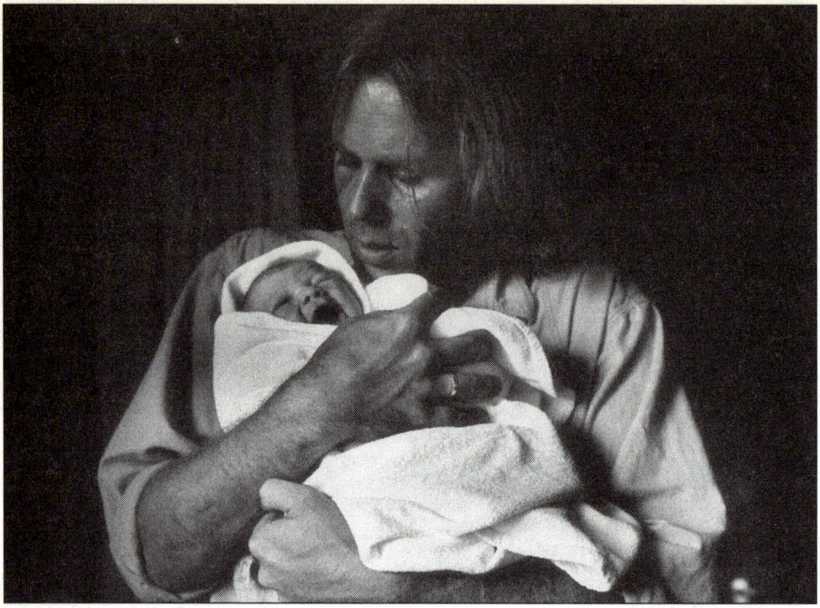

Ratschlag für Eltern: Kinder sind wie der Pfeil am Bogen, sie kommen durch euch, aber sie gehören euch nicht. (Kahlil Gibran)

Teil der Rechte auf Dominanz sichern, größere Rechte gegenüber der Gruppe. Besitz legitimiert die Bewerbung auf Dominanz, untermauert den Anspruch darauf.

Ich habe bei meinen vier Kindern manchmal zu einem Trick gegriffen, um eine Balance der Ansprüche herzustellen, aus dem die kleineren Brüder gegenüber den größeren einen gewissen Vorteil ziehen konnten. Der Trick ist sehr einfach. Ich habe den kleinen Kindern Geschenke mitgebracht, von denen ich wußte, daß sie von den großen begehrt wurden. Der kleine Bruder hatte im Grunde ein geringes Interesse an dem mitgebrachten Spielzeug, aber er entdeckte schnell, daß es ihm eine bessere Position im Austausch mit seinem größeren Bruder verlieh, der das Spielzeug unbedingt haben wollte und nun dem Kleinen seine alten Spielsachen gern überließ. Die Größeren akzeptierten es sogar, den Kleinen an diesem oder jenem ihrer Spiele teilnehmen zu lassen. Die von mir gelenkte Integration beruht auf der einfachen Tatsache, daß ein Mensch deshalb geschätzt wird, weil er etwas hat, was andere nicht haben und doch so gern besäßen. Seine Position innerhalb der Gruppe steigt.

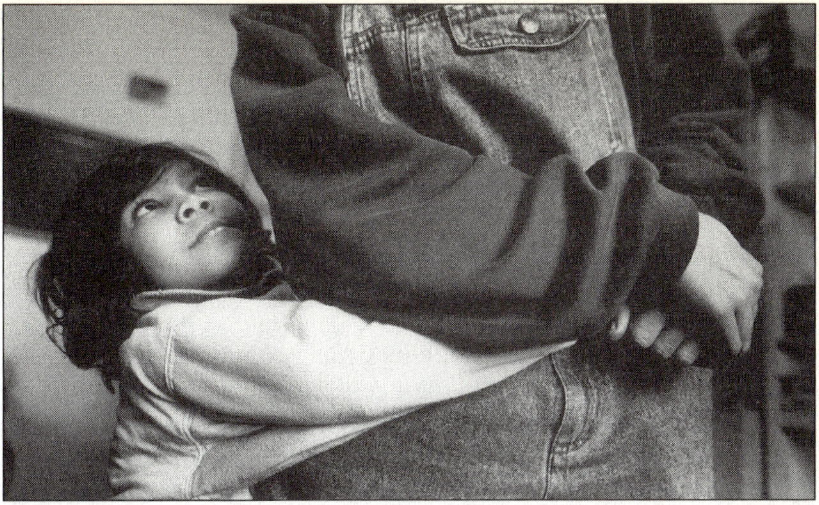

Ich halte dich fest, damit du mir Aufmerksamkeit schenkst! Der Wunsch, die Respektsperson zu besitzen, deutet auf Unselbständigkeit hin. Unsicherheit braucht den Beweis, geliebt zu werden, wichtig zu sein: Ich teile ihn mit niemandem! Diese Reaktion ist in frühen Phasen der Kindheit häufig im Kampf der Geschwister um die Eltern zu spüren, später im Kampf um den Lehrer.

Besitz stärkt das Ansehen. Ganz wörtlich genommen: Alle sehen den an, der etwas Begehrenswertes besitzt.

Ausgangspunkte für Karrieren

Erreicht das Kind eine höhere Position in seiner Gruppe, so wird diese gehobene Stellung auch in seinen körpersprachlichen Signalen ablesbar. Es hält sich aufrecht, es traut sich, dem anderen direkt in die Augen zu schauen. Ganz grundsätzlich hat ein Kind, das gewohnt ist, anderen gerade ins Gesicht zu sehen, das über eine aufrechte Haltung verfügt, größere Chancen, sich in der Gruppe durchzusetzen als ein anderes, dessen Bewegungen einer Fluchtreaktion gleichen; es schaut vom anderen weg, signalisiert Unterwerfung.

Sich aus einer selbstbewußten Grundstimmung heraus zu präsentieren, verfehlt seine Wirkung nie. Die Ausgangssituation ist oft bestimmend: statt die Gruppe mit seinen Stärken zu konfrontieren, zeigt ein anderes Kind die beschriebene Fluchtreaktion, die Augen vermeiden den geraden Blick, der Kopf ist zur Seite gewandt, der Körper ist ein wenig seitlich gedreht, denn eine Schulter ist schon auf den Fluchtweg gerichtet. Alle diese Signale, soweit sie bereits vor dem Beginn einer Konfrontation vorhanden sind, weisen darauf hin, daß die zweite Phase, nämlich die Flucht selbst oder die Resignation bereits vorprogrammiert sind.

Wem gehört die Welt? Selbstbewußtsein drückt sich in der Haltung aus, hier durch den breitbeinigen Stand. Er besagt: Von hier lauf' ich nicht weg! Eine schnelle Ausweichmöglichkeit ist damit versperrt. Der junge Mann beansprucht das ganze Territorium.

Wer sich so präsentiert, hat kaum eine Chance gegenüber dem anderen, der sich zunächst konfrontationsbereit zeigt. Sein Standpunkt drückt sich durch Imponiergehabe aus, es schließt einen Kampf jedenfalls in diesem Moment nicht aus. Erst als letzte Alternative wird er sich zum Nachgeben entschließen, vielleicht sogar die Flucht suchen. Seinen Rückzug wird er möglicherweise noch als Sieg ummünzen, indem er so tut, als zeige er dem Gegner oder der ganzen Gruppe die kalte Schulter: Ich will euch gar nicht! Ich will ja gar nicht mit euch spielen!

Die Hände in die Seite zu stützen, verschafft mir Selbstbewußtsein und zeigt es den anderen. Mit meinen Ellbogen verteidige ich zugleich meine Seiten vor möglichen Angriffen. Wie auf unserem Bild ist das nicht physisch gemeint, sondern wie so oft geht es um Standpunkte und Rechte.

Raumgreifender Schritt, raumgreifende Armbewegungen: Ich bin mir meiner selbst bewußt. Ich lasse mich nicht einengen. Die Bewegung bedeutet Anspruch, soll aber gleichzeitig eine Pufferzone zur eigenen Verteidigung einrichten: Ich halte alles vom eigenen Körper weg.

Bevor die Gruppe ihn wegstößt, verstößt er die Gruppe und versetzt sich in das Gefühl, er habe gewonnen, weil er zuerst seine Ablehnung ausgedrückt hat. Bei Kindern erleben wir diese Umkehrreaktion sehr oft. Sie versuchen auf diese Weise, ihr Gesicht zu wahren, ihr Selbstgefühl zu schonen, wenn sie eigentlich gerade verloren haben. Es ist eine Spielart der »sauren Trauben«, die auch Erwachsene gern praktizieren. Der Fuchs, der an die Trauben nicht herankommt, erklärt sie für sauer.

Mutproben gegen die Angst

Zu den Versuchen, in der Hierarchie einer Gruppe aufzusteigen, gehören die sogenannten Mutproben ebenso wie die Methode, anderen angst zu machen.

Gerade wenn ich selber Angst habe und sie zu bewältigen versuche, mache ich erst einmal den anderen angst. Ich erzähle grausame Geschichten, Geschichten von Gespenstern, Hexen und Ungeheuern. Damit zähme ich zunächst die eigene Angst, schaue den anderen an, ob der noch Angst hat, und ist er noch nicht darüber hinweg, bin ich der Stärkere. Kinder, die sich davor fürchten, hoch hinaufzuklettern oder ins Wasser zu springen, provozieren oft andere, es zu tun, in der Hoffnung, daß auch die anderen sich fürchten. Dabei versuchen sie, sich selbst durch Ausreden vor der geforderten Aktion zu drücken. Sie können nun auf die anderen zeigen und sagen: Seht ihr, ihr habt selber Angst! Sie selbst brauchen nun auch nicht zu klettern oder zu springen, es genügt, die Aktion initiiert zu haben. Das kann natürlich schiefgehen.

Bei allen unter dem Stichwort Hierarchie und Dominanz angeführten Beispielen handelt es sich um Teilbereiche sozialer Integration. Sie vollzieht sich in mehreren Stufen. Bis zum Alter von zwei oder sogar drei Jahren spielen die Kinder eher nebeneinander als miteinander. Sie brauchen in der Regel

Der Sieggewohnte schaut sich gar nicht um: Der andere ist kein Gegner für ihn.

Der Sieger: Ich habe gewonnen und mache mich noch größer. Oft wird die Siegergeste durch einen Sprung unterstrichen. Solches kraftbeweisende Imponiergehabe ist bei Jungen öfter zu sehen als bei Mädchen, die sich mehr durch Leistung auszeichnen wollen, etwa beim Malen, Basteln usw.

Und noch ein Sieger: die Arme gereckt. Das zugrundeliegende Triebsystem ist ein soziales Erbe. Das Bedürfnis danach wird etwa durch die Rituale von Sportvereinen befriedigt: Schaut alle her, wir sind die Größten!

einen häufigeren Körperkontakt mit dem Erwachsenen, zum Beispiel ganz einfach eine Berührung mit der Hand. Die Initiative dazu kann vom Kind, aber auch vom Erwachsenen ausgehen. Jedenfall ist sie erwünscht, was bei Kindern von sechs Jahren dann schon wieder anders aussieht. Sie sitzen gern auf dem Schoß der »Großen«. Dabei sollte das Gesicht stets nach vorn bzw. außen gerichtet sein. So sitzen sie mit gestütztem Rücken, können die Welt anschauen und jederzeit abspringen.

Die Nachahmungsfreude, von der ich sprach und die sich nach beiden Seiten hin vollziehen kann, nämlich indem das Kind die Erwachsenen nachahmt oder die Erwachsenen das Kind, bezeichne ich als einen eingeschränkten Dialog. Vorläufig bleibt das Nebeneinander verhaltenstypisch. Da ihre motorische Entwicklung noch nicht abgeschlossen ist, stoßen sich die Kinder ungewollt, kratzen einander, knuffen sich, was nicht aus Aggression geschieht, aber Aggression auslöst. Die Verletzung des anderen scheint zwar ein Zeichen von Dominanz zu sein, ist es jedoch nicht.

Dominanzverhalten zeigt sich dagegen von vornherein in der Besitzfrage: Das ist mein Spielzeug, das gebe ich nicht her. Das andere Kind wird, seinem Nachahmungstrieb folgend, aber genau das Spielzeug des anderen haben wollen, um das Spiel imitieren zu können. Die Auseinandersetzung läßt nicht auf sich warten. Streben nach Dominanz heißt auch, im Mittelpunkt stehen wollen. Und wenn ein Kind den Turm aus Bauklötzen umwirft, deutet das eben nicht auf Zerstörungswillen hin, sondern auf den Wunsch, etwas zu verursachen. Seht, was alles passiert, wenn ich mich einschalte! Es ist sein motorischer Beitrag zum gemeinsamen Spiel: Du baust auf, ich werfe um! Und schau: Bei mir passiert viel mehr. Meine Wirkung auf die Umwelt ist stärker.

Nach den ersten drei, vier Jahren beginnen die Kinder nach und nach, wirklich miteinander zu spielen. Die Formen des Spiels werden komplexer. Es handelt sich nicht mehr einzig um die Nachahmung, sondern schon um ein koordiniertes Spiel mit Aufgabenteilung. Ich mache dies, und du machst das! Das Streben nach Dominanz zeigt sich auch hier. Jeder versucht, dem anderen die eigenen Spielregeln aufzuerlegen, wenn nicht aufzuoktroyieren. Spielen Eltern mit ihrem Kind, sollten sie darauf achten, daß es nach den Spielregeln des Kindes geschieht. Seine Kompetenz muß bestätigt werden, auch wenn es die Spielregeln ständig ändert. Kompetenz beweist sich auch in der Entdeckung der Sprache. Das Wörtchen »Nein« spielt dabei eine wesentliche Rolle. Jedes Kind hat dieses Wort oft gehört und seine Wirkung erfahren. Eines Tages macht es die Entdeckung, es selbst anwenden zu können, und es probiert die Wirkung seines Nein auf andere aus. Kinder von eineinhalb oder zwei Jahren sprechen schon häufig ihr Nein, um zu erfahren, was es bewirkt.

Zwar müssen wir das Nein des Kindes, etwa beim Füttern, respektieren, aber wir dürfen es nicht ernst nehmen, denn es handelt sich um ein Spiel. Also entfernen wir den Löffel beim ersten Nein, versuchen es wieder, damit das Kind wieder nein sagen kann, dann sagt man selbst: Nein, nimm den Löffel nicht! Worauf das Kind uns freudig widerspricht und vergnügt weiter ißt. Es ging ihm nicht um das Nein zum Essen, sondern um die Wirkung, die es damit hervorrief. Kinder dehnen diese Übung auf alle möglichen Gebiete aus, sie provozieren ihre Umwelt, weil sie die Antwort genießen, die sie verursacht haben.

Das dominierende Kind ist in einer Gruppe leicht ausfindig zu machen. Mit welchem Kind suchen die anderen am häufigsten Blickkontakt? Das bringt des Rätsels Lösung. Wir nennen das in unserer Sprache:

Er hat Ansehen. Alle schauen auf ihn, auf das, was er tut. Von ihm werden die entscheidenden Initiativen erwartet. Deshalb versuchen Kinder stets, die Aufmerksamkeit auf sich zu ziehen, um sich ihres Ansehens zu versichern.

Der angeborene Wunsch nach Integration in eine Gruppe wird sehr früh sichtbar.

Annäherungen

Ich habe bei meinen Kindern beobachtet, daß das jeweils jüngste bereits im Alter von einem Jahr, sobald es nur krabbeln konnte, sich auf die Gruppe der anderen Kinder zubewegte, alles versuchte und alles von den älteren Geschwistern erduldete, nur um dazuzugehören. Nähert sich ein Kind einer bestehenden Gruppe, herrscht bei ihm eine natürliche Scheu vor, es achtet das Territorium der Gruppe, respektiert die Zonen der Annäherung. Es umkreist die Gruppe, wagt sich näher, bis sich ihm die Aufmerksamkeit der Gruppe zuwendet und die anderen es vielleicht in

Aufmerksamkeit erzielen: Wenn der große Bruder nicht auf mich reagiert, muß ich mich bemerkbar machen. Erst durch Einsammeln aller Schreibstifte, damit er von mir abhängig wird.

Ich nehme mir ein Blatt Papier und zerreiße es. Damit baue ich meine Aggressionen ab und mache mich wichtig. Der große Bruder schenkt den Aktionen immer noch keine Aufmerksamkeit …

… Schließlich esse ich das Papier auf. Da muß er doch aufmerksam werden! Die Verbissenheit ist auf dem Bild deutlich auszumachen, der Einfall, das Papier schließlich aufzuessen, ist der letzte, verzweifelte Akt, um den Bruder zu rühren. Kommt das erwünschte Feedback nicht schnell genug, bietet sich ein zerstörerischer Akt als einfachste Lösung an, um eine Reaktion zu erzwingen.

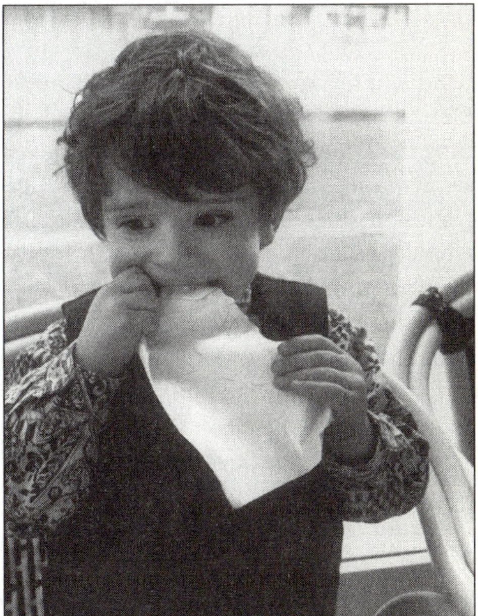

ihr Spiel mit einbeziehen. Oft ist Provokation das Mittel. Die Kinder sitzen vor dem Fernseher. Da stellt sich der Kleinste vor das Bild, und er weiß, daß die anderen auf ihn reagieren müssen.

Annäherung kann durch ein direktes Angebot belohnt werden, aber häufig ist es das fremde Kind, das sich scheinbar nur mit sich selbst beschäftigt, jedoch immer wieder nachschaut, wie die anderen auf seine einsamen Aktionen reagieren, das die Aufmerksamkeit auf sich zieht. Sein wahrscheinlich unbewußter Hintergedanke dabei ist, daß die anderen vielleicht beginnen könnten, sein Spiel nachzuahmen, ähnliche Objekte wie seine haben zu wollen. Der Integrationsimpuls heißt: Schau, ich mache etwas Ähnliches wie du, also haben wir die gleichen Intentionen, warum wollen wir es nicht gleich gemeinsam machen?

Ob das Kind schaukelt, Roller fährt, mit Steinen spielt oder mit Stöckchen, ob es hüpft oder springt, immer ist seine Aufmerksamkeit – durch kurze Blicke – auf die Gruppe gerichtet, deren Annäherung es sich wünscht. Hat es sie durch seine Aktion zum Mitmachen stimulieren können?

Provokationen

Kindliches Provokationsgelüst gilt auch der Frage, wie stark ist mein Gegenüber. Zuallererst richtet sich diese Art provozierender Überprüfung der Umwelt auf die Eltern. Kinder erwarten von ihnen, daß sie konsequent und stark reagieren. Sie benötigen den Beweis, daß ihre Bezugspersonen stark sind, denn nur ein starker Partner ist fähig zu helfen, wenn man in Not gerät oder Angst haben muß. Begegnen wir unseren Kindern nur auf sanfte, schlimmer noch auf unsichere Weise, werden auch sie mit der Zeit unsicher und verlieren das Zutrauen, daß wir ihnen helfen können.

Durch Provokation will das Kind sowohl seine eigenen Grenzen überprüfen, und das ganz beharrlich immer wieder, als auch sich stets neu versichern, wie stark sein Erwachsener eigentlich ist, wie unbegrenzt es sich auf ihn verlassen kann.

Damit ist ein interessantes Phänomen angesprochen, das in unserem Zusammenhang auf das Verhältnis von Eltern und Kindern bezogen ist, aber auf jede Beziehung zwischen Aggressor und Opfer zutrifft. Zwar hat das Kind auf der einen Seite Angst vor der Stärke des Erwachsenen, die ihn ja auch bedroht, auf der anderen Seite sucht es dessen Stärke, wenn es Schutz braucht. Es weiß, wenn mich jemand schützen kann, dann ist es diese Person, die mir ihre Stärke bewiesen hat.

Genauso ist es in der Beziehung zwischen Opfer und Aggressor. Der Schwache wirft sich dem Starken in die Arme, eine schwache Gruppe ergibt sich dem starken Anführer, ein geschwächtes Volk hängt sich an einen Diktator, dessen Gefährlichkeit es kennt und von dem es dennoch glaubt, nur er könne ihm helfen und es aus seiner Not befreien. So werden die Schafe vom Wolf gefressen.

Identifikationen

Kinder empfinden bei aller Anziehungskraft, die Stärke auf sie ausübt, natürlich ebenso ein Bedürfnis nach Sanftheit, Verständnis und Unbedrohtsein. Vielleicht suchen sie auf der einen Seite die Identifikation mit einer starken Vaterfigur und brauchen auf der anderen Seite die fraglos bereitgehaltene Wärme der Mutter. Der Wunsch, stark zu sein, ist bei den Jungen stärker ausgeprägt als bei den Mädchen. Ich sagte ja schon, daß auch das hierarchische Bedürfnis bei Jungen eine ungleich wichtigere Rolle spielt. Jungen identifizieren sich in der Regel mit dem Anführer ihrer Gruppe, ihr Lehrer muß eine starke Persönlichkeit beweisen, und das setzt sich fort bis zu den Helden ihrer Geschichten und Filme. Die Identifikation mit Leitfiguren zwingt bereits die Kinder zu einem gewissen Imponiergehabe in ihrer Körpersprache innerhalb der eigenen Gruppe. Sie versuchen, ihr Ansehen in der Gruppe zu steigern, indem sie Erwachsene provozieren, zum Beispiel ihre Lehrer, und ungestraft davonkommen. Zum Imponiergehabe gehören genauso jene herausfordernden Leistungen, die Mutproben heißen und gefährliche Folgen haben können, wie die typischen Haltungen und Bewegungen des Körpers. So stehen sie breitbeinig, mit geschwellter Brust da, heben das Kinn, als wollten sie sagen: Ich bin zwar klein, aber ich habe vor niemandem Angst!

Eltern und Lehrer tun gut daran, nicht immer recht behalten zu wollen gegenüber ihren Kindern, ihre Dominanz nicht immer und immer wieder durchzusetzen. Denn haben sie stets recht, und das Kind muß nachgeben, verliert es sein ganzes Selbstbewußtsein, weil es nie gewinnt. Kindern darf das Erfolgserlebnis nicht völlig versagt bleiben. Die Gewinnchance, die man Kindern bieten kann, liegt in einer dritten Lösungsmöglichkeit, die beiden Seiten den Gesichtsverlust erspart. Es handelt sich dabei oft um Kompromisse. Zwei Wünsche stehen sich gegenüber, oft können sie nacheinander erfüllt werden, zu verschiedenen Zeiten, der eine Wunsch heute, der andere morgen. Es lassen sich auch Gegenvorschläge als Kompromiß einbringen, Ersatzspiele. Wir müssen der Kreativität einen Spielraum geben für einen dritten Weg, und zwar auch dem des Kindes, denn es soll ebenso die Möglichkeit haben, auszuprobieren, wie weit es seine Wünsche durchsetzen kann. Der kleine Sohn soll zu Bett, darf nicht weiterspielen, aber es wird ihm erlaubt, ein Spielzeug mit ins Bett zu nehmen. Spielen darf er nun im Bett auch nicht mehr. Darauf verlangt er einen Schluck Wasser. So könnte es unendlich weitergehen. Eine oder zwei Ausweichmöglichkeiten sollten einem Kind gegeben sein, darüber muß die Grenze liegen.

Zur Identifikation mit dem Vorbild gehört stets die Bemühung um dessen Gunst. Der Starke wird provoziert, seine Stärke zu zeigen, und fühlt sich geschmeichelt; man versucht, Anerkennung durch eigene Leistung zu erringen, oder man kokettiert mit ihm. Signale von Kindlichkeit, von Hilfsbedürftigkeit verlieren ihre Wirkung nie. Mädchen wissen sie meist geschickter einzusetzen als Jungen.

Die Bemühung um die Gunst des Stärkeren kann unterschiedliche Wege gehen.

Ein braves Kind weiß, daß es tun muß, was man von ihm erwartet. Ein Kind, das tut, was ihm gefällt, gilt als ein weniger braves Kind. Hat nun das eine es leichter als das andere? Wir gehen meist davon aus, daß ein guter Schüler und braves Kind es einfacher habe als andere. Es kokettiert um die Gunst seiner Eltern und Lehrer. Was wir aber übersehen, ist, daß ein braves Kind auf vieles verzichten muß. Denn natürlich spürt es auch den Wunsch, Dinge spontan zu tun, weiß jedoch, daß es damit die Gunst der Respektspersonen aufs Spiel setzt. Also verzichtet es lieber darauf, sich solche Wünsche zu erfüllen! Auf seiner inneren Prioritätenskala gilt die Gunst der Respektspersonen mehr als das eigene Verlangen nach Spontaneität. Statt eigener Wünsche die Erwartungen anderer zu erfüllen kann aber auch nicht ganz leicht sein.

Das nicht so brave Kind dagegen riskiert ständig, die Gunst seiner Respektspersonen zu verlieren, nur um seinen eigenen Impulsen zu folgen. Beide opfern etwas, der eine die Gunst der Respektspersonen, der andere die eigenen Wünsche.

Wenn ich so sitzen bleibe, nimmt er mich nie wahr! Also klettere ich auf den Tisch – schon habe ich seinen Blick gefangen. Es gibt nichts Unerträglicheres für ein Kind als Langeweile und Bewegungslosigkeit. Lange zu sitzen und wie hier auf Essen oder Trinken zu warten ist ein schrecklicher Zustand für ein Kind. Immer verlangt es nach Aktion, nach Beschäftigung. Und das ist oft der Grund, daß sich Kinder in der Öffentlichkeit nicht so benehmen, wie es die Eltern sich wünschen. Bei Eltern, die ihre Kinder nicht links liegenlassen, würde es wahrscheinlich nicht passieren.

Bleiben sie ihrer Wahl treu, werden sie zu unterschiedlichen Weltanschauungen gelangen. Der eine entwickelt sich zu einem Menschen, der stets hilfsbereit und strebsam ist. Von den übrigen Kindern wird seine Art nicht immer gern gesehen, weil er in der Gunst der Leitfigur steht und die anderen unweigerlich in ein schlechteres Licht rückt. Manche verzichten ganz auf diese Gunst, obwohl sie wissen, daß sie von ihr abhängen, und häufig schaffen sie eine Cliquenatmosphäre, in der gerade das Nichtbravsein als erstrebenswert gilt. Hier versammeln sich die sogenannten Starken zu einer Gruppe, und ihr steht die Gruppe der sogenannten Schwachen gegenüber, die sich um die Gunst der Eltern und Lehrer bemüht.

Auf einen wesentlichen Unterschied will ich in diesem Zusammenhang hinweisen. Es ist etwas anderes, ob ein Kind seinen inneren Impulsen folgt und damit die Gunst der Lehrer und Eltern aufs Spiel setzt, oder ob es durch Widerstand die Aufmerksamkeit der Respektspersonen auf sich ziehen will und in ihrer Achtung zu steigen glaubt, wenn es eigene Stärke demonstriert. Schau her, ich bin genauso stark wie du! Diese Stärke kann ich nur durch meinen Trotz beweisen.

Alle diese Überlegungen des Kindes lassen sich an seiner Körperhaltung ablesen. Wieder steht es breitbeinig da, das Kinn gereckt, die Hände in den Hüften, die Ellenbogen abgewinkelt, bereit, sich abzuwenden, um zu demonstrieren: Ich kann auch ohne dich leben! (Liebesentzug)

Eine in sich geschlossene Trotzhaltung kennt diese Signale von Imponiergehabe kaum. Die Arme sind über der Brust verschränkt, das Kinn ist gesenkt, ganz so, als müsse sich das Kind gegen den anderen verteidigen. Im Gegensatz zu dem oben beschriebenen Versuch, durch Trotz Anerkennung zu gewinnen, spricht dieser Trotz von Abwehr: Ich will nicht mehr! Ich bin verletzt! Auch gestreckte Knie deuten auf kindlichen Trotz hin. Ich mache mich kleiner und will möglichst nicht agieren! Die Notwendigkeit, sich zur Geltung zu bringen, steigt mit dem Eintritt in eine Gruppe, also vom Umgang mit anderen Kindern an, im Kindergarten und erst recht in der Schule. So wird das Kind manchmal seiner Kindergärtnerin, die von ihm geliebt und als Autorität anerkannt wird, mit Verweigerung entgegentreten und nicht tun, was sie von ihm verlangt, weil es versucht, die eigene Persönlichkeit durchzusetzen. Denn nur, wenn es etwas anders macht, unterscheidet es sich vom Rest der Welt. Auch provozierende Langsamkeit beim Spaziergang, die jede Mutter zwingt, immer wieder stehenzubleiben oder zurückzugehen, um das Kind zu holen, ist auf besondere Aufmerksamkeit bzw. Zuwendung gerichtet. Es ist müßig, eine logische Ursache hinter solchem Verhalten zu suchen, denn die Weigerung des Kindes entspricht einer Laune, einem spontanen Gefühl. Ein Kind erlebt die Welt eben anders als der Erwachsene. Gerade wenn seine Verfassung nicht stark ist, fühlt es ein drängendes Bedürfnis, sich zu behaupten, stärker als zu Zeiten, in denen es sich selbstsicher fühlt. Bei alten Menschen ist es wieder ganz ähnlich: Zur Kompensation ihrer Muskelschwäche sichern sie sich durch mehrere Schlösser an ihren Türen ab.

Fünf Reaktionen auf unfreundliche Reize

Unzufriedenheit mit sich selbst, Unbehagen an der Welt bringen das Kind in die Nähe der fünf von mir genannten Reaktionsverhalten: Attackieren, Weglaufen, Hilfesuchen, Sich-Verstecken, Sich-Unterordnen.

Im eben beschriebenen Fall kommt Unterwerfung für das Kind nicht in Frage, also bleiben die anderen vier Reaktionsmuster. Verstecken sich Kinder, ist Unbehagen die Ursache, und dieses Unbehagen wird wie jedes ihrer Gefühle als Ganzheit erlebt. Es kommt also nicht darauf an, ob es sich um ein körperliches Unbehagen handelt oder ein psychisches, ob das Kind sich durch Blick oder Wort bedroht fühlt, oder ob es nur müde ist und daher ein Gefühl von Schwach- und Kranksein empfindet. Ich habe es einmal bei meinem ältesten Sohn erlebt: Als ich ihm dominant einen Wunsch abschlug, rannte er ins Nebenzimmer und kroch unter eine Decke, die auf dem Boden lag.

Genauso kann das Unbehagen aus der Phantasie des Kindes aufsteigen, aus einer Welt von Zauberern, Riesen, Feen und Hexen. Die reale Welt scheint die zauberische Welt zu bestätigen. Ich habe Hunger, und jedesmal ist der Tisch gedeckt! Ich mache mich schmutzig, und jedesmal sind wie durch Zauberhand saubere Kleider da! Aber der Zauberer ist auch böse und scheint etwas zu verlangen, was das Kind ganz und gar nicht tun will. Es versteht auch nicht, warum es zum Beispiel unbedingt ein Kleidungsstock anziehen soll, das es im Augenblick als lästig empfindet. Logik ist bei Kindern so sekundär bzw. anders als bei Erwachsenen; sie steht vielleicht sogar auf dem dritten, vierten Platz ihres

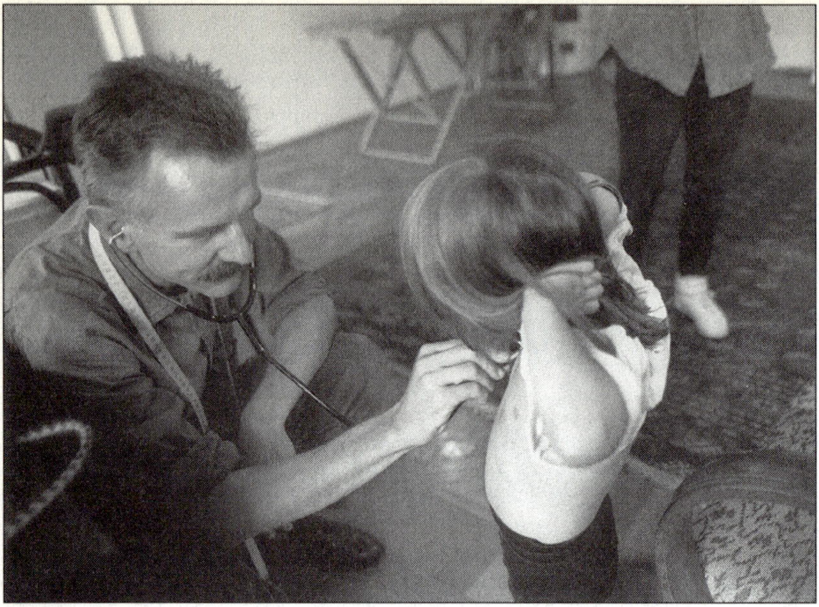

Ein Arzt, besonders im weißen Kittel, wirkt fremd. In Alltagskleidung besitzt der Arzt eine weniger autoritäre Ausstrahlung. Er ist mit seiner kleinen Patientin auf gleicher Höhe. Er scheut sich nicht, sich auf das Niveau des Kindes hinunterzubegeben. So hat er die richtige Kommunikationsebene erreicht.

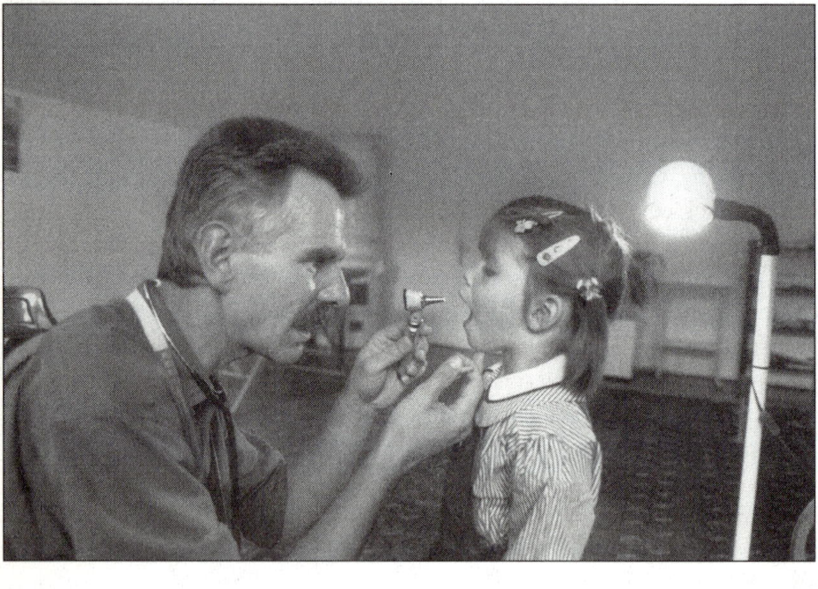

Statt sich dem Kind zuzuwenden, bleibt es bei der Kommunikation zwischen Mutter und Arzt. Das Kind verkriecht sich unter dem Sessel. Resultat: Der Arzt findet keinen kommunikativen Zugang zu ihm.

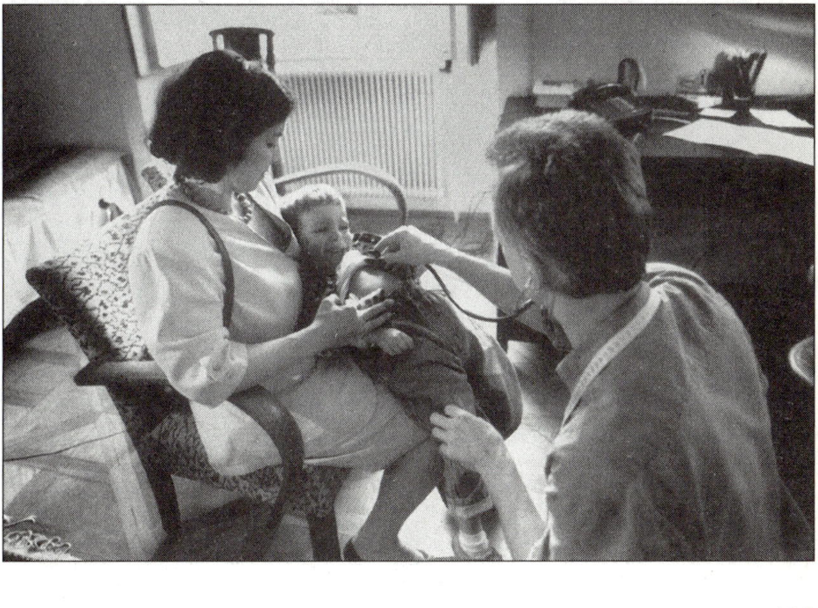

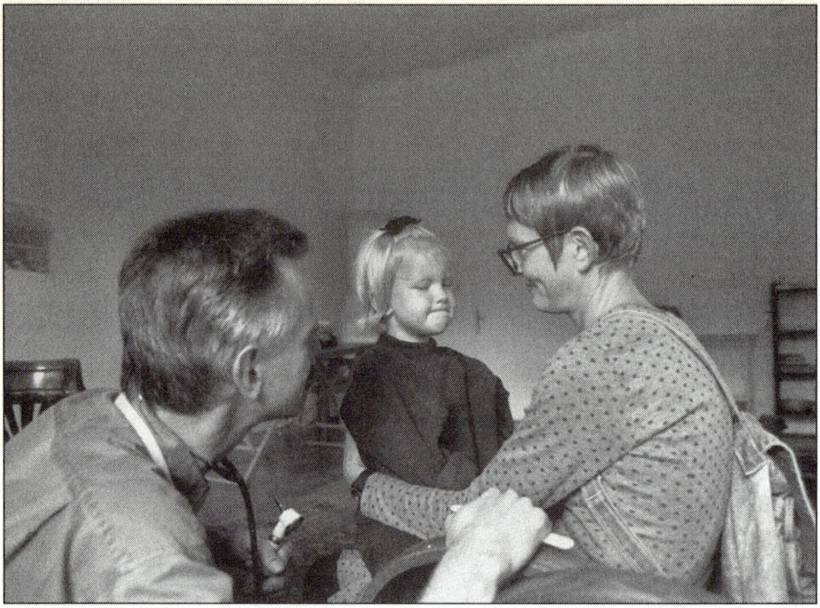

Das Kind scheint sich noch zu sträuben, aber die Mutter fängt den Widerstand durch ihre Umarmung ab. Der Arzt bleibt gelassen, das Kind hat die Situation akzeptiert und läßt sich ruhig untersuchen.

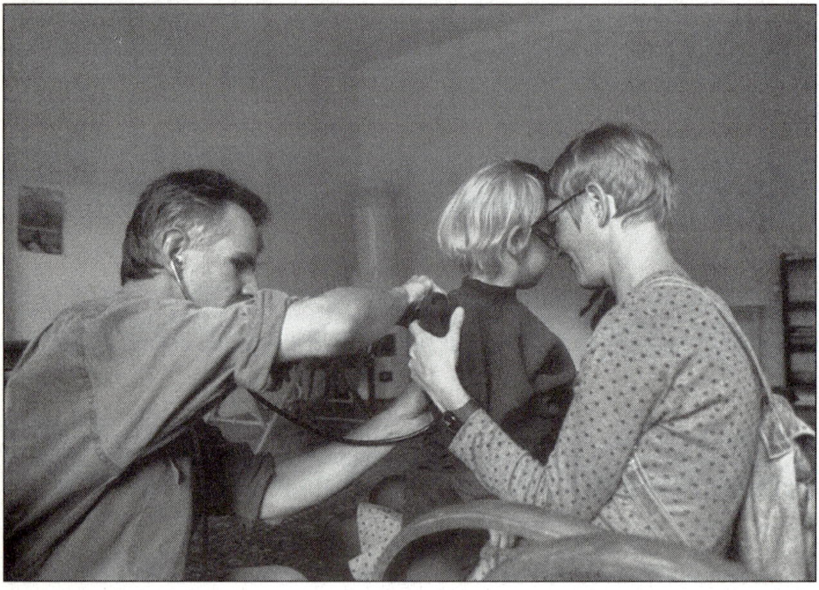

Es gibt viele Arten, sich zu verstecken und ebenso viele Anlässe dazu. Der Mensch scheint das einzige Lebewesen zu sein, das sich vor der eigenen Gattung versteckt. Ganz generell ist das unbegründete Mißtrauen gegenüber Fremden häufig.

Kinder sind noch nicht so ritualisiert wie Erwachsene und verstecken sich noch ganz real, zum Beispiel hinter der Tür. Schüchternheit kann aus dem Gefühl resultieren, als Mensch nicht akzeptiert zu sein, sondern nur nach dem Verhalten bewertet zu werden. Sympathie, so scheint es, muß erst verdient werden.

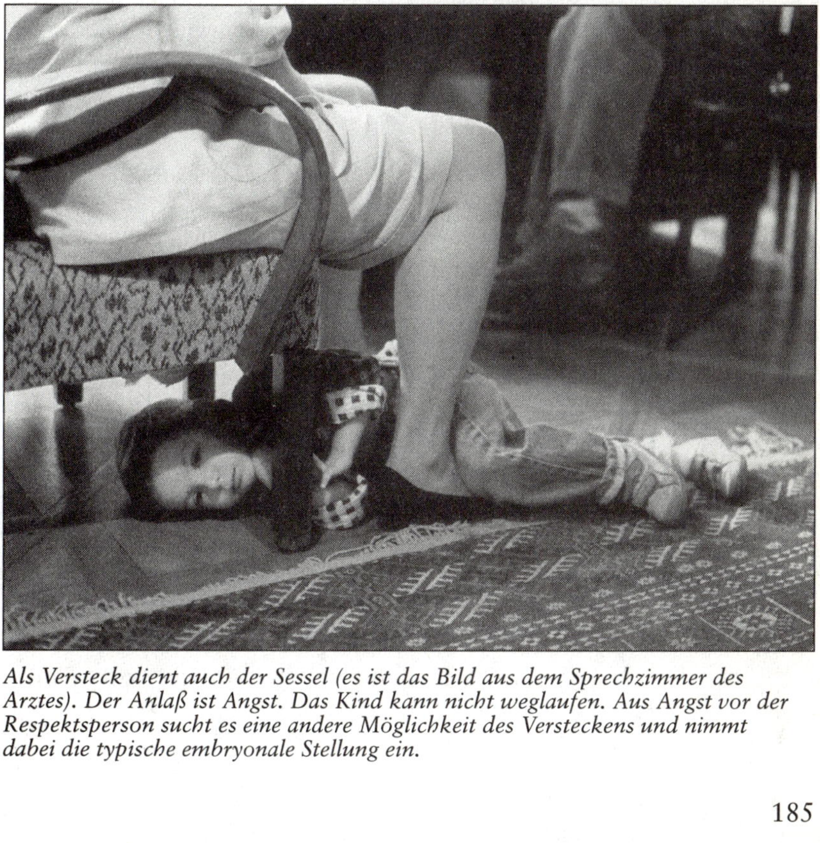

Als Versteck dient auch der Sessel (es ist das Bild aus dem Sprechzimmer des Arztes). Der Anlaß ist Angst. Das Kind kann nicht weglaufen. Aus Angst vor der Respektsperson sucht es eine andere Möglichkeit des Versteckens und nimmt dabei die typische embryonale Stellung ein.

Man kann sich auch hinter einem anderen verstecken. Die Szene, die hier zu sehen ist, zeigt es ganz realistisch. Im Erwachsenenleben erscheint dieselbe Form des Versteckens im übertragenen Sinn. Oft ist Verstecken ein Zeichen für die Scheu vor dem Unbekannten.

Interesses. Im Mittelpunkt und auf dem ersten Platz vor allen Empfindungen steht das Ganzheitserlebnis, wie es der bevorzugten Stellung der rechten Gehirnhemisphäre im Kindesalter entspricht.

Unbehagen und Aggression entstehen auch durch falsche Einschätzung einer Situation. Hat sich die Aufmerksamkeit der Gruppe in eine neue Richtung gewendet und ein Kind hat nicht aufgepaßt und daher die Wendung nicht mitvollzogen, wird es sie häufig als Abwendung von der eigenen Person mißverstehen. Reagiert das Kind, das sich nun allein gelassen fühlt, damit, daß es sich versteckt, kann es das tatsächlich tun, unter einem Sessel, hinter der Tür, in einem Schrank oder hinter dem Vorhang, es kommt jedoch bei Kindern nicht selten vor, daß sie einfach die Augen schließen oder sich die Hände vor die Augen halten. Wenn ich dich nicht sehe, dann siehst du mich auch nicht!

Erwachsene verstecken sich durch Verdrängen. Bewußt oder halb unbewußt üben sie sich in Vogel-Strauß-Politik. In der frühen Kindheit sind verdeckte Objekte nicht existent, erst später entwickelt sich die Erkenntnis, daß sie trotzdem da sind. Kinder reagieren auch noch im Kindergartenalter und darüber hinaus optisch. Ihre Welt ist hier und jetzt. Deshalb ist es richtig, wenn zu Hause oder im Kindergarten die Spielmöglichkeiten sichtbar vorbereitet werden. Das Kind wird von den Objekten angeregt, von Bausteinen, Bällen, Malstiften. Fragen wir ein Kind: »Willst du malen?«, und das Papier ist nicht da, die Farben sind nicht zur Hand, werden wir selten eine positive Antwort bekommen. Der optische Reiz hat gefehlt. Das theoretische Angebot reicht für Kinder in der Regel nicht aus.

Ich habe schon im Zusammenhang mit der Kontaktanbahnung zwischen den Kindern darauf hingewiesen, wie durch ein reales Spielangebot das eine Kind vom anderen zur Nachahmung angeregt wird. Es kommt hier wie da darauf an, daß ein aktives Spielangebot vorhanden ist. Daheim oder im Kindergarten sind es die physischen Reize, die den Spieltrieb anregen.

Kinder brauchen aber auch Zeit für sich selbst, ganz besonders im frühen Alter. Wir wissen ja, daß kleine Kinder zunächst nebeneinander und noch nicht miteinander spielen. In einer Übergangsphase und auch noch beim Heranwachsen kann es vorkommen, daß ein Kind allein spielen möchte.

Der Einzelgänger und die Gruppe

Die Gruppe sieht in jedem, der sich von ihr absondert, eine potentielle Gefahr. Denn der Einzelgänger erklärt damit unausgesprochen: Im Moment brauche ich euch nicht! Damit gelten eure Spielregeln auch nicht für mich, und ich brauche mich nicht unterzuordnen! Die Gruppe hat ihre Macht über ihn verloren. Sie versucht, sich für diesen Verlust zu rächen, indem sie den Abtrünnigen zum Sonderling, Außenseiter, Spielverderber stempelt und damit im Wert herabsetzt. Die Gruppe schützt ihren Bestand; denn die Gruppe besitzt eine klare Struktur. Es gibt den Anführer und die Gefolgsleute. Der Leithammel kann seine Macht über alle ausüben, denn die haben seine Führungsrolle akzeptiert. Nur der »Sonderling« könnte sie gefährden, niemand sonst aus der Gruppe, der sich den Spielregeln weiterhin fügt. Der Einzelgänger jedoch hat sich von den Spielregeln befreit. Er kann möglicherweise etwas beginnen, das die Aufmerksamkeit der Gruppe auf sich zieht, und damit übernähme er die Rolle des Anführers.

Als Alternative kommt der Einzelgänger vor allem dann in Frage, wenn es innerhalb der Gruppe mit ihren feststehenden Spielregeln langweilig geworden ist. Wenn sich die Führung nichts einfallen läßt, wird der »Sonderling« schon daher zur Alternative, weil er etwas anderes anbietet. Es braucht jetzt nur einer in der Gruppe auf die alte Führung eifersüchtig zu sein, ein anderer von ihr gekränkt, dann fällt die Gruppe auseinander, und bald gibt es kein Halten mehr. Auf der Seite des »Sonderlings« dagegen bildet sich eine neue Gruppe.

Halb versteckt sie sich, halb treibt die Neugier sie hervor! Sicherheit hat hier Vorrang. Die Neugier lockt ins Risiko. Auch die Zeit spielt eine Rolle: Kinder folgen stufenweise einem Annäherungsritual, um den anderen kennenzulernen.

Was hier für die Gruppenbildung und den Gruppenbestand bei Kindern gesagt ist, gilt auch ganz allgemein für Gesellschaftssysteme. Nur alternatives Denken schafft die notwendige Erneuerung. Jedes System und jedes Regime versucht, sich a priori gegen neue Ideen zu wehren, weil sie die bestehenden Spielregeln gefährden. Die alte Herrschaft hat zwei Möglichkeiten: Sie adaptiert sich an das Neue und schluckt die Alternative, versucht sie der eigenen Gruppe einzuverleiben, oder sie bewegt sich nicht und schaut zu, wie das andere Lager an Energie gewinnt.

Man kann auch einfach die Augen zumachen ... (Ich will die Realität nicht sehen!) Diese Erscheinung läßt sich bei Kindern, die sich überfordert fühlen, häufig beobachten. Oft beginnen sie dabei, mit den Augen zu blinzeln.

Eine Variante ist es, das Gesicht mit den Händen zu bedecken und zu glauben, nicht mehr da zu sein und damit das Problem zu überwinden. Später wird dieser Vorgang abstrahiert: Man macht innerlich die Augen zu.

Spielregeln regieren die Gesellschaft

Was sich in der Gruppenbildung von Kindern und Jugendlichen vollzieht, ist die Grundform gesellschaftlicher Strukturen, in denen wir leben. Die Gesellschaft braucht Spielregeln, damit ihre Teile sich synchronisieren können. Spielregeln schaffen Berechenbarkeit. Um zu funktionieren, müssen gesellschaftliche Systeme berechenbar oder, besser, kalkulierbar sein. Humane Gesellschaften stellen zwar feste Spielregeln auf, bieten dem einzelnen innerhalb dieser Spielregeln jedoch eigene Rechte. Dazu gehört auch, daß diese Rechte einander von den Beteiligten gegenseitig zugesprochen und respektiert werden. Damit ist geklärt, was erlaubt und was verboten ist bzw. was vom einzelnen in der Gruppe und von der Gruppe erwartet wird. Dabei ergibt sich Spielraum für Spekulationen: Wenn bestimmte Erwartungen sich entwickeln, und ich erfülle sie, wird mir eine bessere Position in der Gruppe zuteil, erfülle ich sie nicht, wird mir zwar nichts geschehen, aber ich steige auch nicht auf!

Jede Gruppe versieht sich mit eigenen Spielregeln, die sie von anderen Gruppen unterscheidet. Darin liegt ihre Identität. Gehen wir einmal von sozialen Gruppen aus, so zeigt sich sogleich, daß etwa in Künstlerkreisen eigene Spielregeln, eigene Kleiderregeln, eigene Freizeit-, Essens-, Sprachregeln, kurz gruppenspezifische Lebensgewohnheiten herrschen, und genauso ist es bei Studenten, in bürgerlichen, liberalen oder religiösen Kreisen. Das geht bis tief in alle Verhaltensstrukturen, so zum Beispiel in das Sprachverhalten. Nicht nur die alte österreichische Aristokratie hatte ihr leicht näselndes Schönbrunner Deutsch. Gerade die Sprache von Kindern und Halbwüchsigen ist ein unübertreffliches Gruppenidiom, die Sprache der Manager ist es nicht weniger, auch wenn ihr die innovative Phantasie der Jugendsprache fehlt. Die Wissenschaft pflegt ihre codierte Sprache und schützt sich so vor Lesern außerhalb eines bestimmten Fachgebiets.

Jede Gruppe schafft sich Signale, die sie von anderen unterscheidet und die für sie typisch sind. Sie sind das Erkennungsmerkmal und gehören zum Code der Gruppe. Das Spielregelritual innerhalb der Gruppe wird unter anderem zum Schutz des einzelnen ausgeführt. In meinem Buch über Partnerschaft und Körpersprache habe ich über das Annäherungsritual geschrieben. Dieses Ritual von Blickkontakt, Nähe und Distanz hat festgelegte Schritte (der Sinn eines Rituals). Auf jeder Stufe kann der, dem die Annäherung gilt, ja oder nein sagen. Solange ein

Anderssein macht zum Außenseiter. Hier wird auf den Fremden gezeigt. Keine Chance zur Annäherung. Die Angst vor dem Fremden, vor dem, der anders aussieht, hat ihre biologischen Wurzeln auch darin, daß sich Krankheiten durch Veränderung der körperlichen Erscheinung zeigen können. Die Gruppe versucht, sich dagegen zu schützen und die fremde Erscheinung abzustoßen.

Außenseiter bleiben oft die Schwachen. Man nimmt sie gar nicht wahr. Sie sind aber nicht nur Andersartige, Schwache oder Kleine, Außenseiter ist auch, wer einen anderen Rhythmus hat als die Gruppe. Will er aufgenommen werden, muß er versuchen, seinen Rhythmus der Gruppe anzugleichen. Das gilt natürlich auch für die Autoritätsperson, die sich einer Gruppe von Kindern, zum Beispiel einer Schulklasse, aktiv nähern will.

Frühe Ritualisierung in der Familie: Siehst du nicht, daß dein Bruder sich weh getan hat? Kinder leben noch in ihrem ganz eigenen großen Ego, sie müssen durch Beispiel und Familienrituale die Identifikation mit der Gesellschaft erlangen.

Der Bruder muß einen Trostkuß bekommen. Auch hier wird unter Umständen eine Überwindung beim Kind verlangt, den Bruder zu lieben. Es handelt sich bei dem anderen jedoch häufig um den Rivalen, der Anlaß zur Eifersucht gibt. Gleichzeitig ist er zwar der potentielle Spielkamerad, ihn jedoch wegen der Blutsverwandtschaft lieben zu sollen, muß erst gelernt werden. Die alten Geschichten von Kain und Abel, von Jakob und Esau sind als warnende Beispiele anzusehen.

Die Mutter meint es gut. Sie glaubt, dem kleinen Mädchen eine Freude zu machen, indem sie ihm das Baby auf den Schoß setzt. Das Resultat ist negativ. Das kleine Mädchen nämlich wird in eine Rolle gedrängt: Es soll lernen, Mutter zu sein. Es ist unwahrscheinlich, daß man mit einem kleinen Jungen ebenso verfahren würde. Er hat andere Rollen zu lernen.

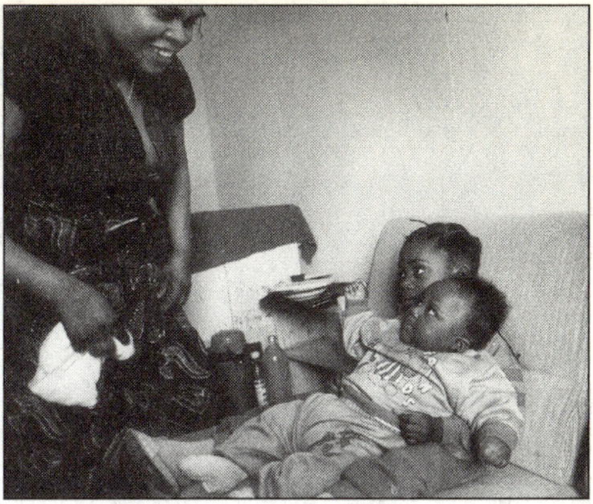

Vorgang im Rahmen des Rituals verläuft, bleibt der Fortgang kalkulierbar: Ich kann nein sagen, und der andere wird sich danach richten, deshalb riskiere ich mit ihm das Ja bis zur nächsten Stufe, und wir beide wissen, wohin sie führt. Gibt es keine Spielregeln, oder sind sie mir unbekannt, wird das Risiko unkalkulierbar. Es kommt darauf an, daß die Partner derselben Gruppe angehören und nach den gleichen Spielregeln vorgehen.

Ein Mädchen aus Süditalien konnte es sich immer leisten, leichtbekleidet auf der Straße zu flanieren – wir kennen das nicht nur aus Filmen mit der Lollobrigida oder Sophia Loren – und tiefdekolletiert und hüftenschwenkend die gesamte männliche Dorfjugend verrückt zu machen. Es ging damit kein Risiko ein, weil die Familie mit ihren Gewehren hinter ihm stand. Jeder wußte: Das sind die Spielregeln. Männer konnten ihre Bewunderung mit einem Pfiff, mit einem kurzen Kompliment, einem Scherzwort ausdrücken, aber weitergegangen ist keiner, weil es die Spielregeln nicht erlaubten. Und jeder Mann wußte, was ihn erwartete, wenn er sie nicht einhielt.

Unser Mädchen aus Süditalien kommt nach New York und gibt sich so wie zu Hause. Sie wird am nächsten Tag vergewaltigt, und der Übeltäter wird vom Richter freigesprochen, weil der anerkennt, daß der Angeklagte unter den in New York geltenden Spielregeln sich von dem Mädchen zu seiner Tat provoziert, ja eingeladen sah.

Man muß wissen, welche Spielregeln gelten. Die New Yorkerin zeigt sich nicht ohne Grund dezent gekleidet, vermeidet große und vor allem S- oder schlangenförmige Bewegungen, schaut geradeaus, um durch

Frühe Ritualisierung: Das Kind darf nicht mehr Kind sein. Die Eltern wollen in ihrem Sohn bereits den späteren Bürger sehen. Anzug, Verbeugung – sie sprechen für sich.

Augenkontakt nicht den Anschein eines Anscheins einer Aufforderung zu geben. Sie kennt die geltenden Spielregeln.

Die Mehrzahl aller Spielregeln sind Abmachungen einer Gesellschaft. Nur einige wesentliche sind naturgegeben, also biologisch. Das Kind weiß in seiner frühen Phase nichts von Spielregeln. Es reagiert noch frei nach seinen Bedürfnissen. Die Mutter hingegen ist längst ein konditioniertes Produkt von Spielregeln, sie versucht, dem Kind möglichst schnell in das Ritual von Spielregeln hineinzuhelfen. Sie muß es deshalb von Anfang an eher als soziales Wesen denn als Lebewesen betrachten, um es zu einem integrierten sozialen Wesen zu machen. Eine Mutter geniert sich, wenn ihr Kind in Gesellschaft schreit, denn das verstößt gegen die Regel. Das Schreien stört die anderen Leute, und man stört andere Leute nicht. Denn es würde sich auch niemand umdrehen, um zu fragen, warum das Kind schreit, sondern die Mutter erntete lediglich mißbilligende Blicke: Es ist deine Pflicht, das Kind so schnell wie möglich zu ritualisieren, daß es sich nicht mehr frei äußert, und wenn, dann nur in einer begrenzten Toleranzzeit.

Die Mutter steht unter Druck, weil sie weiß, daß ihre Akzeptanz durch die Gruppe davon abhängt, wie weit sie bei dieser Ritualisierung mitmacht. Vielleicht begreift sie, daß ihre ganze Kommunikation mit dem Kind nicht einer freien Entscheidung entspringt, sondern nur die nach dem Ritual erlaubten Empfindungen wiedergibt: Eine Mutter darf nicht böse sein, eine Mutter darf nicht aggressiv sein, eine Mutter darf

Tradition als Ritual: Sie kann den Kindern einen Halt geben, den sie ein Leben lang nicht verlieren. Ob einer religiös ist oder nicht, wiederkehrende Rituale sind Anker im Alltag. Zugleich haben wir es mit einer frühen Konditionierung zu tun.

Trost: Meine Hand hält das Kind nur locker, damit es ihm möglich bleibt, sich zu entziehen, wenn es meinen Trost nicht mehr nötig hat oder ihn nicht akzeptiert. Das Kind sollte einen eigenen Ausdruck für seinen Kummer finden dürfen. Trost darf nicht einsperren. Kinder wollen ihre Trauer oder Enttäuschung auch oft ausweinen. Sie abzulenken, anstatt sie zu verstehen, wäre nicht der richtige Weg. Gerade das Ausleben von Gefühlen führt zu einem beruhigenden Effekt.

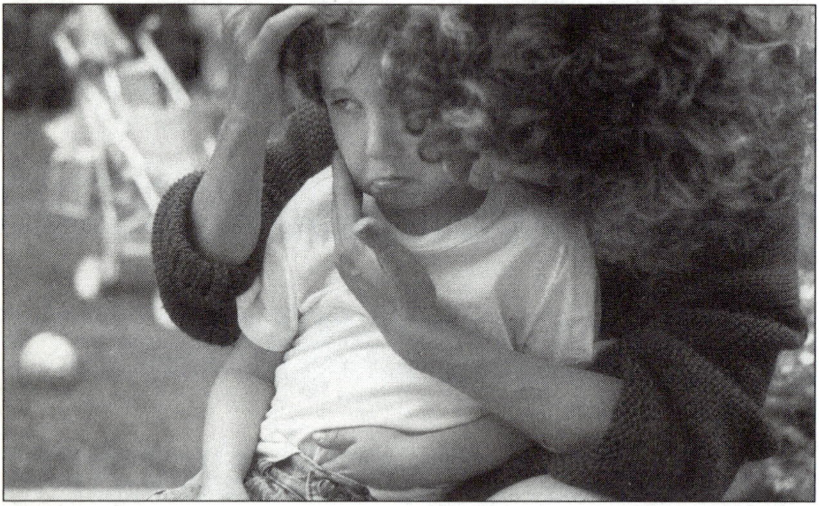

Die Mutter umfängt das Kind mit ihren Armen, die Hände bleiben dabei locker. Sie versucht, das Gesicht des Kleinen zu sich hinzuwenden, aber das Kind will seinen Trotz noch nicht ablegen, es kokettiert mit seiner Trauer. Seine linke Gefühlshand ist noch in der Hose versteckt.

nicht ungeduldig sein und so weiter. Die Mutter versucht, die Mutterrolle zu spielen, wie sie dem Ritual entspricht. Sie gerät in Streß, woraus gefühlsarme Aktionen resultieren und eine reduzierte Mimik.

Auch die Gefühle, die sie ihrem Kind zeigt, die Verhaltensweisen, die sie ihm vorführt, sind vorprogrammiert durch das Ritual. Sie muß effektiv sein, sie kann zärtlich sein, aber nicht überall; denn unter bestimmten Menschen und an bestimmten Orten darf sie nur sachlich sein und muß selbst eine gute Figur machen. Das Kind soll den anderen nicht

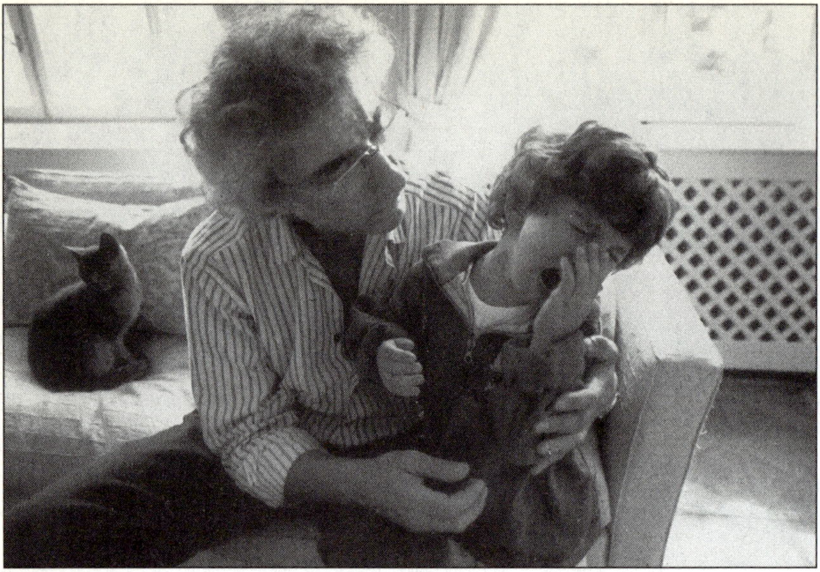

Auch wenn es verlockend wäre, das Kind fest an sich zu ziehen: Meine Umarmung bleibt locker genug, damit keine Umklammerung daraus wird. Das Kind allein hat zu entscheiden, wieviel Trost es haben will, nicht der Erwachsene bestimmt, wieviel er geben möchte. Auf keinen Fall dürfen Impulse durchschlagen wie dieser: Jetzt, wo du schwach bist, habe ich dich im Griff!

unbequem werden; es muß sauber sein, denn wäre es nicht sauber, bedeutete dies, daß die Mutter ihre Pflicht nicht erfüllt hätte. Außerdem riecht es manchmal auch nicht gut.

Rituale bringen Ordnung mit sich, also sollte auch das Kind ordentlich sein. Je früher es zeigt, daß es Ordnung halten kann, um so besser, denn damit unterwirft es sich den Spielregeln und wird kalkulierbar und damit auch beherrschbar. Ich habe schon von der Konsequenz gesprochen, die es haben kann, wenn das Kind sich schließlich fragen muß, ob die Elternliebe endet, wo die Ordnung, die Bravheit, das hübsche Gesicht und die blonden Locken aufhören. Diese Erfahrung verfolgt uns durch unser Leben. Wagen wir überhaupt noch, häßlich zu sein, krank zu sein, unsere Gefühle zu zeigen oder unsere Ansichten zu äußern, wenn sie für die anderen unbequem sein könnten? Wir verweigern damit auch Informationen über uns und unsere Befindlichkeit. Halten wir die Informationen über unsere wahren Empfindungen zurück, nehmen wir uns selbst das Recht, auch einmal häßlich zu sein, hindern wir zugleich den anderen oder die anderen daran, uns gegenüber eine Kurskorrektur vorzunehmen. Auf eine Information, die wir nicht geben, kann der andere auch nicht antworten. Für einen, der sich nicht konfrontieren will, ist das sehr bequem, nun muß er sich nicht mit etwas Unerwartetem auseinandersetzen, für uns aber ist es ein Verlust, weil wir keine Veränderung erreichen.

Gefühlsäußerungen sind in unserer Gesellschaft stark tabuisiert. Die Spielregeln dafür sind ausgedehnt: Wie deutlich darf ich meinen Ärger zeigen? Wie lange darf ich lachen? Wie laut darf ich lachen? Wie viele und welche Bewegungen sind erlaubt oder nicht erlaubt?

Steht eine Mutter stark unter dem Druck solcher Rituale und verlangt von ihren Kindern, sie zu übernehmen, wachsen die Kinder wie in einer Zwangsjacke auf. Sie fühlen ihre Motorik, dürfen sie aber nicht ausleben. Sie haben aber auch keinen Ersatz dafür. Ihre geistige Beweglichkeit hat sich noch nicht entwickelt, und wie wir wissen, läßt sich Wachstum nicht beschleunigen. Alles Werden braucht seine Zeit.

Sehen wir drei- oder vierjährige Kinder in einem Café sitzen wie Vierzigjährige, ist das ein sehr trauriger Anblick. Sie sitzen da mit glanzlosen Augen, wie leblos, denn ihrer Motorik dürfen sie nicht nachgeben, sie würden sonst die Zuneigung der Mutter aufs Spiel setzen. Eine andere Motorik ist noch nicht entwickelt, also setzt Leerlauf ein – so bequem für alle. Vielleicht dürfen sie sogar lachen, aber kontrolliert, und bitte nicht zu oft. Spontane Gefühlsäußerungen müssen auf diese Weise sofort unter Kontrolle gebracht, gebremst werden. Das Kind soll sich freuen können, aber Lautstärke und Bewegungsradius sind vorgeschrieben. Auf diese Weise erlebt das Kind nie die volle Entfaltung seiner Gefühle. Das ritualisierte Kind unterdrückt seine Empfindungen lieber, als es zu wagen, sie gegen die Regeln ungebührlich heftig zu bekunden.

Die Gefahr liegt nahe, daß wir alle, statt Gefühle auszutauschen, nur ritualisierte Gefühle vorschieben.

Es ist schon schlimm genug, wenn Eltern ihre spontanen Gefühle verloren und verlernt haben, aber sie rauben damit auch ihrem Kind die Möglichkeit, sie auszudrücken. Sie ersticken den vollen Ausdruck des Gefühls.

Ich spreche hier nicht für das, was sich einmal antiautoritäre Erziehung nannte, aber ich plädiere in der Tat für eine Legitimierung wahrer und spontaner Gefühle.

Übrigens hält der spontane Ausdruck eines wahren Gefühls, der auch sein Feedback erhält, nie lange an. Nur das Gefühl der Frustration dauert an. Es ist wie mit der Trauer. Ist sie erlebt, können ihr Beruhigung und Trost folgen, wird sie nicht erlebt, findet sie nie ein Ende. Aus Kindern, die dem Ritual stark unterworfen waren, können brauchbare Bürger werden, ob es aber zum guten Menschen mit freien humanen Entscheidungen reicht, muß ich bezweifeln.

Nur intensives Erleben und spontane Gefühlsäußerung, die mit Recht eine Rückmeldung erwarten können, wecken auch das Verständnis für die Empfindungen und Gefühlsäußerungen anderer.

Die Ritualisierung der Gefühle erstickt die spontane Gefühlsäußerung und toleriert den Mut und die Fähigkeit anderer zum intensiven Erlebnis nicht.

Es ist interessant zu hören, daß in Japan und China Kindern bis zum Alter von drei Jahren alles erlaubt sein soll. Die Kinder dürfen, von den Erwachsenen toleriert, spontane Empfindungen uneingeschränkt erleben. Denn bei diesen ersten drei Lebensjahren handelt es sich um die Phase, in der ein Kind sein emotionales Leben formt. Danach setzt eine sehr strenge, ritualisierte Erziehung ein. Aber dieses strenge Leben, das nun folgt, und zwar ziemlich radikal, hat das entwickelte Gefühlsleben des Kindes zum Unterbau. Und deshalb trifft man im Fernen Osten auch eher das Kind im Menschen als den Erwachsenen.

Die Ritualisierung, die mit der Schulerziehung begann, hat keine Jugendgefühle mehr zugelassen, aber das Gefühl des Kindes blieb erhalten.

Das Bild der idealen Mutter

Wie sollte eine Mutter sein? Am besten nicht so, wie das übliche Mutterbild sie zeichnet. Mütter, die ihre Mutterrolle zu gut spielen, und das geschieht meist unbewußt, manchmal aber auch bewußt, müssen ihre Persönlichkeit, soweit sie nicht dem Muttervorbild entspricht, verdrängen. Die Mutter ist stets ordentlich und sauber, war selbstverständlich eine gute Schülerin, bei ihr funktioniert alles, sie weint nicht, und nichts tut ihr weh, sie lächelt, zeigt Behutsamkeit, Umsicht, ist geduldig und rundherum perfekt.

Das Kind hat mit dieser Mutterfigur ein Problem; denn entweder lügt die Respektsperson oder es selbst, das Kind, ist nicht normal. Ihm nämlich tut oft etwas weh, es macht Flecken, es weint, wenn es etwas nicht bekommt, das es haben will. Das heißt, alle natürlichen Verhaltensweisen, die das Kind an sich selbst erlebt, aber niemals an der Idealfigur, müssen Frustration und Minderwertigkeitsgefühle hervorrufen. Die vorgespielte Perfektion kann das Kind nicht erreichen, und da sich der

Die Schulter des Kindes ist angehoben: nicht zur Verteidigung der Mutter oder zur eigenen Verteidigung, sondern als Reaktion auf das, was beide vor sich sehen, als wollte das Kind sagen: Da möchte ich lieber nicht mitmachen.

Gedanke wie von selbst ausschließt, die vollkommene Mutter könne lügen, bleibt nur das Gefühl der eigenen Inferiorität.

Deshalb ist eine Mutter, die auch einmal schreit, weint und einen Flecken aufs Tischtuch macht, für das Kind eine Wohltat und gewiß keine Legitimation, immer zu kleckern. Flecken gehören aber zum Leben, auch Häßlichkeit gehört dazu. Das Kind muß von vornherein begreifen lernen, daß es keine Reinkultur gibt, daß Fehler vorkommen und daß wir uns, so gut es geht, bemühen, sie zu vermeiden. Das Richtige und das Falsche gehören auch zu den Alternativen in ihm selbst.

Ich habe ein sehr persönliches Beispiel dafür: Meine Familie war zum Skifahren in den Bergen, und meine Söhne rollten plötzlich alle zusammen wie ein großer Schneeball den Hang hinunter; meine Frau hinterher. Unten angekommen platzten alle beinahe vor Lachen, und meine Frau prustete heraus: Ich habe mir vor Lachen in die Hose gemacht! Meine Kinder erzählten mit Stolz davon, und der Kleinste, wenn es ihm einmal passiert, weiß: Es ist nicht so schlimm, der Mutter ging es auch einmal so.

Schulzeit

Das Lernangebot der Schule kommt der Neugier und dem Entdeckungsdrang von Kindern im Prinzip entgegen. Wie sieht es jedoch damit aus, wenn die häusliche Ritualisierung in der Schule fortgesetzt wird? Hier der Lehrer – dort die Schüler? Das Kind wird auf der Stelle mit neuen Regeln konfrontiert, wie es zu sitzen hat, wieviel es sich bewegen darf, wie still es sein muß. Selbstverständlich tritt mit dem Ritual selbst auch die Erwartung ein, daß es dieses Ritual erfüllt. In einem Dialog über seine Bedürfnisse und Gefühle kommt es gar nicht zu einer Auseinandersetzung darüber, wie sich seine und meine Gefühle (bzw. die des Lehrers) auf einen Nenner bringen lassen, denn hier müßte Kommunikation einsetzen. Statt dessen wird ein objektives Ritual über die Kinder gestülpt, ohne daß ihre Empfindungen berücksichtigt werden. Das Kind hat die objektive Erwartung zu erfüllen, an der jede Auseinandersetzung abprallt, weil sie unflexibel ist.

Unter solchen Voraussetzungen hat der Schüler keine Chance, die Lockerheit des Körpers und des Gemüts (beide hängen zusammen) zu finden, die den Lernprozeß erleichtert. Von Anfang an ist er blockiert, er fühlt sich manipuliert, er atmet nicht mehr frei, und schon bildet sich Streß in dieser Konditioniertheit des Körpers voller Blockierungen und Verkrampfungen und dem Verlangen nach Lockerung, nach dem Lernfluß, der notwendig ist. Kinder erfahren diese Spannung als Konflikt zwischen Ritual und Lernwillen, so daß der Lehrer den Eindruck gewinnt, die Klasse sei undiszipliniert, denn sie macht ja keine Fortschritte. Dabei steckt nur der natürliche Versuch in dem scheinbar lernunwilligen Verhalten, sich aus dem beschriebenen Konflikt zu befreien.

In den Schulen, in denen man von solchen Zusammenhängen nichts weiß oder nichts wissen will, sind die Pausen sehr laut und aggressiv. Der Druck des Rituals und die Spannung zwischen beiden Polen von Ritualisierung und Lernwillen sind so groß, daß die Pause als ein Ventil genutzt werden muß. Mit viel Lärm und großer Motorik wird hier dann freigesetzt, was sich während des Unterrichts an Gefühlen angestaut hat.

Es geht auch anders

Daß es auch anders geht, beweisen Schulen, die sich einer neuen Pädagogik verpflichtet fühlen und den Kindern innerhalb der kleinen Gruppe im Klassenzimmer Freiräume für den individuellen Lernrhythmus und den Gefühlsausdruck gewähren, ja sogar Wahlmöglichkeiten innerhalb des Lehrstoffs bieten. So können die Kinder unter verschiedenen Aufgaben wählen und immer wieder ein Feedback auf ihre Tätigkeit erhalten, weil der Lehrer sich nicht auf einen Frontalunterricht beschränkt, sondern von Tisch zu Tisch geht und mit den einzelnen Kindern oder den Kleingruppen, die sich gebildet haben, einen Dialog

Die gespannte Aufmerksamkeit der Kinder kann sich frei entwickeln. Sie sitzen unangestrengt auf dem Boden, ihre Teilnahmebereitschaft ist klar: Alle haben die Schultern nach vorn gezogen. Die ausdrucksstarke, lebhafte Mimik der Lehrerin fesselt die Aufmerksamkeit der Kinder.

Die Hand ist durch den Stift verlängert, der Blick auf den Lehrer gerichtet, der Schüler will aufgerufen werden. Die Chance dazu ist groß, denn wenn er den Lehrer anschaut, findet er sofort vollen Blickkontakt.

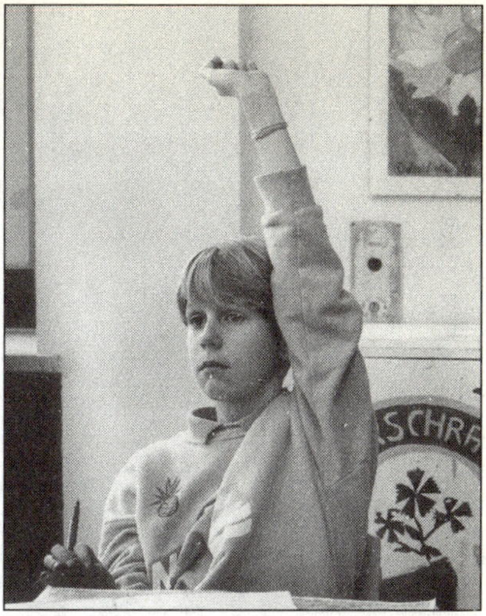

Die Chance scheint vorüber. Handstellung und Gesichtsausdruck deuten auf Resignation hin. Der Körper ist nicht mehr nach vorn geneigt. Die Linien des Gesichts sind nach unten gezogen und drücken so die Enttäuschung des Schülers aus. Der Arm bleibt immer noch hoch erhoben, als wollte er die Niederlage nicht wahrnehmen

Diese Teamarbeit wird den Lehrer kaum animieren, auf sie einzugehen. Die Augen zeigen Resignation. Sie fordern den Lehrer nicht.

Negative Kongruenz zwischen dem Lehrer und seiner Klasse: Beinahe zusammengesunken sitzt der Lehrer auf seinem Platz. Seine Haltung färbt sichtbar auf die Klasse ab. Denn fällt der Körper zusammen, sinkt auch die geistige Aufmerksamkeit.

Der Lehrer ist aufgestanden. Seine Haltung zeigt Dynamik. Schon wacht die Klasse auf. Dabei ist es nicht das Wichtigste, daß der Lehrer nun steht, sondern der dynamische Wechsel der Bewegung und die Stimme wecken das Interesse. Die Stimme wird dabei wie von selbst modulationsreicher.

Zwar meldet sich der Schüler, doch seine ganze Haltung zeigt bereits Resignation: Ich werde doch nicht drankommen! Durch seine Körperhaltung bietet er dem Lehrer auch wenig Chancen, mit ihm Kontakt aufzunehmen. Er zieht sich zurück, und das hochgehobene Knie errichtet eine Barriere.

Die Strafaktion: Ich agiere nicht mehr, weil du nicht auf mich reagiert hast. Der Schüler konfrontiert den Lehrer mit seinem Ärger. Die verschränkten Arme sind ein definitives Zeichen für die Abwehr: Für dich tue ich nichts mehr!

eröffnet, und zwar anhand ihrer individuellen Aufgabenstellung und Arbeitsweise.

Übrigens sind Lehrer gut beraten, wenn sie ihren Unterricht mit voller Stimme und unterstützender Mimik halten. Kinder, stark gefühlsabhängig, wie sie sind, erlahmen in ihrer Aufmerksamkeit rasch, wenn durch Stimme und Mimik kein Ausdruck transportiert wird, der die Information lebendig macht.

In diesen Schulen dürfen die Kinder auch ihre Plätze wechseln, und auch wenn alle mit einem Thema beschäftigt sind, wird die Konfrontationsstellung – vorn die Lehrkraft, ihr gegenüber die Klasse – häufig aufgegeben. Da wird eine Geschichte erzählt, und die Kinder sitzen mit dem Lehrer im Kreis auf dem Boden. In anderen Fällen bilden sich, wie gesagt, Gruppen. Was mir dabei so wichtig erscheint, ist die Abwechslung, die Dynamik und Bewegungsmöglichkeit, die den Kindern gegeben wird. Jedes Kind kann im Rahmen des Angebots wählen, es kann sich äußern, wird dadurch freier, auch seinen Gefühlen Ausdruck zu verleihen. Der

Spaß und die Freude am Lernen können sich durchsetzen, und zwar während des Unterrichts. Die Pausen in solchen Schulen verlaufen relativ ruhig und ohne wilde Raufereien. Der Grund dafür ist klar. Der Druck bzw. das Kompensationspotential wird während des Unterrichts gar nicht erst so stark, daß es in der Pause entladen werden müßte.

Die gemalten Buchstaben und die geschriebenen

Zum Kapitel Lehrer – Schüler gehört auch die Tatsache, daß sich der Lehrer bewußt zu machen hat, wie stark Kinder selbst im Schulalter noch von ihrer rechten Gehirnhemisphäre bestimmt sind. Ihr Aufnahmevermögen ist noch ganzheitlich ausgerichtet. Sie agieren weit mehr gefühlsmäßig als analytisch-logisch.

Nach und nach lernen die Kinder, auf die linke Gehirnhälfte umzupendeln, analytisches Denken einzusetzen. Dazu gehört die Entwicklung der Feinmotorik, die sich in dieser Zeit mehr und mehr entwickelt. Von den Riesenbuchstaben, die ungeordnet auf ein Blatt gemalt – ich sage ausdrücklich »gemalt« – werden, finden die Kinder in einem Prozeß bis hin zu der Ordnung regelrecht geschriebener Buchstabenreihen. Jedenfalls malt das Kind die Buchstaben zunächst, und jeder Buchstabe stellt eine Ganzheit dar. Erst das Funktionieren, die Inanspruchnahme der linken Gehirnhälfte führt zum geordneten Schreiben. Es ist für die Kinder sehr schwer, ihre Gefühlsmotorik zu zähmen und ritualisierte Formen des Ausdrucks anzunehmen, die sie analytisch noch nicht vollständig nachvollziehen können. Der Widerspruch zwischen Empfinden und Verstehen bestimmt das kindliche Verhalten noch sehr stark. Der hergebrachte und überholte Frontalunterricht bedeutet einen extrem scharfen Schnitt im Leben eines Kindes, das die Welt bisher fast ausschließlich von seinem Gefühl her erlebt hat und nun plötzlich in eine strenge analytische Ordnung versetzt wird.

Hinzu kommt, daß die Kinder sich mit Schulbeginn in einer großen Gruppe wiederfinden und über Stunden in ihr bleiben müssen. Sie können nicht wie bisher nach einer halben Stunde oder Stunde das Zusammensein wie mit Spielkameraden beenden. In der Schule hat das Kind keine Wahl, es muß über lange Zeit die Gemeinschaft mit anderen ertragen.

Die beiden Pole der Autorität

Es entstehen für jedes Kind zwei Instanzen. Die eine ist seine Sozialisierung innerhalb der Gruppe bzw. der Gruppierungen innerhalb der Klasse, wobei die wesentliche Frage sein wird, welchen Platz es in der sich bildenden Hierarchie einnehmen kann.

Als zweite Instanz bildet sich das Verhältnis der Gruppe oder der Gruppierung zum Lehrer heraus, der als Respektsperson eine hohe Stellung in der Hierarchie einnimmt.

Die Solidarisierung der Gruppe gegenüber dem Lehrer oder mit dem Lehrer ist von ausschlaggebender Bedeutung für die Lernbereitschaft des einzelnen Kindes. Diese Solidarisierung hat aber zwei Seiten. Gewinnt ein Kind das Wohlwollen des Lehrers und wird einer seiner Lieblingsschüler, so signalisiert es der Gruppe: Ich gehöre zu den Starken. Wir haben es dabei mit guten Schülern zu tun, die bereit sind, dem Lernangebot ohne weiteres zu folgen. Sie riskieren damit allerdings die Sympathie der Gruppe. Diese Kinder suchen auch die physische Nähe des Lehrers. Sie setzen sich nach vorn, wollen dem Lehrer auffallen. In der ersten Schulzeit versuchen sie sogar, den Lehrer oder die Lehrerin zu berühren, ja zu umarmen: körperlicher Ausdruck ihres Bestrebens, sich der Zuneigung und Liebe der Respektsperson zu versichern. Zugleich wird den anderen Schülern demonstriert: Seht ihr, ich werde akzeptiert, ich bin ihr/ihm nahe! In freien Schulen kommt es relativ oft vor, daß Kinder im Alter von sechs oder sieben Jahren noch den Versuch machen, sich der Lehrerin oder dem Lehrer auf den Schoß zu setzen.

Die physische Nähe gilt stets als ein Zeichen von gegenseitiger Akzeptanz und wird hier absichtsvoll vom Schüler gegenüber der Gruppe eingesetzt.

Schüler, die diesen Schritt auf den Lehrer als Respektsperson nicht wagen, ziehen sich entweder in sich zurück, nehmen gar keinen Kontakt auf, oder sie zeigen dem Lehrer die kalte Schulter und versuchen, eine Gegenposition aufzubauen bzw. in einer Gruppe von Schülern, die um eine unabhängige Hierarchie kämpft, eine führende Stellung oder jedenfalls einen günstigen Platz zu erringen. Gruppenziel ist hier, stärker zu sein als die Autoritätsperson, also der Lehrer. Das sind die Troublemaker innerhalb einer Klasse. Sie bauen den übrigen Kindern gegenüber eine scheinbare Alternative zum Führungsanspruch des Lehrers auf. Sie sind der andere Pol. Wer sich ihnen nicht unterordnet, bekommt es in der Pause zu spüren.

Aus dieser Gruppe kommen auch die Störungen während des Unterrichts, die nichts anderes sind als Kampfansagen um Macht, Demonstrationen der Stärke, darauf ausgerichtet, der Gruppe zu imponieren. Manche Kinder versuchen kleine Provokationen gegenüber dem Lehrer, um sich der Antipodengruppe anzunähern oder jedenfalls ihrer Aggressivität auszuweichen. Das mindeste ist, sich vom Lehrer zu distanzieren. Will sich der Lehrer einem Schüler nähern, der zu den Unentschiedenen zwischen den Machtblöcken gehört, wird der Schüler sich zurückziehen, um nicht das Mißfallen der »Starken« herauszufordern. Die Aufgabe des Lehrers wird durch diese unabwendbaren Prozesse außerordentlich erschwert. Gesetzt den Fall, der Lehrer bemüht sich um Objektivität, besser gesagt um strikte Gleichbehandlung aller Schüler, und er zieht seine Hand zurück, wenn eines der Kinder zuviel Zuneigung von ihm verlangt und ihn ständig berühren will, so kann es sein, daß diese Be-

Die autoritäre Position: Man sieht dem Schüler die Spannung an, in der er sich befindet. Er fühlt sich geprüft und zugleich bedroht. Nähe und die Bewegung von oben nach unten tun ihre Wirkung.

Der Lehrer als Freund und Förderer. Die Handbewegung sagt: Ich bin da, versuch es, und ich werde dir weiterhelfen! Leichte Berührungen erzeugen Vertraulichkeit. Wichtig dabei ist, daß es bei der flüchtigen Berührung bleibt und das Kind nicht das Gewicht der Hand auf seiner Schulter spürt, womit ein Gefühl bedrückender Dominanz entstünde.

wegung von dem betreffenden Kind als Strafe empfunden wird. Die Bewegung des Zurückziehens wird als Liebesentzug empfunden: Man liebt mich nicht! Wie soll das Kind verstehen, was es als Strafe ansehen muß, wo seine Absichten doch ausschließlich positiver Art waren?

Achtung: Körpersprache

Bewegungen wie das eben beschriebene Zurückziehen der Hand geschehen überwiegend unbewußt. Will der Lehrer sich nicht nur *für* seine Aufgabe befreien? Für ihn hat die Aktion daher einen positiven Hintergrund. Aber er bemerkt nicht, daß er sich zugleich *von* dem Schüler befreit.

Einige Schüler trauen sich zwar nicht, in die Nähe des Lehrers zu kommen, und zwar aus Furcht, bei den »Starken« der Klasse in Mißkredit zu geraten, sie suchen jedoch ständig den Blickkontakt mit dem Lehrer her-

Volle Konzentration. Das Kind schirmt sich vor der Außenwelt ab.

zustellen, und das heißt: Hilf mir, ich möchte die Distanz verkürzen! Antwortet der Lehrer auf den intensiven Blick des Kindes, indem er es seinerseits ansieht, ist die Reaktion vorprogrammiert: Das Kind senkt den Blick aus Angst vor dem, was nun geschehen könnte; denn einerseits wünscht es den Kontakt, andererseits fürchtet es ihn der anderen wegen.

Natürlich beobachten Kinder ihren Lehrer genau. Sind sich Lehrer immer bewußt, welche nachdrückliche Wirkung ihr Mienenspiel, ihre Mimik auf Kinder hat? Gibt ein Lehrer ein schlechtes Zeugnis mit einem Lächeln an den Schüler weiter, wird es ihm, wie positiv es auch gemeint sein könnte, unweigerlich als Schadenfreude ausgelegt und damit als ein aggressiver Akt.

Grundsätzlich rufen Lehrer, die Negatives lächelnd aussprechen, beim Schüler ambivalente Gefühle hervor. Spricht der Lehrer einen Schüler an, ohne ihn anzusehen oder jedenfalls in seine Richtung zu schauen, vollzieht er damit gewollt oder ungewollt den aggressiven Akt des Liebesentzugs.

Lehrer oder Lehrerin haben dabei selten etwas Negatives im Sinn. Sie sind vielleicht lediglich schon der Tafel zugewandt, um etwas anzuschreiben, sprechen die Klasse, schlimmer noch einen einzelnen Schüler über die Schulter an. Es bedarf nicht der Absicht, um aggressive Reaktionen herauszufordern. Es genügt Gedankenlosigkeit.

Solidarisierung und Unsicherheit

Und wieder muß vom Rhythmus die Rede sein: Der Lehrer muß versuchen, einen Rhythmusausgleich zwischen sich und der Klasse herbeizuführen. Es hat sich herausgestellt, daß es oft guttut, wenn der Lehrer seine Schüler zwei, drei Minuten schreien und rufen läßt und dabei in einer Art Solidarisierung selber mitmacht. Dadurch gelingt es ihm vielleicht, gemeinsam mit den Schülern einen gemäßigteren Rhythmus zu finden. Er ist auf diese Weise nicht stets der Gegenpol zur Klasse.

Wie immer er sich auch entscheidet, zu lernbereiter Ruhe wird der Lehrer seine Schüler nur dann bringen, wenn er ihnen ein Angebot macht, das ihr Interesse weckt, ob das nun ein Bild ist, ein Klang, ein Material, ein Buch oder eine Geschichte. Das heißt, es muß eine dritte Möglichkeit geben, einen Ausweg, der es ermöglicht, den Kampf der Hierarchien wenigstens zeitweise einzustellen, ohne daß eine Seite das Gesicht verliert.

Widersprüchliche Gefühle entstehen durch Unentschiedenheit des Lehrers und sind für Kinder schwer zu verkraften. Kann sich der Lehrer nicht zwischen zwei Möglichkeiten entscheiden, muß er Prioritäten setzen: erst das eine, dann das andere. Erst toben wir fünf Minuten, und dann lesen wir die Geschichte! Ich habe nichts dagegen, wenn ihr tobt! Aber beides auf einmal kann man nicht machen. Ich habe nichts dagegen, daß ihr spielt, aber wir wollen zuerst den Unterricht hinter uns bringen! Die Frage ist: Machen wir zuerst den Unterricht und toben nachher fünf Minuten! Oder umgekehrt?

Ambivalente Gefühle werden hervorgerufen, sobald der Lehrer zu einer Aktion ja sagt, diese Zusage aber mit einer mißbilligenden Gebärde oder Mimik begleitet. Der Schüler hat nun das Risiko auf sich zu nehmen, einer der beiden auseinanderdriftenden Informationen zu folgen. Schon befindet er sich in einer Streßsituation. Lehrer sollten darauf achten, daß Zunge und Körper die gleiche Sprache sprechen, und darauf, daß die Zu- oder Abwendung des Körpers von den Kindern sofort gedeutet wird. Der Lehrer braucht nichts mit seiner Bewegung ausdrücken zu wollen: Die Bewegung selbst, der Körper spricht. Zum Beispiel kann es bereits als Abwendung empfunden werden, wenn ein Lehrer sich mitten in einem Satz, mit dem er etwas erklärt, zur Tafel umdreht, weil er etwas anschreiben will.

Es gehört zu den Notwendigkeiten des Unterrichts, daß der Lehrer sich von den Schülern abwenden muß, um etwas an die Tafel zu schreiben. Spricht er dabei über die Schulter zu seinen Schülern, provoziert er negative Reaktionen; dieses Verhalten wird geradezu als Drohsignal aufgefaßt. Ich habe darauf hingewiesen, daß Babys die frontale Ansprache jeder anderen vorziehen, die volle Zuwendung des Gesichts also. Weder der Seitenblick noch gar der über die Schulter kommen seinem Verlan-

Spielen mit Ton. Jeder schafft sich eine eigene Welt. Schöpferische Tätigkeit vermittelt das Gefühl, Herr einer Sache zu sein. Ich habe nicht nur eine Welt um mich herum, sondern ich schaffe mir selbst eine. Der Ton fügt sich meinen Fingern.

Neugier und Rivalität sind dennoch stärker: Was macht der andere? Und das heißt: Ich muß mich vergleichen, um zu wissen, wer ich bin. So bringt Vergleich Orientierung. Der Blick nach innen und der Vergleich mit sich selbst wären ideal, sind jedoch in unserer Gesellschaft kaum zu finden.

gen nach Kontakt entgegen. Versucht der Lehrer ein Kind zu beruhigen, wird jede Bewegung, die er von oben nach unten macht, ohne daß er es merkt, als »von oben herab« empfunden. Die Bewegung drückt Dominanz aus. – Zwar kann Beruhigung von dieser Geste ausgehen, aber möglicherweise auch Verstörung, denn sie ist der Ausdruck von Macht. Ich will nicht sagen, daß man diese Bewegungen unterlassen sollte. Geboten ist es, und zwar unbedingt, auf die Reaktion des Kindes zu achten. Fühlt es sich beruhigt oder wirkt es verstört, weil es den Druck der Macht darin empfindet?

Das Spiel als Realitätsgewinn

Wir besitzen Daten, und diese Daten haben keinen Wert an sich. Es ist aber beruhigend, auf sie zurückgreifen zu können, und wir holen uns aus diesem Datenmaterial Informationen, um ein bestimmtes Ziel zu erreichen. Das heißt, es muß zuerst ein Ziel definiert werden, und um dieses Ziel zu erreichen, wähle ich die entsprechenden Daten. Soll ein Schüler zum Beispiel lernen, wie tief die Ozeane und wie hoch die Berge sind, werden die schlichten Daten ihm uninteressant erscheinen. Spielt die Klasse jedoch eine Entdeckungsfahrt, deren Teilnehmer einen Weg finden müssen, dann wird die Kenntnis von der Tiefe des Meeres und der Höhe der Berge eine Notwendigkeit. So werden Daten zu Informationen, und der Schüler braucht sie, um entscheiden zu können, welche Route die Entdeckungsreisenden einschlagen sollen. Nur Daten zu speichern, mit denen die Kinder konkret nichts anfangen können, löst keine Motivation aus, Informationen aufzunehmen und auszutauschen. Bei motorischen Aufgaben ist es nicht anders; sie müssen konkret an ein Ziel gebunden sein, das sich hier und jetzt erreichen läßt. Wettkämpfe sind deshalb motivierend, weil sie ein Ziel vorgeben.

Halbe Schritte führen nicht weit

Ein Zwiespalt in der Kindererziehung tritt in den Fällen zutage, in denen die Lehrer zwar angehalten sind, weniger autoritär vorzugehen, das System jedoch weiter alten Kategorien folgt. Der Lehrer steht vorn, die Klasse sitzt in Reihen ausgerichtet vor ihm. Früher kam allerdings noch

Demonstrierte Passivität: Das schwarze Mädchen hält seine Hände immer dann versteckt, wenn es zur Passivität verurteilt ist. Auch wenn andere Kinder kommunikativ mit ihm umgehen, versteckt es die Hände, weil es nicht selbst aktiv werden kann. Die Hände zu verstecken ist meistens ein Zeichen dafür, daß man nicht bereit ist zu handeln (auch bei grimmiger Kälte will man am liebsten nicht handeln). Unser Bild zeigt das Mädchen, wie es sich im Sportsaal ganz passiv verhält. Durch das Verstecken der Hände verstärkt es die Situation in eine Weigerung: Ich will nicht handeln, statt: Ich bin am Handeln gehindert. Denn könnte es nicht auch vom Rollstuhl aus am Ballspiel teilnehmen?

In der Pause zeigt das Gesicht des Mädchens einen lockeren Ausdruck. Dennoch bleiben seine Hände versteckt. Da die Pausen meist zu motorischen Aktivitäten genutzt werden, demonstriert es von vornherein, daß es nicht mitmachen will.

Durch die Möglichkeit zu handeln, entdeckt es die Hände. Bei geistiger Aktivität ist das Mädchen ganz kommunikativ. Es konfrontiert den Jungen und dessen dominante Fingerstellung mit seinem Blick. Die Hände sind sichtbar: Auf dem Spielbrett ist es gern mit von der Partie.

Das Gespräch zeigt das Mädchen in voller Bewegung. Es ist engagiert, fühlt sich integriert und einbezogen in die Unterhaltung, es ist offen und aktiv. In beiden Fällen kommen die Hände wie von selbst zum Vorschein.

hinzu, daß die Kinder mit geschlossenen Füßen und ineinanderverschränkten Händen dem Unterricht folgen mußten, womit jede Bewegung blockiert war, und dabei sollte man nun lernen!

Diese Zeiten sind vorüber, nur das frontale System ist geblieben. Daß die Klasse zu rebellieren versucht und herausfinden will, wie stark der Lehrer wirklich ist, darf uns nicht wundern. Er hat die Führung formal übernommen, aber er hat sie noch nicht gewonnen. Kinder, die noch biologischer, natürlicher reagieren als Erwachsene, verlangen den Beweis seiner Stärke, seiner Fähigkeit, sonst akzeptieren sie seine Führung nicht. Wer sie führen will, muß sie auch schützen können. Auch zu einem, der mir weh tut, werde ich im Notfall gehen, weil er auch stark genug ist, mich zu schützen. Ich erinnere an die Beziehung zwischen Opfer und Täter. Stärke darf nicht mit Gewalt gleichgesetzt werden, denn Stärke kann sich sanft und zärtlich ausdrücken.

Im Sinne des »starken« Lehrers provozieren die Schüler ihn auch von Zeit zu Zeit. Wenn ihm nun jede Form der Strafe genommen ist, mit der er früher die Disziplin aufrechterhalten hat, und er nicht über persönliche Autorität verfügt, ist er der Klasse häufig ganz ausgeliefert, bevor er durch seine Sachkenntnis und Fähigkeit, Zusammenhänge zu erklären und den Stoff interessant zu machen, beweisen kann, was für ein guter Lehrer er ist. Die Klasse hingegen fühlt sich immer mächtiger, er kann sich kaum dagegen wehren; die Machtverhältnisse verkehren sich, die Klasse tanzt dem Lehrer, wie man sagt, auf der Nase herum.

Schulklassen, die sich während des Unterrichts ausleben, gehen ganz ruhig in die Pause. Vielleicht hätte der Lehrer in der Pause unterrichten und die Schüler im Klassenzimmer toben lassen sollen …

Aus dieser Schilderung soll ersichtlich werden, daß es keinen Sinn hat, bei der Erneuerung des Unterrichts auf halbem Weg stehenzubleiben. Wurde dem Lehrer per Gesetz oder durch den Einfluß einer Bewußtseinsveränderung in der Gesellschaft die alte Autoritätsform genommen, so muß man ihm auch erlauben, die Struktur des Unterrichts und die Beziehung zu seiner Klasse neu zu gestalten. Dann kann er den Anstoß dazu geben, daß sich kleinere Gruppen innerhalb der großen Klasse bilden. Dann lassen sich neue Spielregeln aufstellen, die das frontale System ablösen, das doch nur immer bedeutet: Ich bin oben, ihr seid unten! Es steht um so besser um die Schule, je mehr sie dem Lehrer erlaubt, der Freund seiner Schüler zu sein. Also: wenn verändern, dann ganz verändern und kein Stückwerk zulassen!

Der Pendelschlag von Freiheit und Ordnung

Erwachsene und vor allem Lehrer werden sich immer dem Konflikt ausgesetzt sehen, daß sie der spontanen Gefühlswelt der Kinder Raum geben wollen und das Bedürfnis nach sozialer Ordnung fördern sollen. Es ist sehr schwer, den Weg zu finden, auf dem beides entwickelt werden kann. Beides ist notwendig für jede Gruppe, die funktionieren soll. Wir werden immer zwischen erlaubt und nichterlaubt pendeln, zwischen Spontaneität und Ritual. Der goldene Mittelweg, so scheint mir, ist bis heute noch nicht gefunden. Bei dem einen gelingt es besser als bei dem anderen, was möglicherweise nur an ihm selbst und nicht an Eltern oder Lehrern liegt.

Richtlinien sind gegenüber einem lebenden Organismus schwerlich durchzusetzen. Ich meine jedoch, es ist legitim zu pendeln. Auf vielen Gebieten muß es Kindern erlaubt sein, ganz und gar auf ihre natürliche spontane Gefühlswelt zu reagieren, und sie müssen andererseits mit zunehmendem Alter erkennen lernen, wo das Zusammenleben mit anderen Einschränkungen der eigenen Freiheit und eine Ritualisierung verlangt. Für ein Kind heißt das, an welchem Ort und unter welchen Umständen darf ich mich voll erleben und ausleben, und wo habe ich mich bestehenden Spielregeln unterzuordnen? Ich glaube, daß sich von Kindern mehr Toleranz erwarten läßt, wenn man sie nicht ausschließlich reglementiert. Sagt man einem Kind: In fünf Minuten kannst du nach draußen und darfst dort spielen, oder: Wir gehen nachher in dein Zimmer zum Spielen oder zum Spielplatz, aber im Restaurant mußt du etwas ruhiger sein, dann läßt es in der Regel mit sich handeln. Aber auch dabei haben wir das Alter des Kindes zu berücksichtigen, von dem es abhängt, wieviel Stillsitzen wir ihm zumuten können. Eltern vergessen im Eifer ihres Gesprächs untereinander, wann sie die Toleranzgrenze ihrer Kinder überschritten haben. Wenn die Eltern gemeinsam mit den Kindern ausgehen, sollte sich ein Elternteil nach einer Weile der Kinder annehmen und etwas mit ihnen unternehmen, damit sie sich in ihren Bedürfnissen ernst genommen fühlen. Die Wahl des Restaurants, in das wir mit Kindern gehen wollen, ist schon wegen der Gelegenheiten, mit ihnen etwas zu unternehmen, sie auf ihre Rechnung kommen zu lassen, einigermaßen wichtig. Solches Vorausdenken macht es den Kindern leicht, sich zeitweise unterzuordnen. Ganz grundsätzlich sollte die Beziehung zwischen Eltern und Kindern dem Pendelschlag gehorchen: Heute respektieren wir deine Spielregeln, morgen respektierst du unsere. Ich sehe keinen anderen Weg. Es gibt auch keine allgemeingültigen Gesetze. Alles muß von Fall zu Fall, in jeder neuen Situation neu und von Kind zu Kind anders entschieden werden.

Das Ich und das Wir

Der Konflikt liegt in jedem Menschen selbst begründet. Da ist das Ich mit seinen Bedürfnissen und daneben das Wir in uns mit den seinen. Die Entscheidung darüber, wann der Mensch dem Ich in sich selbst folgt und wann dem Wir, ist schwer zu treffen. Mit dem Wir verinnerlicht der Mensch fertige Werte. Einen Teil der Werte, nach denen wir uns messen, erleben wir selbst: Was tut mir gut, was tut mir weh, was darf ich riskieren, was darf ich nicht riskieren, was ist mir angenehm bzw. unangenehm? Der Schutz der Eltern ist nicht immer entwicklungsgerecht, weil Stufen der Erfahrung übersprungen werden. Sie sagen einfach: Das darf man, das darf man nicht, und das Kind versteht oft nicht, warum es das eine nicht darf und das andere doch, weil es nichts davon erlebt hat. Wir verlangen sehr viel von Kindern, indem wir fordern, Regeln zu akzeptieren, deren Sinn und Wert sie nicht erfahren haben und auch nicht nachvollziehen können.

Ein Kind kann häufig die Regeln nur durch Unterwerfung akzeptieren, aus Furcht, im anderen Fall die Zuwendung seiner Bezugsperson zu verlieren, und nicht, weil es sie begreift. Natürlich kann niemand sein Kind alles erleben lassen, was es nicht tun darf. Das wäre lebensgefährlich. Aber auch hier gilt der Grundsatz, je mehr es selbst erlebt und erfährt, um so besser. Von einem heißen Topf zieht das Kind, bevor es ihn berührt, die Hand zurück, sobald es die unangenehme Wärme spürt. Eltern sollten sich bemühen, Analogien zu dem, was nicht erlebbar ist, herzustellen, damit das Kind daran seine Erlebnisse rekonstruieren kann; um so leichter wird es ihm, Spielregeln zu akzeptieren. Ein Beispiel: Wir stören ein Kind beim Spielen, es ärgert sich, und sofort sagen wir ihm: Siebst du, genauso haben sich Papa und Mama gerade geärgert, weil du sie gestört hast! Die Reaktion auf das falsche oder richtige Verhalten eines Kindes muß stets sofort erfolgen. Ein Kind speichert die Erlebnisse noch nicht, kann sich noch nicht gedanklich auf zurückliegende Ereignisse beziehen. Analogien kann es nur mit Geschehnissen verbinden, wenn sie unmittelbar auf diese folgen. Dann aber lernt es durch sie, Spielregeln zu akzeptieren. Es gibt immer noch genug Regeln, die dem Kind einfach präsentiert werden und die es notgedrungen übernehmen muß. Andererseits können sich Kinder gegen Spielregeln wehren, und die Erwachsenen sind genötigt, diese Regeln zu verteidigen. Wenn es gutgeht, kommt es zu einem Austausch von Spielregeln, die ja nie Selbstzweck, sondern stets Mittel zum Zweck sein sollten. Der Dialog, der so entsteht, fördert die Akzeptanz.

Das »schöne Händchen«

Das Ritual, dem sich Kinder spätestens mit dem Beginn ihrer Schulzeit unterordnen sollen, verlangt die Tabuisierung des Gefühlsausdrucks. Das Kind soll nicht weinen, denn das stört die Ordnung und ist unbequem für die anderen. Mit der Äußerung spontaner Freude ist es nicht anders. Will das Kind einem um den Hals fallen, wird es sofort gebremst: Das war im Ritual nicht vorgesehen! Freude und Schmerz haben sich kontrolliert zu äußern. Ein Kuß auf die Wange und brav Gutenachtsagen genügen vollauf.

Zum Ritual gehört die Begrüßung, das Kind hat die Hand zu geben, und selbstverständlich »das schöne Händchen«, manchmal soll es auch noch ein Diener oder ein Knicks sein. Dabei darf es keinesfalls Sympathie oder Antipathie gegenüber Erwachsenen oder fremden Kindern zeigen. Man erwartet von ihm, allen gleichmäßige Gefühle entgegenzubringen, was einer undifferenzierten Welt- und Menschensicht Vorschub leistet. Kinder fühlen sich durch die Forderung oft bedrängt: Warum muß ich freundlich zu dem oder jenem sein, obwohl ich ihn doch nicht mag? Und diesen Onkel mag ich überhaupt nicht, und diese Tante kneift mich immer in die Wangen. Ich hasse sie! Aber das Kind darf weder hassen noch seiner Zuneigung starken Ausdruck verleihen. Heuchelei wird eingeübt.

Selbstverständlich laufen alle diese Einschränkungen darauf hinaus, unsere Kinder zu brauchbaren, nützlichen, angepaßten und sozialverträglichen Menschen zu erziehen. Allerdings wird dabei jedes spontane Gefühlserlebnis in ihnen abgeblockt. Ich habe die Gefahr, die darin für das weitere Leben liegt, schon angesprochen. Viele Menschen erleben nicht mehr ihre Gefühle an sich, sondern nur noch das Gefühlsritual,

Einübung in die Erwachsenenwelt: Nachahmung ist ein guter Lehrer. Auch wenn Kinder nur so tun, als könnten sie mit dem Werkzeug der Erwachsenen umgehen, erwerben sie sich so spielerisch ein Kompetenzgefühl. Ein richtiger Fotoapparat ist toll, besser als jedes Spielzeug. Ich darf tun, was sonst nur Erwachsene dürfen. Die Erlaubnis, auch mit solch teuren Gegenständen zu spielen, vermittelt dem Kind, selbst wenn es nicht lange dauert, ein starkes Erlebnis.

Das Telefon ist für die Erwachsenen oft wichtiger als das momentane Bedürfnis eines Kindes. Es ist stolz, mit diesem wichtigen Apparat umgehen zu dürfen.

Ritualisierung at it's best. Die perfekte Managergebärde des jungen Mannes signalisiert: Schau, wie erwachsen ich bin! Es muß nicht als Nachteil angesehen werden, wenn Kinder sich bei Tisch ordentlich zu benehmen wissen. Es fragt sich, wie weit Spontaneität überhaupt ausgetrieben wird und ob Ritualisierung zu früh zu Verhaltensänderungen führt, die wesentliche Entwicklungsphasen blockieren.

Der richtige Umgang mit Messer und Gabel, das richtige Verhalten im Restaurant führen Kinder zu einer frühzeitigen, sozialen Integration in die Erwachsenenwelt. Selten dagegen ist eine soziale Adaption des Erwachsenen an die Kinderwelt anzutreffen.

und sie glauben dabei, das wahre Gefühl zu erfahren. Leider sind sie aber nicht mehr in der Lage, dem wirklichen Gefühl eine Chance zu geben.

Nein, meine Suppe ess' ich nicht!

Die Reihe von Ritualen, die Eltern ihren Kindern zumuten, ist unendlich. Was spielt sich schon allein beim Essen ab! Wir gehen in ein Restaurant. Die Erwachsenen unterhalten sich beim Essen, und das Kind soll ruhig sitzen bleiben und nicht dazwischenreden, bis alle fertig sind, wie es sich gehört. Es ist dem Kind schon lange fad und langweilig. Wie soll es einsehen, warum es sitzen bleiben muß? Weil die anderen langsamer und mehr essen oder fortwährend reden, statt zu essen?

Wir essen zu Hause. Die Mutter verlangt, daß das Kind alles aufißt. Es gehört zum Ritual. Es muß essen, nicht etwa, weil es Hunger hätte, sondern weil die Mutter gekocht hat und man kein Essen wegwirft. Oder muß es alles in sich hineinstopfen, weil die Mutter sich beweisen will, welch gute Köchin sie ist?

Solche Regeln wecken Widerstand im Kind, einen Widerstand, den es nicht äußern darf, will es das Ritual nicht verletzen. Zum Ritual gehören fröhlich lachende Kinder und nicht solche, die etwas auszusetzen haben.

Schon geht es weiter: Wenn Erwachsene sprechen, haben Kinder zu schweigen. Sie sollen zuhören und den Mund halten. Das heißt natürlich: Erwachsene haben etwas zu sagen, Kinder sind zu dumm dazu. In Wirklichkeit haben sie von ihrem Standpunkt aus sehr viel zu sagen. Sie vertreten zwar nur ihre Sicht der Welt, aber sie haben auch ein Recht darauf. Erwachsene im Alter von zwanzig Jahren vertreten auch nur ihre Weltanschauung, und wenn sie vierzig sind eine ganz andere, und mit fünfzig wieder eine andere. Warum soll es erlaubt sein, mit dreißig oder fünfzig verschiedene Weltanschauungen darzulegen, aber nicht mit drei oder sieben? In der traditionellen jüdischen Erziehung werden die Kinder ermutigt, Fragen zu stellen. Sie werden beantwortet und fortgesetzt mit neuen Fragen. Das Passahfest etwa beginnt mit vier Fragen an die Kinder.

Wann dürfen Kinder reden?

Informationen von Kindern werden nur selektiert aufgenommen. Die Kinder spüren genau, daß ihre Information nur erwünscht ist, wenn sie den Erwachsenen gelegen kommt. Kinder besitzen starke Antennen dafür, wenn sie auf diese Weise zurückgedrängt werden. Kinder können gar nicht einsehen, warum sie still sein sollen, wenn Erwachsene sprechen. Ihr momentaner Wunsch ist ja viel dringlicher, weil sie in Minuten etwas völlig anderes wollen. Sind ihre Eltern Richter, die über Priorität und Wichtigkeit ihres Verlangens entscheiden? Für Kinder ist der augenblickliche Wunsch dringlich. Müßte er nicht Vorrang haben? Aber dem Ritual zufolge steht er ganz am Ende.

Ich halte es immer so: Wenn ein Erwachsener spricht, dem ich Vernunft und nicht bloßes Ritual unterstellen kann, und eines meiner Kinder sagt etwas, bitte ich den Erwachsenen, einen Augenblick zu warten, und wende mich dem Kind zu. Ich glaube nämlich, daß Kinder Vorrang haben, weil für sie alles dringlich ist. Ich kann natürlich auch dem Kind sagen, warte eine Sekunde, dann ist unser Erwachsenengespräch beendet und ich wende mich dir zu. Wenn das Kind die Erfahrung gemacht hat, daß ich mich ihm nach dem Satz oder Gespräch wirklich zuwende, wird es einen und auch mehrere Sätze tolerieren. Ignorieren wir das Mitteilungsbedürfnis von Kindern, setzen wir sie stets auf den letzten Platz, ist Frustration die Folge, und die äußert sich meist in destruktiven Handlungen.

Die Last der Erwartungen

Rituale der beschriebenen Art drängen das Kind zurück, und gleichzeitig sind Erwartungen mit ihnen verbunden, jene, über die ich gesprochen habe und die unsere Kinder zu braven und bösen, zu artigen und unartigen Kindern stempeln.

Unter der Last der Erwartungen verläuft ihr Wachstumsprozeß, und es kann gar nicht ausbleiben, daß diese Last und der damit verbundene Streß sich auf ihre Haltung, ihre Bewegungen auswirken. Sie sind in ihren Bewegungsabläufen gehemmt, zügeln ihr Interesse an der Welt, weil jede Entdeckerfreude sich auch motorisch ausdrückt und sie damit wieder das Ritual verletzen. Eltern wundern sich über das Desinteresse ihrer Kinder am Lernen, an Geschenken, an dem, was um sie vorgeht. Dabei haben sie systemkonform lediglich aufgehört, auf Reize zu reagieren.

Erinnern wir uns daran, wie die rechte Hand, die rationelle Hand, zum »schönen Händchen« deklariert wird und nicht etwa die linke, die Gefühlshand. Also läßt man die linke leblos am Körper herabhängen oder steckt sie in die Tasche. Nur die »schöne« Hand ist aktiv.

Es sind solche Verhaltensmuster, die die Haltung des Kindes beeinflussen. Die Bewegung des Körpers tendiert eher nach hinten als nach vorn, denn der versucht, sich sowohl der Konfrontation wie dem Ritual zu entziehen. Kinder dürfen ihre Bedürfnisse nicht äußern, also spricht ihr Körper für sie.

Sie versuchen auch, sich vor der Erwartung, die in sie gesetzt wird, zu verstecken. Ihr Blick verweigert sich, sie ziehen sich in sich selbst zurück. Die Schultern hängen herab, die Brust ist eingefallen, und man sagt, das Kind hat eine schlechte Haltung. Daß diese sogenannte schlechte Haltung aber etwas darüber aussagen könnte, wie das Kind sich fühlt, darüber denkt niemand nach. Nicht nach seinen Bedürfnissen, nicht nach vorn läßt man es sich entwickeln, nicht nach seinem Rhythmus und seinem Tempo, und die einzige Gegenwehr, zu der das Kind noch fähig ist, entspricht der Fluchtbewegung oder jener Mimikry des Sich-Totstellens. Manche Kinder schieben ihre Schultern vor, als glaubten sie, es würde von ihnen mehr Leistung erwartet, als auf dem Platz, auf dem ihre Füße stehen, möglich ist. Und die Füße scheinen sich zu weigern, den Schultern zu folgen.

Zu schwer für junge Schultern

Nicht anders ist es, wenn Kindern zu viel Verantwortung aufgebürdet und von ihnen erwartet wird, daß sie diese Verantwortung auch auf sich nehmen. Und sie tun es, weil sie im positiven Fall ein Lob, im negativen eine Strafe erwarten. Ist die Verantwortung schwer zu tragen, kann man förmlich darauf warten, daß der Rücken rund wird und die Schultern herabhängen. Die Eltern sind stolz darauf, wie verantwortungsvoll ihr Kind sich benimmt, schon mit vier Jahren, ganz wie ein Erwachsener. Würden sie jedoch ihre Augen aufmachen, könnten sie seine Körperhaltung sehen und wären entsetzt über den gebeugten Rücken, dem die Last der Verantwortung zu schwer ist.

Mit der Zeit entwickelt sich ein System: das Kind, von seinen Eltern für sein Verantwortungsbewußtsein gelobt, wird die Verantwortung künftig suchen. Es wird Verantwortung übernehmen, für den Bruder, für die Schulklasse, die Umgebung. Es wird auch in der Schule eifrig sein, um sein Verantwortungsbewußtsein zu beweisen. Auf seine Körperhaltung wirkt sich dies allerdings katastrophal aus. Ausgeglichen kann ein Kind nur sein, wenn es weder revoltieren noch sich zurückhalten muß. Das heißt, Kinder brauchen Freiraum, um ihre Gefühle ausdrücken und ausleben zu können, und ihrem jeweiligen Alter entsprechend einen Rahmen, in dem sie Rituale akzeptieren können, und dies selbst unter Geschwistern und gleichaltrigen Freunden. So kann es halbwegs zu einem Gleichgewicht zwischen der Individualität des Kindes und den sozialen Notwendigkeiten kommen.

Wir sehen, daß sich schon in früher Jugend die Haltung eines Menschen entwickelt. Und es handelt sich bei sogenannter schlechter Haltung eben nicht allein um ein physiologisches Problem, das sich durch ein bißchen Gymnastik beheben ließe. Die Haltung des Kindes signalisiert seine Einstellung zur Welt. Es sollte Verantwortung haben, aber nicht Verantwortung tragen.

Zuviel verlangt

Bevor all die Reize, die in der Phase einer noch ganz emotional ausgerichteten Sinneswelt von innen und außen auf die Kinder einstürmen, von ihnen kontrolliert und eingeordnet werden können, vergehen mehrere Jahre. Es ist der gleiche Zeitraum, der nötig ist, um das abstrakte Denken zu entwickeln. Prioritäten zu setzen, auch im Hinblick auf Zukünftiges (Es wird einmal wichtig für mich sein ...), verlangt bereits konstruktives Denken. Kinder verfügen darüber noch nicht. Sie reagieren primär auf das Hier und Jetzt und nicht mit Schlüssen auf eine mögliche Zukunft.

Dennoch erwarten die Erwachsenen häufig von Kindern ein planvolles, konstruktives Denken. Wieder gerät das Kind in einen inneren Konflikt zwischen den eigenen Möglichkeiten und der Erwartung anderer. Der einzige Weg, den Konflikt sichtbar zu machen, ist der physische Ausdruck. Die Symptome, die ich im Zusammenhang mit der Verantwortung beschrieben habe, zeigen sich auch hier: ein gekrümmter

Rücken, herabhängende Schultern und Arme als Kompensation für die physische Flucht, die durch Erziehung unmöglich gemacht worden ist. Die Last der Erwartung ist zu groß. Wenn sich das Kind dennoch bemüht, die Erwartung zu erfüllen, tut es dies, um die erwünschten Streicheleinheiten zu erhalten. Nun sagen die Erwachsenen: Aber das Kind macht das alles mit Freude! Und das ist richtig, weil es ja auch die Belohnung erwartet. Sein Körper aber zeigt, daß die Belastung zu groß ist. Die eingezogene Brust kann man als Fluchtreaktion auf seinen Wunsch deuten, sich der Aufgabe zu entziehen, wegzulaufen. Aber zugleich bedeutet das: Ich kann ja nicht weglaufen, weil die Autoritätsperson von mir erwartet, daß ich hier stehe, nicht versage und planvoll denke. Kinder mit solchen Konflikten stehen manchmal mit zurückgeneigtem Körper auf ihrem Platz, als wollten sie sagen: Eigentlich ginge ich lieber einen Schritt zurück. Das gleiche signalisiert die abweichende Haltung des Körpers nach links oder rechts, das heißt, das Kind steht dem Gesprächspartner nicht gerade gegenüber, sondern weicht aus, als wollte es sagen: Ich möchte bitte keine direkte Konfrontation, ich möchte ihr viel lieber ausweichen, sie, wenn möglich, umgehen. Aber das Kind sagt nichts, es schweigt, und nur sein Körper bringt den inneren Wunsch zum Ausdruck. Die Schule ruft häufig solche Reaktionen hervor. Das sind die Fälle, in denen ein Kind nicht einfach weglaufen kann. Denn die normale Reaktion eines Kindes, das sich einer unangenehmen Situation, und dazu gehört auch Überforderung, gegenübersieht, wäre, sich einfach umzudrehen und sich davonzumachen.

Alle anderen Positionen kehren als Möglichkeiten wieder: Breitbeiniges Stehen, Hände in die Hüften gestemmt, so nimmt das Kind die Herausforderung an. Es schluckt und weint und will von seinem Standpunkt nicht weichen. Durchgedrückte Knie sind immer eine Blockadestellung. Man will seinen »Standpunkt« verteidigen. Oder, es sucht mit der bekannten Beschwichtigungsbewegung zu einem Kompromiß zu kommen. Das Blinzeln der Augen deutet stets auf Streß. Das Kind versucht so, Realität nicht wahrnehmen zu müssen, als ob es Blackouts brauchte, um die Anforderungen, die an es gestellt werden, aus der Welt zu schaffen. Schaut das Kind zur Seite, heißt das nach der Theorie der fünf Möglichkeiten, es sucht Hilfe von außen. Denn da es aus Angst oder Respekt vor der Autoritätsperson nicht weglaufen kann, hofft es auf Hilfe oder Ablenkung. Schüler reagieren so, wenn sie überfallartig gefragt werden. Resignation schließlich – Also gut, ich mache es! – verleiht allen Bewegungen Langsamkeit; selbst die Füße schleppen sich müde in Richtung der ungeliebten Aufgabe.

Der Preis der Eitelkeit

Wer möchte nicht gefallen? Kinder wollen gefallen, das Bedürfnis ist von vornherein stark ausgeprägt, und das System von Strafe und Belohnung trägt verstärkend dazu bei. Nicht nur kleine Mädchen verstehen es zu kokettieren. Sie beginnen schon früh damit. Sie schieben das Becken nach vorn, ziehen die Schultern zurück und wiegen sich ein wenig nach links und rechts in einer Art rotierender Bewegung, und mit den Augen fragen sie stumm, ob wir auch sehen, wie hübsch sie sind. Auch daß sie ihr Becken instinktiv – und mit Sicherheit ganz ohne sexuellen Hintergrund, sondern einem natürlichen, angeborenen Impuls folgend – nach vorne schieben, zeigt ihr Bedürfnis, den anderen zu gefallen. Es kommt jedoch zu keiner Konfrontation, man steht nicht gerade für dieses Versprechen. Es gibt einen Spielraum für ein Ja oder Nein. Eine Schulter weist jeweils auf die Möglichkeit der Flucht: Gefällt es dir, bleibe ich noch, gefällt es dir nicht, bin ich schon fort.

Diese Form der Koketterie ist sowohl bei Jungen wie bei Mädchen zu beobachten, bei diesen jedoch häufiger.

Das Bedürfnis zu gefallen korrespondiert damit, daß jedes Kind sich als Mittelpunkt der Welt fühlt und diesen Platz behalten und bestätigt sehen will. Sieht es ihn in Gefahr, wird es ihn mit allen ihm zur Verfügung stehenden Mitteln verteidigen. Scheint er verloren, muß er um jeden Preis zurückgewonnen werden.

Das Kind weiß sehr früh, wie es beliebter Mittelpunkt werden kann, indem es sich entweder als braves Kind verhält oder Leistung zeigt. Nach jeder vollbrachten Leistung, ob es nun auf einen Baum geklettert ist, auf der Fensterbank steht oder ein Bild gemalt hat, ruft es nach seinen Eltern und verlangt auf der Stelle ein positives Feedback. Es gebührt ihm auch, denn nur diese positive Resonanz spornt an. Sie macht das Kind nicht faul, wie viele meinen, im Gegenteil: Gestärkt von neuem Selbstvertrauen strebt das Kind dem nächsten Ziel zu, um wieder ein Lob, eine Anerkennung zu erhalten. Bleibt das Feedback aus, holt es sich die Aufmerksamkeit durch Weinen oder destruktives Handeln.

Inaktiv werden Kinder, von denen zuviel verlangt wird und die man

Der kokette Blick fördert die Interaktion, die gepreßten Lippen sagen: Ich verweigere mich, bis du mich ganz lieb hast.

dafür tadelt, daß sie nicht alle Erwartungen erfüllt haben. Der Wunsch, perfekt zu sein, löst oft eine Blockierung aus, statt motivierend zu wirken, weil niemand auf der Stelle Perfektion erreichen kann. Das Feedback bezieht sich ausschließlich auf das nicht erreichte Ziel oder die nicht gelöste Aufgabe. Schulkinder können ein Lied davon singen. Für Kinder, und nicht nur für Kinder, wirkt diese Methode absolut hemmend und frustrierend. Sie wollen die Lust spüren, überhaupt etwas zu tun, denn sie tun es ja wegen der positiven Rückmeldung, die für sie ein Gunstbarometer ist und ihnen sagt, wie sehr sie im Mittelpunkt stehen. Den berühmten und in sich auch wahren Satz: »Nicht für die Schule, für das Leben lernen wir!«, hat noch kein Kind verstanden und wird auch kein Kind verstehen, weil er planvolles Denken voraussetzt, von dem Kinder noch nichts wissen. Sie lernen jetzt und heute und wollen jetzt und heute den Lohn dafür, und der besteht im positiven Feedback, das sie wiederum nach dem nächsten streben läßt.

Für die Erzieher – Vater, Mutter, Lehrer – ist jedoch von Wichtigkeit, daß eine positive Rückmeldung gerechtfertigt sein muß. Wird sie erteilt, obwohl das Kind seine Sache nicht gut gemacht hat, übt sie eine destruktive Wirkung auf das Kind aus, das sich nunmehr selbstverständlich nicht anstrengen wird, das nächste Lob zu erringen, da es so leicht

Die Lust am Abenteuer. Bei Jungen ist sie wiederum stärker ausgeprägt als bei Mädchen. Überwindung von Hindernissen, die eigentlich nur Anforderungen an die Motorik stellt, fördert zugleich Intelligenz und Koordinationsvermögen. Oft müssen Entscheidungen schnell und zutreffend gefällt, Mut und Möglichkeiten abgeschätzt werden. Vor allen Dingen lernt das Kind, sich unabhängig von anderen auf sich selbst zu verlassen.

zu haben ist. Wird das Kind unablässig bestraft, lernt es, ein dafür geeignetes System aufzubauen: Es provoziert die Strafe, um die Tat zu legitimieren. Erwachsene brechen zum Beispiel einen Streit vom Zaun, um eine Ausrede für ihr Fehlverhalten zu haben.

Ich höre oft den Satz: Mein Sohn ist leider so faul! Und dann frage ich zurück: Er spielt wohl nicht gern Fußball? Und wenn mein Gesprächspartner darauf antwortet, das täte der Junge schon, und zwar stundenlang, kann ich nur konstatieren, daß er nicht faul ist, sondern die eine oder andere Aufgabe nur lustlos ausführt oder ihr ganz aus dem Weg geht.

Wenn er nämlich auf einem Gebiet so aktiv sein kann, ist er auch in anderer Beziehung ein völlig gesundes Kind. Für die andere Aufgabe ist er lediglich nicht ausreichend motiviert, oder er sieht von sich selbst aus nicht die Chance, dabei Befriedigung zu erlangen, und glaubt auch nicht, dafür soviel positives Feedback zu erhalten, wie er braucht, um motiviert zu sein.

Das Bedürfnis, im Mittelpunkt zu stehen, geht Hand in Hand mit dem Wunsch, beliebt zu sein. Das Kind strebt beides an, will das Größte, Schönste, Beste, Stärkste, Beliebteste sein. Ist der erste Platz in der Gruppe besetzt, und das Kind liegt überhaupt in der Konkurrenz zurück, weil es sich nicht durchsetzen kann oder aufgrund des Altersunterschieds, wird es sein Streben nach Beliebtheit vor allem auf den Anführer der Gruppe richten. Das sind zu Hause Mutter und Vater, unter Gleichaltrigen eben der Anführer, und in der Schule ist es der Lehrer oder die Gruppe der »Starken«. Wie beim Kampf um die Hierarchie wird das Kind versuchen, die Aufmerksamkeit der Respektsperson auf sich zu lenken. Es hat vorläufig akzeptiert, daß es sich unterwerfen muß, achtet nun sehr genau darauf, was der »Boß« tut und wie er es tut, und ahmt diesen nach (Vater, Mutter, großer Bruder, jeder von ihnen kann das Vorbild sein). Das Kind, das diese Rolle übernommen hat, wird anfangen, sehr viel zu fragen. Der dominierende Partner antwortet, muß sich notgedrungen mit dem kleinen Fragesteller beschäftigen. Der hat sein erstes Ziel erreicht, denn es ist ihm gelungen, auf sich aufmerksam zu machen.

Kinder fragen sehr oft aus diesem Grund, nämlich um sich zur Geltung zu bringen oder dem Erwachsenen zu gefallen, und nicht aus purer Wißbegier oder Interesse an der betreffenden Sache.

Um das Gefühl zu kompensieren, sich unterwerfen zu müssen, identifizieren sich Kinder ja so gern mit den Helden aus Geschichten. Das ist oft bis in die Gestik hinein zu verfolgen. Nachahmung spielt eine bestimmende Rolle. Und natürlich will das Kind, das sich verkleidet und Robin Hood spielt, auch wieder die Aufmerksamkeit der Welt auf sich ziehen.

Kinder glauben manchmal, daß sie, so wie sie sind, nicht von ihren Eltern akzeptiert werden, weil diese dauernd Erwartungen in sie setzen, die von den Kindern nicht als von ihnen erfüllbar angesehen werden können.

Spielregeln und Rituale, das zeigt sich in allen Beispielen und Erläuterungen dieses Buches, sind sozial notwendig und schützen das Kind vom ersten Tag an; zugleich begrenzen und hemmen sie die Entwicklung seiner Persönlichkeit, im schlimmsten Fall bis hin zur völligen Einschränkung seiner individuellen Ausdrucksmöglichkeiten.

Der Platz in der Mitte. Was signalisiert er: dominierende Stellung oder Schutzbedürfnis?

Jeder Mensch braucht die Gruppe aber auch dafür, um seine Individualität zu entwickeln. Deshalb muß er lernen, sich ihren Ritualen anzupassen, jedenfalls so weit, daß die Gruppe ihn nicht ausstößt. Die Urangst des Verlassenseins, mit der der Mensch zur Welt kommt, wird in ihm geweckt, und er reagiert panisch darauf.

Ich habe davon gesprochen, wie einer der Gruppe die kalte Schulter zeigt und sich absentiert, um dem Verstoßenwerden durch die Gruppe zuvorzukommen. Darin spiegelten sich Risiko und Chance des Außenseiters.

In der jetzt angesprochenen Situation von Existenzangst, und die gibt es selbstverständlich auch schon bei Kindern, werden die Aktionen unkontrolliert aggressiv. Das Abstoßen wird handgreiflich. Das Kind, in diese Situation gebracht, stößt Spielzeug und alles, was lose ist, von sich weg: seine Freunde, Geschwister und Eltern. Der Gefahr, ausgestoßen zu werden, versucht es in wilder Aktion, in der es sich scheinbar zum Herrn der Lage macht und seine Angst übertönt, zu entgehen.

Sich zu verkleiden gehört zu den liebsten und zugleich ganz archaischen Spielen von Kindern.

Das Kind muß auch aus einer solchen panischen Reaktion zurückfinden in die soziale Ordnung, in der es aufwächst. Es kann sich nie ganz den Ritualen entziehen, es muß vielmehr lernen, damit zu leben, sich zu arrangieren.

Unterordnung geschieht nie freiwillig, aber Kinder sind nicht nur gefühlsstark, sie sind auch pragmatisch. Ein Kind, das unter starkem Erwartungsdruck der Eltern, des Lehrers und der Gruppe steht, weiß eins doch genau: Es gibt zwei Dinge, zu denen man es nicht wirklich zwingen kann – Essen und Lernen. Seine Revolte gegen das System der Ritualisierung äußert sich deshalb oft auf diesen beiden Gebieten.

Statt den Kampf auf diese Territorien auszudehnen, wäre es nützlich, zu klären, was ein Kind an seiner Umwelt oder der eigenen Verfassung stört, wo die Ursachen für seine Frustration liegen. Diese Klärung kann aber nur gelingen, wenn man dem Kind in seinen Gefühlen begegnet, ihm seine Gefühle zurückgibt. Das heißt auch, daß es keine Angst haben muß, sich zu äußern. Viel ist gewonnen, wenn der Erwachsene seine

Verkleiden macht Spaß. Es gibt jedoch einen Unterschied zwischen Verkleiden und Verkleiden. Maskierung hat nämlich häufig auch etwas mit Angstbewältigung zu tun und ist nur erfolgreich, wenn sie aus eigenem Antrieb kommt. Ganz anders liegt der Fall, wenn Kostümierung unter Zwang geschieht, weil eigentlich nur die Eltern sie wollen. Das Bild unten rechts zeigt das perfekte Kostüm, aber Perfektion zählt nicht, wenn Verkleidung eine Identifikation mit der gewählten Rolle zeitigen soll. Die Teufelsmaske, die Krallen, Vaters Jackett, Mutters Schuhe und ihre Kleider schaffen Identifikation und Vergnügen.

Kompromißbereitschaft dem Kind glaubhaft machen kann: Wir sind bereit, einen anderen Weg mit dir zu suchen! Das heißt: eine andere Spielordnung zu akzeptieren, die vom Kind mitbestimmt werden kann. Das Kind muß einen Fortschritt empfinden, einen Ausweg sehen und sich nicht wie bei einer Prüfung fühlen, in der nachgefragt wird, ob es die Erwartungen erfüllt hat oder nicht und warum ihm einiges nicht gelungen ist.

Die sogenannte antiautoritäre Erziehung habe ich immer für gefährlich gehalten. Denn wie sollten sich Kinder, die im wahren Sinne antiautoritär erzogen worden waren, später ins gesellschaftliche Leben eingliedern können. Die grenzenlose Freiheit des sich Auslebens existiert nur in der Utopie. Auf der Erde gibt es nun mal Grenzen, natürliche, biologische und gesellschaftliche. Mit ihnen muß ein Kind lernen, sich auseinanderzusetzen (nicht, sie für unveränderbar zu halten) und zu leben.

Je mehr sich bei einem Kind das spekulativ abstrakte Denken entwickelt, es also vorauszuplanen lernt, desto leichter wird es ihm fallen, Rituale zu akzeptieren, mehr noch, sie wiederum als Instrumente einzusetzen. Der Konflikt zwischen dem Ich und den Ritualen spielt sich hauptsächlich bei Kindern zwischen dem dritten, vierten und achten Lebensjahr ab. Davor bedürfen Kinder der ganz persönlichen Zuwendung, wie individueller Ansprache sowie häufig wiederholtem Körperkontakt. Erst in einem Alter von fünf bis sechs Jahren beginnt sich die strukturierte Denkweise zu entwickeln. Und mit der Fähigkeit zur Abstraktion wird auch das Bedürfnis nach Körperkontakt geringer. Dafür verstärkt sich der Konflikt zwischen dem Selbstgefühl und den Ritualen, die erst jetzt wirklich als solche erkannt werden. Die Kontakte mit der Außenwelt und das Erlebnis der Schule tragen dazu bei.

Digitales Denken kontra Kreativität

Ritualisierung führt zum programmierten Denken, denn sie ist auf Wiederholbarkeit ausgerichtet. Je kalkulierbarer die Zukunft wird und je mehr unser Denken auf Vorausplanung festgelegt wird, um so weniger Raum bleibt für Spontaneität und Kreativität. Das sogenannte digitale Denken, das die Welt auf nachweisbare Fakten reduzieren will, ist der Gegenpol zum kreativen Denken. Kinder sind in der Wachstumsphase, in der sie sich nicht nur körperlich, sondern auch geistig befinden, von

Der Phantasie von Kindern sind keine Grenzen gesetzt. Kleine Räume müssen nicht beengen: Immerhin – ich bin die Größte! Kinder benutzen Gegenstände des Alltagslebens nicht immer so, wie sie gedacht sind, und sie bauen auf kreative Weise neue Welten: ein Topf als Trommel, ein Stuhl als Höhle oder Mauer oder als Gefängnis usw. Der Mutter verschafft dieses Spielfeld die Möglichkeit, ihre Kinder stets in ihrer Nähe zu halten; und sie kann ihnen an Ort und Stelle erlauben, Spielmöglichkeiten zu entdecken. Aufräumen fällt leichter, als den ganzen Tag mit einem nörgelnden Kind zu verbringen. Die Phantasie der Kinder braucht einen inneren Großraum und die Erlaubnis von außen, sie umzusetzen.

Ritualisierung hemmt die Aktivität: Diese Kinder wagen es nicht, ihr Wirkungspotential zu nutzen, denn das Spielen im Schlamm – nostalgischer Traum aller Erwachsenen – verwirklicht den Wunsch nach höchster Effektivität. Sie wird nicht erreicht, wenn im Hinterkopf wie auf einer Barriere eingeschrieben ist: So was tut man nicht!

Je stärker die Wirkung, desto größer der Spaß. Denn wenn ich wirke, lebe ich! Wie sich mit einem Minimum an Energie ein Maximum an Wirkung erzeugen läßt, zeigen diese Bilder. Der Beweis der eigenen Existenz aber genügt allein nicht. Wirkung hängt auch vom Feedback ab. Wo sind die Zuschauer? Ich bin wichtig, weil ich etwas bewirke! Durch einen Tritt bewirke ich sehr viel mit Wasser und Schlamm. Kinder lieben es mehr als ihre Mütter.

den Gefahren einer Überritualisierung stark bedroht, weil die Digitalisierung des Denkens zunächst als Erleichterung des Lernvorgangs erscheinen kann. Ein schematisches Denken erstickt jedoch den kreativen Impuls.

Dem Kind sind Wissensdrang und Entdeckungslust angeboren; es benötigt Impulse, um beides kreativ umsetzen zu können. Kreativität beginnt mit dem Experiment. Und das Kind beginnt auch von früh an auszuprobieren, was geschieht mit ihm, wenn ..., was geschieht mit seiner Umgebung, wenn ... Das Kind wirft etwas zu Boden, die Mutter bückt sich, um es aufzuheben – schon ist das ein Experiment. Denn der für uns selbstverständliche Vorgang: Ich werfe einen Gegenstand zur Erde, er fällt, es dauert eine Zeit, dann kommt er zurück, weil ihn jemand aufgehoben hat, ist für das Kind eine Erfahrungsreihe. Über die Erfahrungen, die ein Kind beim Essen machen kann, habe ich schon gesprochen. Es sind alles Erfahrungen, die durch kreative Experimente, Elemente miteinander zu verbinden, zusammengetragen werden. Welche Resultate kann ich auf diese Weise erzielen, welche Wirkung rufe ich hervor? Das sind die Fragen hinter dem kreativen Tun unserer Kinder.

Das Essen ist nur ein Beispiel, dafür ein sehr bildhaftes. Denn zweifellos muß dafür gesorgt werden, daß unsere Kinder auf Dauer ihr Essen nicht auf dem Tisch herumschmieren, sondern brav löffeln. Das Rezept ist einfach, heißt aber nicht Verbot als System, sondern in erster Linie Vorbild. Je häufiger die Eltern zusammen mit ihren Kindern essen, um so schneller wollen die es den Erwachsenen gleichtun, sie reklamieren geradezu ihr Recht, Löffel und Gabel zu benutzen, und hätten natürlich am liebsten auch das Messer in der Hand. Ißt das Kind zu oft allein (wird es abgespeist zur Bequemlichkeit der Erwachsenen), fehlen die Beispiele, und der Ehrgeiz, es den Großen nachzumachen, wird nicht geweckt.

Viele Erwachsene begehen ungewollt eine Sünde wider die kreative Entwicklung von Kindern, wenn sie darauf bestehen, daß Spiele nach fertigen Spielregeln gespielt werden müssen. Kinder sollten ihre Kreativität auch dabei einbringen können. Was liegt schon daran, daß ein Spiel »richtig« gespielt wird? Alles Vorgegebene, an dem festgehalten wird, kennt selbstverständlich die Kreativität nicht.

Auf Stühlen läßt sich nicht nur sitzen, sie lassen sich auch umkippen oder auf den Tisch stellen, sie lassen sich schieben, und man kann sich darunter verstecken. Ordentliche Mütter neigen dazu, dem Kind unablässig zu sagen: Nein, ein Stuhl ist zum Sitzen da; nein, vom Teller wird gegessen, mit dem Löffel wird gelöffelt, basta. Das funktionale Denken steht der kreativen Phantasie gegenüber, und leider meist unversöhnlich.

In meinem Buch über Partnerschaft habe ich ausführlich darüber gesprochen, daß die alternativen Möglichkeiten eines Gegenstands kaum genutzt werden. Ein Regenschirm ist dazu da, mich bei Regen zu schützen, ein Stuhl, damit ich mich draufsetzen kann. Aber wenn es regnet, einen Stuhl als Regenschirm zu benutzen, ist im digitalen Denken nicht gespeichert und deshalb bereits eine kreative Handlung.

Kinder kommen leichter auf einen solchen Einfall, weil das digitale, funktionale Denken sich noch nicht über die kreativen Impulse gestülpt hat.

Unser physisch-psychisches System ist darauf programmiert, Alternativen zu haben. Dazu ein einfaches Beispiel: Wir legen ein breites Brett auf den Boden und gehen darauf hin und her. Wir fühlen uns absolut sicher. Nehmen wir dasselbe Brett und befestigen es in sieben Metern Höhe, stellen sich Hemmungen ein, darauf herumzugehen. Soeben haben wir aber genau das getan. Es fehlt die Alternative, die der Boden bot. Jedesmal, wenn wir glauben, keine Alternative zu haben, halten wir uns in Panik an irgend etwas fest. Meine Freundin lächelt mich nicht mehr an: Ich gerate in Panik, weil ich meine, es gäbe keine Alternative für sie. Wir glauben, nur den einen Beruf ausüben zu können, in dem gerade Flaute herrscht; schon setzt Panik ein. Kinder, die keine Alternativen kennenlernen, weil ihre Eltern sie nicht darauf hinweisen, geraten schnell in Panik. Dabei hält unsere innere Kreativität stets Alternativen bereit.

Die Erwachsenen tun sich im allgemeinen schwer, Kindern, die ungewöhnliche Kombinationen der gewohnten, in ihrer Funktion festgelegten Objekte präsentieren, ein positives Feedback zu geben. Aber nur damit wird die Lust, kreativ zu sein, geweckt.

Auch die stimmlichen Variationen, die ein Kind entdeckt zwischen Lallen und Piepsen, Grölen, Singen und Flüstern gehören zu den kreativen Experimenten. Viel zu oft greifen die Eltern ein: Laß das! Das ist nicht schön, so spricht man nicht, sei nicht so albern! Dabei experimentiert das Kind lediglich mit seiner Stimme, mit seinem Körper. Grimassenziehen ist eine solche Übung, die dem Erlebnishaften seines Daseins und seiner Selbsterfahrung dient, zu der es gehört, sich auch anders zu erleben und früh dem Irrtum vorzubeugen, man sei immer ein und derselbe.

Kinder spielen gern in Schlamm und Wasser, so entsetzt Mütter auch darauf reagieren, wenn beides hochspritzt und alles ringsherum besudelt. Für das Kind ist es ein Riesenspaß. Wo sonst kann es so deutlich erfahren, daß es etwas bewirkt? Es klatscht in den Schlamm, und schon spritzt er nach allen Seiten.

Lebendigsein, ich kann es nicht oft genug wiederholen, heißt, etwas zu bewirken. Kinder versuchen unablässig, entweder durch Fragen oder Taten unter Beweis zu stellen, daß sie etwas bewirken. Bewirken heißt hier in seiner elementarsten Form Spritzen, zum Einstürzen bringen, Kaputtmachen, mit Dingen werfen, Kombinationen erfinden. Gibt man einem Kind Farben, wie es in kreativen Kindergärten geschieht, wird die Lust zu experimentieren deutlich angeregt. Kreativ stimulierend sind auch Spiele, in denen die Kinder dazu aufgefordert werden, verschiedene Charaktere darzustellen, Rollen zu spielen, nachzuahmen, was in ihrer Umgebung geschieht. Dieses alles paßt zwar nicht immer ins vorgegebene Ritual, aber wichtig ist allein, daß Kinder die Varianten des Lebens kennenlernen und daß nicht ein lineares und eintöniges Weltbild vermittelt wird.

In vorgegebenen kreativen Formen wie dem Tanz, der Malerei und Musik sucht das Kind zunächst auch die Motorik. Es stellt Kombinationen her zwischen Rhythmus und Bewegung, also zwischen Schlagzeug, Stimme, dem Körper und seinen Bewegungen, versucht, sie in ein Erlebnis zu integrieren. Der Rahmen läßt sich erweitern, indem man dem Kind konkrete Situationen vorgibt, die es ausdrucksstark spielen kann: stark, schwach, Rettung, Hilfe für den Freund, Hilfe des Freundes, nach der man ruft und die man erhält.

Ermutigung ist am Platz und nicht Einengung. Intelligenz drückt sich beim Kind zuerst darin aus, Kombinationen zu finden. Es lohnt sich in jedem Fall, diese Fähigkeit zu fördern, denn hiermit bildet sich seine kreative Potenz heraus. Dagegen wird die frühe Erwartung von funktionalem, digitalem Denken die Entwicklung des kreativen Potentials hemmen oder verhindern.

Es sind die Alternativen, die dem Kind Selbstsicherheit geben. Das Kind, das mit seinen Spielzeugen neue Spiele kombiniert, verschiedene Arten von Spielen mit unterschiedlichen Elementen von Spielen, kurz, ein Kind, das erfinden kann, entwickelt seine Phantasie, seine Kreativität und seine Intelligenz.

Kinder entdecken zuerst das Lebendige in der Welt, und sie finden es in der Bewegung, im Motorischen. Alle Abstraktion kommt erst in der Folge motorischer Experimente.

Je mehr dem Kind die Möglichkeit gegeben wird, selbst zu experimentieren, bevor wir ihm helfen und es wieder unter unsere Fittiche nehmen, um so schneller wird sich seine Intelligenz, seine Fähigkeit, Alternativen zu finden, zu *er*finden entwickeln.

Widersprüchliche Signale

Wir finden widersprüchliche, das heißt sich widersprechende Signale oder Gebärden zwar häufiger bei Erwachsenen, aber auch schon bei Kindern. Es geht um Widersprüche zwischen verbaler Äußerung und Bewegung und um in sich widersprüchliche Bewegungen. Dabei weist die eine Bewegung in die eine und die andere in die gegensätzliche Richtung, signalisiert also das Gegenteil.

Warum ist diese Art der widersprüchlichen Signalgebung eher untypisch für Kinder? Kinder leben mit ihren Gefühlen in Harmonie, weil sie ihren Gefühlsimpulsen ohne Hemmung folgen. Diese Harmonie wird eher von außen als durch das eigene Denken gestört. Kinder geben zum Beispiel einem zielgerichteten Impuls nach, befinden sich in einem harmonischen Zustand mit diesem, sie lachen, sind froh: Wird diese zielgerichtete Bewegung unterbrochen, so reagiert das Kind stets aggressiv, also durch Weinen, Wegstoßen, Anheben der Schultern als Verteidigungsstellung gegen die Unterbrechung seiner Aktion. Protestbewegungen wie das Aufstampfen mit den Füßen oder das Umsichschlagen sind die Regel. Ist oder scheint die Autorität des anderen, also dessen, der die Unterbrechung verursacht hat, unüberwindlich, kann sich das Kind auch in Unterwerfungsgebärden flüchten. Das Kind schaut zu Boden oder richtet seine Blicke auf den leider versperrten Fluchtweg, den es so gern genommen hätte.

Erst wenn Rituale mehr und mehr ein Teil des eigenen Ich werden, treten Konflikte zwischen dem Ritual und den eigenen Wünschen auf. Bei Erwachsenen sind diese Konflikte deshalb häufiger, weil Rituale Bestandteil ihres Lebens als soziale Wesen sind und sich ein kompliziert strukturiertes Denken entwickelt hat; anders als bei Kindern also: Ihr Denken ist noch nicht mehrdimensional, geht also meist nicht in zwei unterschiedliche Richtungen.

Diese Spaltung des Denkens erzeugt den Widerspruch zwischen dem, was einer sagt, dem, was seine ursprüngliche Empfindung ist und was sein Körper ausdrückt. Die widersprüchlichen Signale sind in unserem sozialen Alltag so gut wie normal. Pflichten, Verantwortungsgefühl, soziale Hemmschwellen stehen sehr oft im Widerspruch zum inneren Impuls des einzelnen, so etwa, wenn er sich den Entscheidungen der Gruppe widerwillig unterwirft.

Entscheidungen oder Prioritäten

Für das Kind findet dieser alltägliche Widerspruch noch nicht statt. Aber er begegnet ihm bereits. Ein Widerspruch im Menschen selbst beginnt damit, daß zwei Wünsche gleichzeitig auftauchen, und die Notwendigkeit, sich für den einen oder den anderen zu entscheiden, löst den Widerspruch in uns auf. Ohne widersprüchliche Signale geht es auch ab, wenn ich Prioritäten schaffe, mir jedoch beide Wünsche erfülle. Ich tue eins nach dem anderen. Entscheide ich nicht, oder verschiebe ich den zweiten Wunsch nicht, bleiben der Konflikt und die widersprüchlichen Signale bestehen.

Ein Beispiel für eine solche Konfliktsituation: Das Kind möchte zum Spielen gehen, die Mutter will es anhalten, Schularbeiten zu machen, und weiß zugleich, daß frische Luft ihrem Kind guttun würde. Sie sagt schließlich mit zusammengekniffenen Lippen: Also gut, geh spielen! Das Kind erkennt den Widerspruch zwischen Aussage und Körpersprache und kommt nun selbst in einen Konflikt. Geht es auf die Erlaubnis ein, und fällt die Klassenarbeit später dennoch ganz gut aus, wird die Mutter sagen können: Ich hatte es dir ja auch erlaubt. Fällt die Note aber schlecht aus, wird die Mutter sagen: Du hast es ja gesehen, daß ich es nicht wollte, daß du spielst anstatt Schularbeiten zu machen. So kommt die Mutter in beiden Fällen gut weg. Das Problem und das Risiko liegen bei ihrem Kind. Wie entscheidet es? Wählt es die eine oder die andere Möglichkeit? Je eher und häufiger ein Kind in einen solchen Zwiespalt gerät, um so näher kommen wir dem Bereich der Schizophrenie.

Unzweideutige Signale

Ein Nein, das von einem Lächeln begleitet ist, wird als widersprüchlich empfunden; auch ein Lehrer, der lächelnd Ruhe verlangt. Ein anderes Beispiel: Ein Lehrer ruft einen Schüler zu sich und lächelt dabei. Der Schüler

Doktorspiele befriedigen die Neugier und helfen bei der Überwindung von Ängsten.

Sehr zu empfehlen ist es, daß Eltern auch einmal die Rolle des Patienten übernehmen.

kommt und legt dem Lehrer vertrauensvoll seine Hand auf den Arm, sucht instinktiv Körperkontakt. Der Lehrer, darauf nicht vorbereitet, zieht unwillkürlich seinen Arm zurück. Das Kind ist verwirrt; denn der Lehrer hatte die Annäherung ja gewollt, hatte dabei sogar gelächelt. Nun zieht er sich zurück. Was habe ich jetzt nur falsch gemacht?

Eltern, die ihr Kind auffordern, seine Probleme auszusprechen, und dabei den Kopf ganz gerade halten, also eine Konfrontationsstellung einnehmen, dürfen sich nicht wundern, wenn ihr Kind ihnen nichts erzählt. Es will keine Konfrontation, es will Verständnis. Es spürt einen Widerspruch zwischen der freundlichen Aufforderung zu erzählen und der aufrechten Haltung von Kopf und Hals. Eine leichte Kopfneigung hätte die Konfrontation aufgehoben. Ein Erwachsener, der einem Kind ankündigt, jetzt mit ihm spielen zu wollen, und gleichzeitig zum Telefon geht, bringt das Kind in einen Zwiespalt. Was meint der Erwachsene nun? Will er mit ihm spielen, oder will er telefonieren, weil das wichtiger ist? Widersprüchliche Signale dieser Art sind häufig und verursachen bei Kindern Mißtrauen gegenüber der Eindeutigkeit von Signalen, die es erhält, und Worten, die es hört. Das hat nicht nur zur Folge, daß sein Vertrauen zu seiner Umgebung abnimmt, auch seine Hemmungen nehmen zu, weil es immer mehr Risiken auf sich nehmen muß. Es wird eines Tages auch seinen eigenen Signalen nicht mehr trauen, die Verwirrung nimmt zu. Bedeuten die Signale, die es sieht, noch das, was es bei ihrem Anblick empfindet? Warum soll es mit den von ihm selbst ausgesandten Signalen anders sein? Das Kind wird verunsichert, zweifelt daran, richtig verstanden zu werden. Damit beginnt eine schwere Desorientierung bereits im Kindesalter. Mit dem Mangel an Sicherheit setzt sich Mißtrauen fest. Ausgehend von den widersprüchlichen Gebärden, von denen hier die Rede war, läßt sich nun auch über die Unterschiede zwischen der Körpersprache von Kindern auf der einen und der von Erwachsenen auf der anderen Seite sprechen.

Die 1:1-Formel

Die Körpersprache von Kindern ist nicht, wie man meinen könnte, reicher als die von Erwachsenen. Im Gegenteil, sie ist elementar, einfacher und damit auch ärmer. Kinder brauchen auch keinen komplizierten Wortschatz, um ihre alltäglichen Bedürfnisse auszudrücken.

Die Entdeckung des eigenen Körpers und des Unterschieds zum anderen trägt dazu bei, sich selbst zu akzeptieren.

Wir sind zwar verschieden ... aber wir passen zueinander.

Das Kind folgt noch den fünf Grundverhaltensformen: Nach vorne rennen oder attackieren, wegrennen (Flucht), verstecken, Hilfe suchen oder sich unterordnen.

Bevor Kinder von Verboten und Geboten geprägt werden, gilt die 1:1-Formel. Wollen sie etwas nicht, rennen sie weg. Fühlen sie sich bedroht, verstecken sie sich unter dem Stuhl, dem Tisch oder unter Mutters Rock. Ort und Situation haben keinen Einfluß auf das Verhalten, ob zu Hause, im Lokal, bei fremden Leuten, die Reaktion ist stets die gleiche. Kinder folgen 1:1 ihrem inneren Impuls. Insofern ist es leicht, ihre Körpersprache zu dechiffrieren und zu verstehen. Kompliziert ist allein die Beziehung zwischen Kindern und Erwachsenen, die in die simple Empfindung Verwirrung bringen. Erwachsene geben oft nicht das richtige Feedback auf kindliche Signale.

Kinder sind im Alter von zehn bis zwölf Jahren soweit, daß sie mit der Fähigkeit zum abstrakten Denken, mit der Anerkennung der Rituale und sozialen Spielregeln auch zu jener komplizierten Körpersprache gelangen, die ihren Ursprung in den eingeübten Hemmungen hat.

Sitzt ein Kind beim Abendessen, und die Suppe schmeckt ihm nicht, wird es die Zunge herausstrecken und sein Mißfallen laut äußern, vielleicht den Teller wegstoßen, aufstehen und weglaufen. Wir sind zum Abendessen eingeladen, und auch uns schmeckt die Suppe nicht. Weder wagen wir »bäh« zu sagen wie unser Kind, noch schieben wir den Teller zurück, noch verlassen wir den Tisch: Unser Körper muß für unsere innere Weigerung einen Ersatzausdruck finden. Der Impuls heißt Flucht, Wegrennen, und er wird vom Körper umcodiert in eine andere Bewegung. Der Fuß hebt sich von der Ferse aus hoch, als versuche er, etwas zu bremsen, die Muskulatur spannt sich – als erste Reaktion auf den Fluchtimpuls –, wird aber wiederum umcodiert, weil nicht weggerannt wird, und es entsteht eine Verkrampfung. Der Kopf geht nach hinten bis zur Blockade des Nackens. Aber höflich werden wir sagen: Die Suppe schmeckt sehr apart! Daraufhin bekommt der Gast noch einen Nachschlag.

Die Hemmung, unsere ursprüngliche Empfindung 1:1 zum Ausdruck zu bringen, zwingt den Körper, andere Interpretationen für die gleiche Aussage zu finden.

Wir treffen jemanden, der uns bedrohlich erscheint oder unangenehm ist, haben vielleicht schon die Angst als Charaktereigenschaft im Gepäck, und schon wird es eine Begegnung im Halbprofil. Die eine Schulter weist in Richtung Flucht, nimmt die Fluchtreaktion vorweg.

Auch Zusammenhänge zwischen verbaler Sprache und Körpersprache kommen erst beim Erwachsenen vollständig zum Ausdruck. Sprache wird auch motorisch übersetzt, von »ausweichen« bis »etwas hinunterschlucken«. Darüber habe ich in meinen ersten beiden Büchern ausführlich gesprochen. Hier war es mir wichtig, noch einmal auf die Kompensationsfunktion von Körpersprache hinzuweisen, auf die Kinder zunächst noch nicht angewiesen sind, weil sie jene 1:1 -Umsetzung vollziehen.

Antworten

Wenn wir unmittelbar auf die elementaren Bewegungen unserer Kinder, auf ihre Bedürfnisse antworten, so schaffen wir ihnen beinahe so etwas wie eine heile Welt. Kinder, die sich sicher fühlen können, die offen mit ihrer Umgebung kommunizieren, weil sie Antwort erhalten auf ihre Signale, werden später die Widersprüche, die sie erfahren, besser bewältigen können; auch die soziale Last, die vielleicht auf ihre Schultern gelegt wird, werden sie leichter tragen. Antwort erhalten zu haben auf ihre ersten Fragen, das ist die Voraussetzung dafür, daß sie später zu bewußten und mündigen Bürgern der Gesellschaft werden, mit weniger Ängsten als andere und daher mit weniger Aggressivität.

Der Mensch ist nichts Gewordenes
u. Fertiges, nichts Einmaliges
u. Eindeutiges, sondern
etwas Werdendes, 1 Versuch,
1 Ahnung u. Zukunft,
Wurf u. Sehnsucht der Natur
nach neuen Formen u.
Möglichkeiten.

(Herm. Hesse)